KB067705

중독 조직

중독 조직

조직은 어떻게 우리를 속이고 병들게 하는가?

지은이_ 앤 윌슨 섀프, 다이앤 패설
옮긴이_ 강수돌
펴낸이_ 이명회
펴낸곳_ 도서출판 이후
편집_ 김은주, 신원제, 유정언, 홍연숙
본문 디자인_ 천승희
표지 디자인_ 박진범

첫 번째 찍은 날 2015년 6월 10일
두 번째 찍은 날 2016년 1월 20일

등록 _1998. 2. 18(제13-828호)
주소 _121-754 서울시 마포구 양화로 156, 1229호(동교동, 엘지팰리스 빌딩)
전화 _대표 02-3141-9640 편집 02-3141-9643 팩스 02-3141-9641
www.ewho.co.kr

ISBN 978-89-6157-080-0 03300
이 도서의 국립중앙도서관 출판예정도서목록(CIP)은 서지정보유통지원시스템 홈페이지 (http://seoji.nl.go.kr)와 국가자료공동목록시스템(http://www.nl.go.kr/kolisnet)에서 이용하실 수 있습니다.(CIP 제어번호: CIP 2015014230)

중독 조직

조직은 어떻게 우리를 속이고 병들게 하는가?

앤 윌슨 섀프 · 다이앤 패설 지음 — 강수돌 옮김

이후

일러두기

1. 한글과 외래어 표기는 〈국립국어원〉 표준국어대사전 표기 및 '외래어 표기법'을 따랐다. 단, 원칙대로 표기할 경우 현실과 지나치게 동떨어진 음이 나오면 실용적 표기를 취했다.
2. 단행본, 정기간행물에는 겹낫쇠(『 』)를, 논문이나 기고문, 에세이 등에는 홑낫쇠(「 」)를, 단체명의 경우 꺾쇠(〈 〉)를 사용했다. 그 밖에, 영문 단행본이나 정기간행물은 이탤릭체로, 영문 논문은 큰따옴표(" ")로 표시했음을 밝힌다.
3. 본문 아래 주석은 모두 옮긴이의 것이다.
4. 4부의 첫 번째 장인 "조직이 중독에서 벗어나지 못한다면?"은 원서에서는 5부의 1장에 해당하지만 한국어판에서는 옮긴이의 판단에 따라 위치를 이동했고, 5부는 책 전체의 결론부로 맺음하였다.
5. 이름과 지역, 그리고 세부적인 인적 사항은 바꾸었지만 이 책에 언급된 모든 사례는 명백한 실화이며 틀림이 없다.(저자 일러두기)

차례

이 책을 읽기 전에

이 책은 조직에서 일을 하거나 조직과 연관되어 있으면서 일터나 모임을 떠날 때마다 어딘가 모르게 혼란스럽고, 흔들리고, 불안한 마음이 생기는 까닭을 궁금해하는 사람들을 위한 책이다.

이 책은 큰 희망과 기대를 가지고 새로운 환경에서 일을 시작했다가 점차 조직이 자신을 착취하고 있다는 사실을 발견하거나 애초에 가졌던 일에 대한 열정을 거의 잃어버린 사람들을 위한 책이다.

이 책은 오로지 일터로 돌아가 모든 일을 반복하기 위해 온 주말을 일터에서 지친 몸과 마음을 회복하는 데 다 바쳐야 한다고 생각하는 사람들을 위한 책이다.

이 책은 컨설팅 패키지를 구입하는 데 수천, 심지어 수백만 달러의 돈을 들이고도 (비록 그 분석이나 결론이 정확했다 할지라도) 결국 실질적인 변화나 지속적인 변화를 만들어 내지 못했다는 사실만 발견하고 마는, 실망감에 젖어 있으나 아직 희망을 버리지 않은 모든 조직들을 위한 책이기도 하다.

이 책은 원래의 목표에 집중하지 못하고 하나의 위기에서 또 다른 위기로 계속해서 옮겨 다니기만 하는 원인을 알고자 하는 모든 조직들을 위한 책이다.

이 책은 조직 구성원들에게 '병 주고 약 주는' 행태를 반복하면서 매출에서도 좋은 성과를 낼 수 있을 거라 믿어 의심치 않는 모든 조직들을 위한 책이다.

이 책은 컨설팅을 하는 조직에 진정으로 도움이 되기를 바라지만 그 일을 하는 데 적당한 개념적 도구를 갖지 못한 컨설턴트를 위한 책이다.

이 책은 조직들이 지닌 구조나 기능하는 방식에 문제가 있음을 직감적으로 알아차리고, '잃어버린 조각'을 찾아 나선 우리 모두를 위한 책이다.

이 책을 우리와 함께 일을 했거나, 현재 함께 일을 하고 있거나, 혹은 앞으로 함께 일하게 될 모든 사람들과 조직들에 바친다. 이 책이 우리 모두의 '잃어버린 조각'을 찾는 데 도움이 되길 바란다.

잃어버린 조각을 찾아서

이 사회에 사는 모든 사람들은 일정한 조직, 집단, 또는 시스템 속에서 살아간다. 가정에서 시작해서 학교, 직장, 동아리, 그리고 시민단체 등에 이르기까지 우리가 속한 조직은 참 많다. 그래서 우리는 대부분의 시간을 이런 조직 속에서, 또는 이런 조직들과 관련해서 보낸다. 조직 생활을 원활하게 잘 해내지 못하는 경우, 우리는 뭔가 잘못된 사람이 아닌가 하는 눈초리를 받기도 한다. 그래서 우리는 조직 생활의 모든 측면을 제대로 알 필요가 있다. 경영자, 기업가, 자원 활동가 집단, 각종 시민사회 조직, 또는 전문가 조직 관련자들은 특히 더 그렇다. 그런데 정작 우리는 조직을 폭 넓고 깊이 있게 이해하도록 도와주는 책을 만나지 못했다. 우리 두 사람은 여태껏 조직 운영의 모든 차원에서 우리가 몸소 경험한 일들에 제대로 '이름 붙여 줄' 그런 책이 필요함을 절감했다.

물론 오늘날 세상에는 조직이나 기업과 관련된 책들이 무수히 쏟아져 나온다. 그리고 해마다 기업 등 수많은 조직들은 조직의 문제를 해결하기 위해 컨설팅이나 혁신 패키지 따위에 수억 달러의 돈을 쓴다. 기업이나 정부 조직들이 그렇게 많은 돈을 들이는 까닭은 추락하는 경제 상황을 되돌리기 위해서이거나 노동 생산성의 저하를 막기 위해서다. 반면 개인들은 자신을 날마다 '미치게 만드는' 노동 현실로부터 심신을 달래고 싶어 얼른 주말이 오기를 기다린다. 물론 다시 월요일이 되면 같은 현실이 반복될 뿐이다.

흥미로운 점은 문제가 있는 가정에서 성장해 온 이들이 그들의 조직에서도 똑같은 문제적 양상이 반복되는 걸 발견한다는 것이다. 이 반복되는 양상은 너무나 익숙하지만 결코 건강하게 느껴지지는 않는다. 비싼 값을 치르고 도입된 컨설팅 패키지들은 며칠, 또는 몇 주 정도는 과거 문제를 완화하는 듯 보이지만, 얼마 지나지 않아 동일한 문제가 반복해서 발생하거나 오히려 더 센 강도로, 더 끈질기게 다가오기도 한다. 예컨대 흔히 조직들은 특별 위원회 같은 걸 만들어 의사소통 기술에 관한 워크숍 등을 열지만, 그래 봤자 금세 소통 불능, 부정否定(현실 부인), 고립, 분노, 참여 철회 같은 일들이 벌어지기 일쑤다.

도대체 무엇이 문제일까? 무엇이 부족한 걸까? 미국『포춘 Fortune』이 선정하는 500대 기업에서 일하는 우리의 친구는 자신들이 뭔가 근본적으로 잘못하고 있는 것 같기는 한데, 그것이 도대체 무엇인지를 잘 모르겠다고 고백한 적이 있다. 그녀는 사내 회람에 나음과 같은 글을 썼다.

생산적 조직이란 무엇일까? 지난 세월 동안 우리 사회엔 조직의 수월성이나 성공적인 조직의 특성을 제시하려는 책, 글, 사례 연구, 새로운 일화들이 넘쳐났다. 기업가나 경영자로서 우리는 우리의 경쟁자들에 대해서도 많은 공부를 해 왔다. 이런 저런 논리를 내세우며 미국 기업들은 수시로 첨단 기술, 로봇, 각종 전자 공학적 해법들을 돌아가며 적용해 보기도 했다. 유럽에서 노동자들과의 협력이나 협동의 필요성을 배워, 〈지엠GM〉이나 〈에이티앤티AT&T〉, 그리고 〈포드Ford〉 같은 곳에서는 노동생활의 질(QOWL) 향상 프로그램이나 직원 몰입(EI) 향상을 위한 시도를 실제로 적용해 보기도 했다. 그 과정에 〈전미자동차노조(UAW)〉나 〈미국통신노조(CWA)〉, 〈철강노조(SW)〉 같은 노동자 조직도 변화를 함께 추진했다. 그러나 불행히도 그렇게 희망차게 출발한 다양한 프로그램조차 얼마 지나지 않아 초기 동력을 잃고 말았다. 그 뒤에 사람들은 눈을 동양으로 돌려 일본의 큐시(QC) 활동이나 적기 생산 방식(JIT), 전사적 품질 관리(TQC), 통계적 공정 통제(SPC) 같은 것에 온 힘을 쏟아붓기도 했다.

그런데 여태껏 나온 문건들이나 연구 결과들을 모조리 다 살펴보아도, 뭔가 아직 부족한 것처럼 느껴진다. 사람들이 말하는 탁월함을 얻으려면 우리에겐 다른 것이 필요한 것 같다. 그러나 미국의 최고경영자들이나 관리자들 대다수가 이런 문제의식을 포괄적으로 가지고 그에 부응하는 변화를 제대로 추동하기엔 역부족으로 보인다. 그렇다면 도대체 우리에겐 무엇이 부족한 것인가? 우리가 참된 변화를 이루고자 할 때마다 도대체 무엇이 우리를 방해하는가?[1]

"우리가 참된 변화를 이루고자 할 때마다 도대체 무엇이 우리를 방해하는가?" 우리 두 사람이 이 책을 쓰게 된 진정한 계기도 바로 이 질문에 제대로 답해 보고자 한 것이었다. 우리는 우리가 거의 한 평생을 다 보내는 조직들을 전혀 새로운 차원에서 이해해야 할 필요성을 강하게 느낀다. 물론 지금까지 나온 모든 조직 관련 서적들도 나름의 진실을 이야기하고 있다. 하지만 그럼에도 무언가 중요한 요소가 체계적으로 경시되어 온 것이 사실이다.

흥미롭게도 문제점에 대한 분석이 (부분적일지라도) 정확할수록 오히려 바로 그 정확함 때문에 우리는 쉽게 부정확한 해법을 수용하고 마는 경향이 있다. 실제로 어떤 분석 결과가 일부 진실을 담고 있고 당사자들에게 '옳게 들리는' 경우, 쉽게 넘어가지 않기가 어렵다. 그리하여 그 분석 결과로 제안되는 해결책을 진심으로 수용하게 된다. 불행하게도 바로 이러한 어리석음이야말로 문제를 영속화하는 주범이다.

일례로 스티븐 프로케쉬Steven Prokesch가 『뉴욕 타임스』 비즈니스 란에 기고한 "미국 CEO 개조하기"라는 칼럼을 보자. 프로케쉬는 이렇게 말한다. "많은 기업들은 기업의 생존을 최고 우선순위로 삼는 새로운 신조들을 채택하고 있다. 그 결과 '무자비한 경영'의 시대가 열리고 있다." 더 구체적으로, "새로운 질서는 노동자, 생산물, 기업 구조, 비즈니스, 공장, 지역사회, 심지어 국가에 대한 충성심을 더 이상 요구하지 않는다. **기존의 모든 충성심들은 비용 요인으로만 간주될 뿐이다. 이제는 생존만이 중시되기에, 시장 주노권, 높은 이윤, 그리고 높은 주식 가격만이 부각된다.**"

프로케쉬에 따르면 기업의 리더들은 대대적인 사고의 전환을 겪고 있다. 변화의 요청에 대한 그들의 대응 방식은 갈수록 무자비해지고, 갈수록 인위적·조작적으로 되며, 갈수록 거짓말을 일삼고, 갈수록 경직되며, 갈수록 덜 창의적이면서 위험도 덜 감수하려고 한다. 바로 이런 대응 방식이야말로 여태껏 우리가 조직에 대한 이해에서 뭔가 빠졌다고 느꼈던 바로 그 조각을 암시하고 있다.

우리는 숱한 집단이나 조직 들과 함께 일하고 연구해 오며 여태껏 체계적으로 경시되어 온 조각이 무엇인지 알게 되었다. 우리의 많은 조직들은 중독 사회 안에 단단히 자리 잡은 중독 조직이었다. 그렇다면 중독 조직이란 무엇인가? 그것은 조직들이 중독이라는 질병, 또는 중독적인 세계관에 강한 영향을 받으며 심지어 조직 스스로가 개인 중독자처럼 행위하는 경우다.

『사회가 중독자가 될 때*When society Becomes an Addict*』라는 책에서 앤 윌슨 섀프는 이제 우리 사회에서 중독적 행위가 규범이 되었으며, 사회 자체도 실제 중독자처럼 움직인다고 말한 바 있다.[2] 바로 이것이 조직 수준에도 그대로 적용될 수 있다. 그리하여 우리는 그간 잃어버렸던 조각을 마침내 찾아냈다. 여태껏 우리가 조직 관련 문제들을 분석하고 해법을 구할 때 무의식중에 체계적으로 경시해왔던 바로 그 조각을 찾아낸 것이다. 물론 우리가 이 '조각'을 제대로 이해한다고 하더라도 필요한 해결책들이 저절로 나오는 것은 아니다. 그러나 그 '조각'을 심층적으로 이해한다면 조직을 바라보는 우리의 관점이 대대적으로 바뀔 것이며, 우리가 조직 속에서 일하는 방식, 나아가 조직 자체를 변화시키는 방식도 근본적으로 달라질 수 있을 것이다.

이런 관점에서 새로 인지하게 된 것 중 하나는, 여태껏 조직 내 개인들에게 '정상'이라고 간주되어 온 행위들 상당수가 실제로는 중독자, 또는 동반 중독자의 행위 특성과 흡사하다는 것이다. 앞에서 프로케쉬가 말한 해법들(무자비함, 경직성, 거짓과 현실 부인)은 알코올중독자들이 위기 상황에 대처하는 방식과 정확히 일치한다. 게다가 기업들에서 '수용 가능한' 것으로 여겨지는 조직 과정들 상당수가 비록 겉으로는 기업의 구조나 기능이라는 가면을 쓰고 있긴 하지만 실상은 앞과 동일한 중독 행위들에 불과하다.

그렇다면 지금까지 조직을 관리하거나 연구해 온 이들은 왜 이런 현실을 정확히 인지하는 데 주저했을까? 아마도 그 이유 중 하나는, 중독이라는 질병의 가장 기본적인 방어 체계가 부인否認이라는 점에 있을 것이다. 잘 알려진 바와 같이, 중독을 치유하는 데 있어 가장 중요한 첫 걸음은 이 부인의 시스템을 부수고 질병이 있음을 솔직히 인정하는 것이다. 터놓고 말해서 여태껏 사회 분석가들이나 정신건강 및 상담 전문가들은 대체로 중독 문제에 지독히도 무지했다. 그들은 대부분 이 문제를 임기응변으로 수습해 그 결과 문제의 당사자들이 진정한 핵심, 즉 중독이라는 질병을 직시하고 올바로 대처하기보다 늘 그 주변에서 우왕좌왕하게 만들어 왔다. 또 다른 이유 하나는 분석가나 상담자 스스로 중독 가정에서 성장한 경우로, 이들에게는 중독 행위가 너무나 친숙하기 때문에 조직들에서 발견되는 중독 과정이 지극히 정상이라고 생각하는 경향이 있다.

바로 이 두 가지 경향성늘(중독을 부인하는 경향, 그리고 중독 과정을 오히려 정상이라고 간주하는 경향)은 역시 조직 개발 분야나 조직 컨설팅 분야에서도 어렵지 않게 관찰할 수 있다. 앞서 말했지만, 기존의 조직 관리 기법이나 경영 관리 기술 들이 지속적인 변화를 이루어 낼 수 없었던 이유 중 하나도 바로 이 문제, 즉 그러한 기법들이 사태의 근본에 깔린 문제를 제대로 건드리지 못했다는 점에 있다. 오늘날 우리가 조직 개발 분야에서 아무리 많은 글을 읽고 수많은 시도들을 한다 할지라도 많은 조직들이 (조직 내 개인의 차원에서든, 조직 시스템 전체 차원에서든) 중독적으로 기능하고 있다는 사실을 인지하지 못한다면, 그 대부분은 별 효력을 발휘하지 못할 것이다. 안타깝게도 "직원 상담 프로그램(EAP)" 관련자뿐 아니라 조직 안팎의 컨설턴트조차 중독에 대한 일반적인 정보가 부족한 탓에 조직이 직면한 문제들은 악화되기 일쑤이다.

우리 경험에 따르면, 사람들이 개인 및 조직이 앓고 있는 이 중독 문제를 올바로 직시하고 (비록 평생이 걸린다 하더라도) 제대로 고치고자 결단하기만 한다면, 서서히 회복이 진행되면서 개인은 물론 조직 차원에서도 훨씬 더 바람직하고 훨씬 더 생산적인 결과를 얻을 수 있다. 이 책은 조직을 이해하는 데 또 다른 주요한 차원, 즉 지금까지 잊혀져 왔던 차원을 추가할 것이다.

이 책에서 우리는 중독 조직이 가진 여러 개념들을 더 자세히 살펴볼 것이다. 중독 조직이란 것이 어떻게 생긴 것인지, 그것을 우리가 어떻게 인지할 수 있는지, 그것이 어떻게 작동하는지, 그 질병을 존속시키는 구조와 과정은 어떤 것인지, 그리고 회복 및 치유의 과정은 어떻게 시작될 수 있는지 등의 복합적인 문제들을 낱낱이 파헤치게 될 것이다.

1부에서는 우리에게 매우 유용했던 조직 이론의 몇몇 개념에서 부터 출발해 우리를 중독 조직에 관한 실용적인 지식에 이르게 한 과정들을 보여 주고자 한다. 여기서는 오늘날 조직 이론 관련 문헌들에서 쉽사리 접할 수 있는 수월성(탁월함), 혁신, Z-이론, 큐시 (Q.C.), 그리고 조직 변형 등의 개념들을 확인하는 작업이 중요하다. 다음으로 우리는 이 분야에 있었던 몇 가지 중요한 글들을 살펴며, 동시에 이상하리만치 언급되지 않고 있는 몇 가지 아이디어들도 찾아낼 것이다. 기존 조직 개발 분야나 경영 관리 분야, 그리고 컨설팅 분야의 '바깥에서' 서서히 솟아오르고 있는 이 새로운 아이디어들은 우리의 사고를 심화하고 조직에 대한 이해를 확장해 주었다. 1부에서 우리는 이런 새 아이디어들이 어떻게 조직 이론이나 조직 개발, 그리고 조직 변형 및 혁신에 연관되는지 상세히 설명할 것이다.

　이 책에서 우리가 던지는 질문은 다음과 같다. "도대체 지금까지의 이론이나 개념 들에서 빠져 있던 것이 무엇인가?" 우리는 그 답을 찾았다! 잃어버린 조각이란 중독 과정의 역할, 힘, 그리고 그것이 넓게 퍼져 있다는 사실을 이해하는 것이었다.

　2부에서는 일반적인 중독의 개념, 중독의 특성이나 과정, 중독 과정 그 자체, 동반 중독, 알코올중독 가정에서 성장한 성인 아이들■

■ adult children. 제대로 성숙되지 않아 어른이 되어도 아이처럼 생각하고 행동하는 사람을 가리키는 사회심리학적 용어로, 보통 부모가 중독자인 가정에서 자라 오랫동안 중독적인 삶의 방식에 노출되었으나 제대로 치료받지 못하고 성장한 자녀들을 가리키는 표현이다.(이 책의 111쪽을 참고할 것)

과 같은 각종 용어들을 명확히 정의한다. 물론 지금까지 중독 문제에 대해서는 상당히 많은 지식이나 정보가 공유되어 왔다. 그러나 우리는 지금까지와 같은 추세로는 앞으로도 중독 문제에 대한 사회적 인식이 크게 달라지지 않을 것이라 본다. 중독 문제를 제대로 학습할 수 있는 것은 참여적 과정 속에서만 가능하기 때문이다.

중독을 참여적 과정 속에서 학습한다는 말은 무슨 뜻인가? 우선 중독에 대한 논리적이고 합리적인 정보만 얻는 것으로는 지극히 불충분하다는 뜻이다. 즉 중독을 제대로 학습하려면 우리는 우리 자신이 갖고 있는 중독의 양상들을 정직하게 직시해야 한다. 이것이 핵심이다. 그래야 회복도 시작될 수 있다. 앞서도 말한 바, 이미 우리 사회에서는 중독 과정이 규범처럼 수용되고 있다. 사회 구성원이라면 누구든 바로 이 중독 과정에 어떤 방식으로든 동참하고 있다는 점을 알아야 한다. 우리 자신도 예외는 아니다. 2부에서 제공되는 정보와 통찰은 우리에게 공통의 언어와 공통의 개념적 틀을 제시한다. 이를 통해 우리가 중독 시스템, 중독 과정, 동반 중독, 그리고 알코올중독 가정에서 자란 성인 아이 등을 통해 무엇을 말하려는 것인지를 보여 줄 것이다.

3부에서는 중독이 조직에 미치는 영향을 네 가지 수준에서 살펴보면서 각각의 구체적인 사례들을 제시할 것이다. 여기서 설명하려는 것은 본질적으로 조직이 어떻게 중독자가 되느냐 하는 것이다. 중독 개념은 참으로 많은 것을 말해 준다. 이 개념의 풍부함에 매료된 우리들은 여기에서 중독자로 기능하는 조직의 네 가지 측면들을 탐사한다.

중독 조직의 첫 번째 측면은 경영자나 핵심 인물이 실제 중독자일 때 발생하는 문제들을 보여 준다. 이런 경우 과연 조직 전체에 어떤 영향을 끼치는지 여러 사례들을 제시하고 나아가 이런 문제를 제대로 직시하지 못할 때 조직 내에 어떤 부수적인 일이 일어나는지 검토할 것이다. 당연하게도 조직 내 핵심 인물들은 회사에 강력한 영향력을 행사한다. 그래서 우리는 실제 사례를 통해 역기능적인 경영자들이 어떤 방식으로 전체 시스템이나 그 직원들에게 영향을 주는지 보여 주고자 한다.

중독 조직의 두 번째 측면은 회복되지 않은 중독자이거나 동반 중독자인 조직 구성원들이 그들의 역기능적인 가족 시스템을 일터에 그대로 가져와 같은 행위를 반복하는 경우이다. 가족 시스템 이론은 이미 오래 전부터 가족 내 미해결의 문제들은 언제 어디서건 되풀이된다고 말해 왔다. 이는 회사 내 중독자들과 동반 중독자들의 경우에도 마찬가지이다. 그들은 자신이 가장 잘 아는 것을 가장 익숙한 방식으로 행하는데, 그 결과 어디에서건 중독적으로 행위한다.

중독 조직의 세 번째 측면은 조직 그 자체가 중독물로 기능할 수 있고, 실제로 기능하고 있다는 이론으로 나아간다. 원래 중독물이란 알코올, 담배, 마약, 설탕 등과 같이 사람을 예속시키는 힘을 가진 사물로, 조직 자체가 마치 이러한 중독물처럼 기능하는 일이 조직 전반에 걸쳐 일어나기도 한다. 여기서는 조직의 사명, 생산물, 구성원들의 삶에서 조직이 차지하는 중요성, 조직이 기대하는 충성심 등이 매개가 된다. 이런 상황은 특히 이른바 '고高성과 작업 조직' 같은 회사들에서 두드러지게 나타난다. 그리고 굉장히 널리 퍼져 있으면서도 여태껏 잘 인지되지 못했던 것으로, 바로 일중독을 추가적으로 살펴볼 것이다. 일중독을 직시하는 것은 우리가 조직 내에 중독 과정이 존재한다는 증거를 제대로 포착하는 길이기도 하다. 사실 우리 사회의 중요한 기관들은 일중독의 의미나 실상을 부정하는 데 큰 역할을 해 왔다. 그러나 일중독을 솔직히 인정하는 것은 대단히 중요하다. 나아가 그런 기관들은 일중독을 사회적으로 수용 가능한 것으로 만듦으로써 사실상 일중독을 조장해 왔다. 일중독과 관련된 모든 것이 사회경제적으로 생산적으로 **보이기** 때문이다.

중독 조직의 네 번째 측면은 조직이 그 자체로 실질적인 중독자처럼 행위하는 경우이다. 다시 말해 조직이 전체적으로 알코올중독자 같은 개인 중독자의 행태나 과정을 보인다는 것이다. 따라서 중독 과정과 행위라는 맥락에서 조직의 전반적인 구조뿐 아니라 조직의 행위들도 세밀하게 검토될 것이다. 우리는 중독 조직의 구조나 기능이 문제를 직시하거나 해결하는 대신 어떻게 그 문제를 영속화하거나 임기응변으로 처리하는 경향이 있는지를 보여 줄 것이다. 우리는 또한 조직 내 중독의 여러 특성들을 설명할 것이다. 예를 들면 잘못된 의사소통, 소문이나 험담, 두려움, 고립, 거짓과 조작, 억눌린 감정, 태업, 투사, 경멸, 혼란, 통제, 현실 부인, 망각, 자기중심성, 이분법적 흑백논리, 떠벌림, 통제를 위한 계획 같은 것들에서 중독 조직의 특성을 발견할 수 있다. 우리는 현실 기업 세계의 다양한 사례들을 언급하며 이런 특성들을 하나씩 설명해 나갈 것이다. 여기서 말하는 기업 세계란 서비스 조직, 기술 조직, 일반 공장 조직, 나아가 비영리 조직까지 모두 포괄한다.

중독자로서의 조직을 드러내는 네 가지 측면들은 각기 다른 요소를 갖지만 실제로는 서로 연관돼 있다. 이들 측면들은 개별적으로 존재하면서도 종종 서로를 지지하며, 따라서 대체로 깊숙이 연루되어 있거나 서로 뒤엉켜 있기도 하다.

4부는 중독 조직의 회복을 다룬다. 명백한 것은, 중독 조직은 결코 기존의 조직 변화나 조직 컨설팅 기법들로는 치유되지 않는다는 점이다. 그래서 4부에서는 중독 조직의 치유에 필요한 특수한 국면들을 부각시킨다. 중독 조직과 관련하여 컨설턴트들은 기존 조직에서 그들이 해 온 것과는 명백하게 다른 역할을 수행해야 한다. 4부에서 그 차이를 자세히 설명할 것이며, 특히 전통적인 컨설팅 방식들이 가진 문제들을 분명히 지적할 것이다. 많은 경우 컨설턴트들은 조직 상담을 하는 과정에서 자신도 모르게 중독 시스템 속으로 엉켜 들어가기 쉽고, 실제로 그렇게 된다. 우리는 이른바 '객관성'의 문제도 다시 생각해 볼 것이다. 조직을 회복시키려는 컨설턴트의 역할에 초점을 맞추고, 그들에게 필요한 새로운 잠재적 역할들에 대해 설명하는 것이 4부의 목표이다.

결론에서는 이 책에 나온 내용들이 시사하는 바를 요약하고 검토한다. 특히 중독 시스템에서 이제 막 벗어나기 시작한 조직이 어떤 특성을 보이는지 설명할 것이다. (그 가운데 상당수는 '고성과 조직'에는 전혀 새롭지 않은 것일 수도 있지만, 이러한 특성이 중심적인 자리를 차지하고 있다는 것만은 충분히 새롭다.) 예컨대 구조에 의해 충실히 뒷받침되는 조직의 사명, 책임감의 회복, 경직되지 않고 느슨한 경계선, 다각적이고 다방향으로 이루어지는 의사소통, 통합적인 작업

팀, 상황 적합적인 리더십, 업무 수행이나 제품 개발에 있어서의 도덕성 회복, 공식 목표와 비공식 목표의 일관성, 과정 지향적 변화 모델의 충실한 이행 등이 바로 그것이다. 끝으로 우리는 지금까지의 연구나 경험에서 제기되는 질문을 던짐으로써 결론을 이끌어 낸다. 우리가 조직이나 사회를 새롭게 구성할 때, 이 모든 논의는 어떤 함의를 갖는가? 행여 다른 질문들은 없을까? 우리는 우리가 조직을 위한 새롭고 흥미로운 해법들을 발견했다고 확신한다. 그것을 이 마지막 장에서 다룰 것이다.

지금까지 우리는 조직 컨설팅을 하며 오랜 세월을 보냈다. 우리의 고객들은 다국적 기업, 『포춘』 선정 500대 기업들, 의료 보건 조직들, 각종 중개업소, 학교, 교회 등 종교 기관, 그리고 가족 기업 등의 조직을 포괄한다. 이들의 다양한 경험은 이 책에 충실히 반영되었다. 우리의 생각이나 논리가 진화하고 종합되기까지 우리는 우리의 고객 및 동료 들과 오랫동안 대화를 나누고, 또 오랫동안 그들을 관찰했다. 그 결과 우리는 자연스럽게도 중독이라는 중요한 '빠진 조각'을 마침내 찾아냈다. 중독이라는 개념은 우리가 조직 컨설팅을 하는 과정에서 대단히 유용하고 효과적이었다. 그래서 이 책도 오늘날 조직을 심층적으로 이해하는 데 필요하고도 타당한 도구들을 제공해 줄 것이라 믿는다. 앞서 말한 프로케쉬가 〈이스턴 에어라인〉의 부사장 말을 인용하면서 이야기하듯, 오늘날 기업들에게 사고 전환은 "결코 중단할 수 없는 과정이다. 지속적으로 변화하는 세계에 적응하는 능력은 성공을 위한 필수 요건일 뿐 아니라 생존을 위한 필수 요소이다."

중독 시스템에 관한 여러 아이디어들이나 조직에서 관찰되는 중독의 증거들이 책의 각 장에 낱낱이 담겨 있다. 그러나 우리는 이 책이 오늘날 기업 조직들이 직면한 문제를 당장에 해결해 줄 '한 방의 해결책fix'이라고 거짓말을 하진 않겠다. 우리는 그런 문제들이 얼마나 엄청난 것인지 잘 안다. 그럼에도 우리가 확실히 하고자 하는 것은 현재의 기업 경영 또는 경영 조직들에 방향 전환을 하라고 제시되는 많은 거창한 제안들이, 본질적인 변화가 없는 한 별 실효성이 없을 것이란 점이다. 즉 그 조직들이 중독 조직의 모든 특성이나 일부 특성들을 여전히 갖고 있다면, 그리하여 바로 그 '빠진 조각'을 제대로 채워 넣지 못한다면, 제 아무리 그럴듯한 제안이라 할지라도 결과는 말짱 도루묵이 되기 쉽다. 바로 이런 점에서 모든 조직 참여자들, 즉 직원들, 경영자들, 컨설턴트들이 온 사회에 만연한 중독 과정을 제대로 인식하고 회복 과정에 돌입하는 것은 조직의 생사를 가르는 시금석이 될 것이다. 그리하여 모든 조직들이 건강성을 회복할 때, 비로소 각 조직은 자신들의 중요한 사명을 시장이나 사회 전체, 그리고 세상 일반에 구현할 수 있을 것이다.

1부

새로운
아이디어의
네 가지
뿌리

우리 두 사람은 우리가 집단과 조직 생활의 과정을 특별한 방식으로 설명할 수 있게 되었다고 믿는다. 우리의 생각이 이만큼 발전하기까지 크게 네 가지 영역들이 큰 영향을 미쳤다. 그것은 조직 개발, 패러다임 전환, 페미니즘 이론, 그리고 중독 치유의 영역들이었다. 물론 그 밖에 다른 분야들도 우리에게 영향을 미쳤을 수 있지만, 특히 이 네 분야에서 나온 아이디어들이 우리가 집단이나 조직을 컨설팅할 때 일관되게 좋은 영향을 주었다. 우리가 조직 내 중독 문제를 제대로 인식하는 데 있어 이 네 영역은 영역별로 나름의 중요성을 가지면서 동시에 각각을 종합할 때 얻어지는 특이성에서 더 큰 역할을 수행했다. 이 '특이성'은 각 영역이 서로 독립되어 있을 때는 잘 드러나지 않으며 서로 나뉘어진 각 영역이 그 자체로는 드러낼 수 없는 부분이다. 네 분야들이 잘 결합되어 사고되는 가운데 대단히 특별한 그 무엇이 탄생한다. 예를 들어 우리는 조직 관련 문헌을 연구하는 이들 가운데 페미니즘이나 새로운 패러다임, 그리고 중독 관련 문헌을 동시에 잘 아는 이는 아주 드물다는 사실을 발견했다. 또, 중독 분야에 종사하는 이들 중에 페미니즘 이론이나 조직 이론, 새로운 패러다임 등에 대해 잘 아는 경우도 거의 없었다. 우리는 이 네 분야의 아이디어를 잘 결합해서 조직에 적용했고, 마침내 아주 특이한 면모를 발견하게 되었다.

중독 조직이라는 아이디어는 지난 수년간에 걸쳐 우리 안에 싹을 틔워 왔다. 앞서 말했듯, 그것은 우리 삶에 작동하는 여러 가지 동시적인 흐름들로부터 발전해 나왔다. 그러나 그것이 중심적인 자리를 차지하게 된 것은 우리가 중독이 우리의 개인적 삶이나 가족, 친구들의 삶 속에서 상당한 역할을 수행하고 있음을 목격하기 시작했을 때부터이다. 우리가 잘 아는 소집단들이나 여태껏 컨설팅을 해 온 조직들이 중독적 특성을 가졌다는 걸 알게 된 것은 그리 오래 전의 일이 아니다. 우리 삶에 작용하는 이런 힘들을 관찰하게 되면서 우리는 그 힘들을 최근에 중요하게 부각된 몇몇 핵심 개념들에 연결시킬 수 있었다. 이것은 일종의 탐험이었는데, 이러한 탐험을 통해 우리는 천천히, 그러나 마침내 완전한 조직 중독 이론을 정립할 수 있게 되었다.

사실 그 어떤 아이디어도 진공 속에서 탄생하지는 않는다. 즉 새로운 아이디어는 우리의 깊은 생각, 우리의 성장, 우리의 경험, 그리고 우리가 목격한 경이로움 속에서 비로소 출현한다. 우리 대부분이 잘 알듯이 창의적인 아이디어나 깨달음은 개발되는 게 아니라 그저 발견될 뿐이다. 새로운 아이디어는 항상 어떤 식으로건 오래되고 낡은 인식을 전혀 새롭게 이해하는 데서 나오기도 하고, 아주 친숙한 사물을 완전히 다른 관점으로 바라보기 시작하는 데서 나오기도 한다. 실제로 종종 우리는 그때까지 전혀 모르던 것을 단지 오른편이나 왼편으로 약간만 움직임으로써 (아니면 거꾸로 물구나무를 서는 것으로) 우연히 새로 발견하기도 하고, 아주 낡은 것을 완전히 새로운 각도에서 봄으로써 발견하기도 한다. 이 책도 그런 과정의 산물이다. 우리 두 사람은 이 책의 아이디어들을 발전시키며 바로 그런 경험을 했다. 1부에서 우리는 중독 조직이란 아이디어가 어떻게 발전되어 나오게 되었는지를 상세히 설명할 것이다. 즉 기존의 조직이나 조직 변화를 이해하는 데 있어 늘 빠져 있다고 느끼던 그 마지막 조각을 발견하도록 우리를 이끌어 준 네 가지 중요한 영역의 연구나 경험 들을 차례대로 훑어보겠다. 아래에서는 각 영역의 핵심 개념을 소개하고 그것이 중독 조직을 인식하는 데 어떤 식으로 연결되는지를 보여 줄 것이다.

조직 개발

우리 자신의 컨설팅 등 실무 경험들에 비춰 지난 몇 년 동안 나온 조직 관련 문헌들을 살펴보면서 몇 가지 책이나 주제 들이 유달리 눈에 띄었다. 그것은 참여의 문제, 혁신적 변화, 조직 변천, 리더십, 조직 전환 등이었다.

참여의 문제

조직 개발 분야를 지배하는 주제 가운데 하나는 역시 참여였다. 윌리엄 오우치William Ouchi는 『Z 이론*Theory Z*』에서 참여 경영에 대한 일본 식 접근법을 이야기한 바 있다.[1] 물론 여기서 가장 중요했던 개념은 모두가 다 아는 품질 서클(Quality Control, 큐시)이었다. 품질 서클에 대해서야 누구나 한 번씩은 다 들어봤을 것이다. 미국에서도 갈수록 많은 노동자들이 품질 서클에 참여하고 있다. 품질 서클의 기본 가정은, 노동자가 작업장 수준에서 열심히 참여하는 만큼 생산성도 오른다는 것이다. 품질 서클은 이러한 노동자 참여를 독려하기 위한 수단이다. 품질 서클에서는 작업자들이 팀을 이루어 마주 앉아 자기 영역에서 일어나는 다양한 문제를 토론하고 적절한 해결책을 찾아 경영 측에 적극 제안을 한다. 때로는 작업자들이 그들 나름대로 직접적인 변화를 자유롭게 실행하기도 한다.

품질 서클은 적극적인 참여와 팀 의식을 고취하는 과정이라고 할 수 있다. 그것은 또한 생산과정에 대한 책임을 평범한 작업자들이 두루 나눠 가지는 과정이기도 하며, 자연스럽게 높은 수준의 협력을 이끌어 내고 생산물에 대한 '주인 의식'을 드높이는 결과를 낳는다. 일본 기업에서 품질 서클은 노동자 참여를 가능하게 하는 주춧돌 역할을 해 왔다. 미국 기업도 이를 다양한 형태로 적용해 왔으며, 실패한 기업도 많지만 성공한 기업도 꽤 있다.

그렇다면 어떻게 해서 이런 아이디어가 자본주의 나라들에 뿌리를 내리게 되었을까? 자본주의 기업들이 생산성 하락에 골머리를 앓고 있고, 세계시장에서 좀 더 경쟁력 있는 기업이 되기 위해 발버둥 치고 있는 건 분명하다. 또한 우리는 노동자 참여란 기업 조직의 전면적인 변화를 나타내는 지표라고 믿는다. 즉 오늘날 기업들은 과거의 고도 산업화 (군대식 조직) 모델로부터 기술적으로 '납작한' 수평 조직 모델로 한창 진화하는 중이다.

　우리는 오우치의 아이디어를 비롯해 노동자 참여와 관련된 다른 아이디어들이 상당히 유용하다고 보았다. 그 이론의 핵심에는 사람들은 자기 삶에 스스로 책임져야 한다는 신념이 자리하고 있기 때문이다. 일을 포함한 전반적 삶에서 책임감의 문제는 대단히 중요하다. 자신의 행동이 낳은 결과에 책임을 지고, 또 그러한 경험들로부터 배울 수 있기 때문이다. 만일 노동자들이 참여로부터 배제되어 아무런 영향력을 행사할 수 없다면, 그들은 자신의 행위가 낳는 결과에 대해서도 어찌할 바를 모르고 당연히도 별 책임을 지려고 하지 않을 것이다. 그리고 조직의 과정에 온전히 참여할 경우, 그 과정에서 참여하지 못했을 때 얻게 되는 것과는 완전히 다른 지식과 정보를 얻게 된다는 점도 중요하다. 참여하지 못하는 경우에 얻는 지식이나 정보는 다른 사람을 거쳐 추상적이고 객관적으로 수집된다. '남의 일'이 되는 셈이다. 조직 구성원들이 획득한 정보는 거꾸로 조직에 영향을 주기도 하는데, 참여 경영에서 얻어진 정보는 비참여 경영에서 얻어진 정보의 경우와는 완전히 다른 영향력을 행사한다. 이것은 개인과 조직이 상호 관계를 맺을 때 매우 중요한 측면이다. 실제로 품질 서클은 노동자의 역량 풀을 확대하여 충분히 활용할 수 있게 했고, 노동자들 상호 간에 학습을 할 수 있는 분위기를 촉진했다. 여태껏 우리는 수많은 소집단들이 문제를 해결했을 때 얻을 수 있는 몇 마디 긍정적인 말이나 가벼운 흥분에 생각보다 크게 고무되는 것을 보아 왔다. 이는 돈이 노동자들에게 동기를 부여하는 유일한 매개가 아니라는 것을 말해 준다.

품질 서클 등 다양한 노동자 참여 방식들은 분열을 줄이고 조직 내 집단 사이에 소통을 활성화한다. 또 이런 참여 방식들은 리더십을 일반 구성원들에게 널리 분산시켜 결과적으로 그들에게 리더십의 기술을 학습할 기회를 준다. 이 "부富■를 확산시키는 방식"은 기존의 관념, 즉 리더십이란 한 사람의 높은 자에게만 필요한 것이란 관념에 정면 도전하는 것이다. 조직 관리 분야에서 일반적으로 통용되는 지식 중에 하나는, 노동자 참여가 생산과정에서 발생할 수 있는 태업을 줄이고 병가율도 낮춘다는 것이다. 결국 참여는 노동자와 기업 모두에게 건강한 방식이다.

마샬 사쉬킨Marshall Sashkin은 「참여 경영은 윤리적 명령이다 Participative Management Remains an Ethical Imperative」라는 논문에서 참여와 관련된 많은 문헌들을 집약하고 있다. 실제로 사쉬킨의 글은 다양한 참여의 방식들을 잘 요약해 보여 준다.[2] 그러나 사쉬킨의 글은 참여를 일종의 도덕적 의무라고 주장한다는 점에서 논쟁적이기도 하다. 그는 목표 설정에의 참여, 의사 결정에의 참여, 문제 해결에의 참여, 그리고 변화 실행에의 참여로 노동자의 참여를 네 가지 방식으로 나누어 설명한다. 이 네 가지 참여의 주체는 개별 구성원이 될 수도 있지만, 직원과 경영자가 모두 참여할 수도 있고,

---

■ 여기서 부富란 리더십을 가리킨다.

소집단이나 팀이 주체가 될 수도 있다. 사쉬킨의 결론은, 잘 설계되어 잘 실행되는 참여 경영은 직무 성과나 구성원의 육체적, 심리적 건강 모두를 증진시키지만, 참여를 배제하는 경영 방식은 그 구성원들에게 심리적 상처는 물론 육체적 해악까지 초래할 수 있다는 것이다. 따라서 만일 누군가 다른 사람들에게 육체적으로나 심리적으로 피해를 주는 것이 바람직하지 않다고 한다면, 참여 경영은 이런 점에서 윤리적인 명령이 된다.

역사적으로 노동자 참여는 작업장의 탈관료주의 운동의 연장선에서 강조되어 왔다. 이제 노동자들은 더 이상 대상화되지 않는다. 그들은 인격을 갖춘 사람이다. 그들은 더 이상 공업용 기계의 톱니바퀴 같은 부속물이나 거대 조직 안에서 그림자처럼 움직이는 실체 없는 존재가 아니다. 노동자 참여 개념은 널리 수용되어 왔고 이제는 세계 곳곳에서 실천되고 있다. 심지어 남미의 니카라과 농촌 마을의 농민 집단조차 초국적 기업 안에서 막강한 파워를 자랑하는 싱크탱크들과 마찬가지로 참여 경영을 구현하고 있다.

시대가 시대인 만큼 여기저기서 참여 경영이 강조되고 있다. 우리 두 사람도 수많은 현장 실무 그룹, T-그룹(감수성 훈련 그룹), 자조 모임(예를 들어, 〈익명의 알코올중독자 모임〉) 같은 곳에 몸담은 덕에, 기업 컨설팅 현장에서 노동자 참여 개념에 쉽게 접근할 수 있었다. 그러나 정작 우리가 알게 된 것은, 실제로는 참여 경영이란 것이 종종 경영진의 립 서비스에 불과하다는 점이었다. 많은 기업들이 말로는 참여 경영을 외치면서도 실제로는 그러한 구호들을 방패삼아 사실상 최고 경영진의 통제력이나 권력을 보호하고 있었다. 흥미롭게도 우리는 교회 조직과 같이 '좀 더 도덕적인' 조직들조차 참여 경영이라는 구호로 사실상 속임수를 쓰고 있는 걸 볼 수 있었다. 이런 조직들은 가난한 사람들도 그들에게 영향을 미치는 주요 결정에 참여해야 한다는 명시적인 믿음을 가지고 있었지만 실제 운영 과정에서는 재무 계획 같은 과정에서 배제하기 일쑤였다. 가난한 사람들에게는 '그에 상응하는 역량이 거의 없다'고 보기 때문이다. 또, 많은 페미니스트 집단이 민주주의를 위해 리더 없는 조직을 지향하지만, 종종 이 자체가 일종의 독재로 작용하기도 한다. 많은 조직들이 말로는 완전한 참여를 보장한다고 하지만 실제로는 참여 경영의 방식을 절묘하게 거부하고 있었다. 이러한 현장들을 숱하게 경험하다 보니 우리는 경영진들이 참여를 포함한 다른 모든 것을 단지 그들의 통제 욕구를 충족시키는 수단으로 보는 것이 아닌가 하는 의심을 갖게 되었다. 이런 맥락에서 우리는 오우치나 사쉬킨의 주장에 더욱 공감하게 되었다. 그들은 참여 경영이 성공하기 위해서는 조직 구성원들이 참여를 위한 훈련을 충분히 받아야 하고, 효과적인 실행 방법도 개발되어야 한다고 말한다. 요컨대 우리는 참여 경영이라는 화두 덕분에 조직 관리의 핵심 문제 가운데 하나를 발견했지만, 이 문제가 제기된 맥락과 관련해 무언가 빠져 있음을 알아차리게 되었다.

참여 경영과 관련한 우리의 경험에서 또 다른 질문이 등장했다. 우리는 객관성과 참여 사이의 관계에 대해 의문이 생겼다. 모리스 버먼Morris Berman은 과학의 시대가 일종의 객관성의 시대라 말한 적이 있다. 다시 말해 우리가 우리 자신의 경험과 관련하여 적극적인 참여자가 되기보다는 스스로에 대한 관찰자가 된다는 것이다.[3]

그렇다면 참여 경영이란 바로 이 오래된 신념에 대한 대항마로 등장한 것일까? 그리하여 완전한 참여로의 이행은 더 큰 시스템 전환의 한 부분으로 이해될 수 있을까? 우리는 이런 의문에 확실한 답을 얻기 어려웠다. 그래서 우리는 실제 경영 조직들이 어떤 식으로 움직이는지를 자세히 관찰하는 가운데 이 질문을 화두로 삼아 계속해서 고민을 해보기로 했다.

끝으로 사쉬킨의 주장, 즉 참여 경영은 하나의 윤리적 명령이라는 주장은 우리로 하여금 과감하게 통상적인 기준들을 넘어설 수 있게 만들었다. 그 통상적인 기준이란 예컨대, 이러한 변화는 좀 더 효율적인가? 또는 이것은 목표 달성에 효과적인가? 등과 같은 질문들이다. 우리는 질문을 달리하여 이러한 변화는 옳은 것인가? 또는, 이것은 개인이나 조직, 나아가 사회를 위해 삶을 고양시키는life-enhancing 것인가? 등과 같은 질문을 던졌다. 얼마 지나지 않아 우리는 만일 어떤 변화가 이 모든 차원에서 동시에 삶을 고양시키는 것이 아니라면, 그것은 인간 삶을 고양시키는 데 전혀 도움이 안 된다는 점을 깨닫게 되었다. 바로 이런 질문들이 우리에게 새로운 전망을 열어 주었고, 또 우리와 함께 일했던 수많은 현장 실무 그룹들에게도 새로운 길이 열렸다.

혁신적 변화

우리의 조직 생활에서 대단히 중요한 위치를 차지하고 있는 두 번째 주제는 혁신적 변화의 문제이다. 혁신이란 말은 원래 점진적인 변화가 아니라 과거와 단절하는 변화를 뜻한다. 물론 점진적인 변화도 과거와의 단절을 내포하긴 하지만 그것은 최소한에 그칠 뿐이다. 이에 반해 혁신이란 기존의 구조나 기능 등에서 중대한 단절이 일어난다는 뜻이다. 그래서 혁신이란 (대개 좀 어수선한 과정이기도 한데) 완전히 새롭고 창의적인 아이디어들이 왕성하게 촉진되고, 개발되고, 실행되는 과정이다. 대체로 현실에서 일어나는 경영 혁신은 시장의 지속적인 변화에 대한 대응 과정으로, 시장은 시장 점유율을 더 키우기 위해 기업에 끊임없이 새로운 제품을 만들어 내거나 적응할 것을 요구한다. 한편 공공 부문의 경우, 혁신은 고객의 필요에 걸맞은 서비스를 제공하기 위해 고객에게 가까이 다가가는 과정이다.

이러한 혁신을 일종의 과정으로 인식한 두 가지 중요한 책이 있다. 에버릿 로저스Everett Rogers의 『혁신의 확산Diffusion of Innovation』■과 제럴드 잘트먼Gerald Zaltman이 필자로 참여한 『조직 내 혁신Innovations in Organizations』이다.[4] 로저스의 책이 혁신을 긴 시간에 걸쳐 일어나는 단계적 변화로 본다면, 뒤의 책은 경영 구조가 변화 과정에 미치는 영향을 주로 다루고 있다. 좀 더 최근에 나온 책으로는 로자베스 M. 캔터Rosabeth Moss Kanter의 『변화의 장인들 The Change Masters』■■이란 책을 들 수 있는데, 이 책은 혁신을 촉진하는 환경이나 분위기 같은 맥락적 조건들을 다룬다.[5] 캔터는 1960년대에서 1980년대에 이르는 시기를 일종의 '전환의 시대'로 부른

■ 국내에는 『개혁의 확산』(김영석 외 옮김, 커뮤니케이션북스, 2005)이라는 제목으로 번역되어 있다.
■■ 국내에는 『경영의 대가들』(서지원 옮김, 더난출판사, 2012)이라는 제목으로 번역되어 있다.

다. 이 시기의 사회적 여건들이 기존의 경영 조직들이 지닌 주요한 신념이나 가정들을 상당 정도 변화시켰다고 보기 때문이다. 특히 캔터는 약 백 년 전인 1890년대에서 1920년대에 이르는 시기 동안의 경영 조직체들의 특성과 1960년대에서 1980년대에 이르는 시기의 경영 조직체들의 특성을 대조한다. 그렇다면 새로운 시대를 특징 짓는 것은 무엇인가?

캔터는 새로운 여건의 변화에 대응하는 주된 방식으로 혁신을 위한 몇 가지 열쇠를 던진다. 그녀는 문제를 볼 때 문제 그 자체를 넘어 더 큰 전체와의 연관성 속에서 보는 것이 가장 중요하다고 말한다. 캔터의 핵심적인 제안 가운데 하나는 분열 대신 통합적 행위를 요청하는 것이었다. 캔터에 따르면 분열은 벽을 쌓고 서로를 구분하는 경향이다. 그리하여 어떤 행위나 사건, 그리고 문제들은 상호 연관성 속에서 파악되는 것이 아니라 각기 따로 논다. 이런 과정들은 갈수록 더 심한 과잉 전문화를 초래하며, 각 부문들 사이의 상호 작용을 갈수록 제한한다. 캔터는 이러한 분열이 혁신을 방해하고 사람들이 문제를 제대로 인지하고 해결할 수 없게 만든다고 본다. 나아가 캔터는, 조직 내 각 그룹들이 서로 고립되고 분리되면서, 결국에는 경영 과정에 대한 총체적인 그림 없이 오로지 자기 영역에 고유한 문제에만 매달리려는 경향이 있음을 꿰뚫어 보았다. 그러다 보니 사람들은 자연스럽게도 '자기들' 문제가 아닌 것에 대해선 별 관심을 기울이지 않는다. 이런 식으로 사람들의 행위가 오로지 자신의 직무 영역 안에만 머물다 보면, 주어진 과업을 넘어서 더 원대한 꿈을 꾸거나 실천을 하는 일은 거의 일어나지 않는다.

바로 이러한 분열이 모두가 강조하는 기업가 정신을 짓밟고, 동시에 비밀주의와 경쟁 심리를 촉진한다. 특히 불확실성보다 확실성을 중시하는 조직의 경우, 그리고 조직을 안정적으로 유지하고자 하는 경우에 이런 방식이 많이 사용된다. 자연스럽게 분열은 새로운 시도나 전례 없는 실험을 저지한다. (흥미롭게도, 분열은 종종 사람들의 반발을 사거나 그 자체의 한계로 말미암아 점진적 변화보다 오히려 더 많은 소란과 혼란을 초래하기도 한다.) 그래서 캔터는 기업 조직에 혁신을 불어넣는 나름의 구상을 제시한다. 우리는 캔터의 제안 중 특별히 다음 내용이 우리의 논의와 관련해 매우 중요하다고 생각한다.

> 과거와 전혀 다른 미래를 위해 사람들에게 권한을 부여하는 한 가지 방법은 조직 내 개인들을 존중하는 것이다. 특히, 어떤 결과가 나올지 아무도 모르는 불확실성이 지배하는 영역에서 그 구성원들이 서로를 신뢰하도록 하려면 먼저 다른 사람의 역량을 존중할 필요가 있다. 분열이 지배하는 기업에서는 개인보다 시스템이 더 신뢰를 받는다. 솔직히 말하자면, 이런 경우에 시스템은 개인들의 행위에 **대항해서** 스스로를 보호하도록 설계되어 있는 경우가 많다.[6]

캔터의 논의 배경에는 문화가 변화를 어떻게 바라보느냐와 연관된 중요한 역사적 변화가 자리하고 있다. 오늘날 우리는 변화가 갈수록 가속화되고, 동시에 변화를 바라보는 우리의 시선도 빠르게 변화하는 현실을 목격하고 있다. 과거의 지배적인 문화 시스템 안에서 변화란 결코 '정상적인' 것이 아니었다. 사람들은 큰 변란이나 위기가 닥쳐서야 새로운 시도를 했다. 그러고선 곧 다시 안정화의 시기로 접어들었고, 또 다른 변화가 오면 좀 흔들리기는 해도 곧잘 원래 상태로 되돌아가곤 했다. 그렇게 해서 대체로 사회의 안정이 유지되었던 것이다. 그러나 이제는 모든 것이 달라졌다. 캔터를 비롯한 많은 사람들이 말하듯이 이제 변화는 일상이 되었다. 변화의 폭이나 종류가 문제될 뿐, 변화한다는 사실 자체는 의심의 여지가 없다. 그리하여 C. S. 루이스C. S. Lewis가 『페렐랜드라Perelandra』에서 말하듯, "변화의 양식 자체가 변했다"[7)]고 할 정도가 되어 버렸다.

혁신과 변화에 대한 조직의 반응을 연구한 캔터나 다른 이들의 업적을 바탕으로 우리는 변화와 관련해 우리가 조직 내부에서 관찰해 온 여러 행동들을 깊이 생각해 보게 되었다. 우리는 여기에서도 말과 행동이 따로 노는 걸 발견했다. 많은 조직들이 변화와 혁신은 가능할 뿐 아니라 바람직한 것이라고 선언하고 있음에도, 실제로는 현상 유지라는 외곬수적 사고가 조직을 지배한다. 충실히 계획되어 진행되는 변화란 좀체 찾아볼 수 없다. 그리고 설사 '계획된' 변화라 할지라도, 그것은 통제라는 환상에 기초하는 경우가 대부분이었다. 이런 조직들에서 우리가 예측할 수 있는 것은, 종종 위기가 일어나야만 변화를 재촉할 것이란 점, 그래서, 변화는 오로지 위기 다음에 뒤따라오는 것이라는 점이다. 바로 이런 점이 조직들로 하여금 위기 지향성을 갖게 한다. 그리고 이것은 또한 혼란이 혁신의 정상적인 부산물이라는 착각까지 불러일으킨다.

분열은 개인들이 다른 작업자나 다른 집단으로부터 고립될 때 발생한다. 이것은 당연히도 혁신을 방해한다. 이런 식의 고립은 일종의 '터널 비전'(자기 앞만 보는 편협성)을 초래해서 조직 내에 권력 집단을 만든다. 이 모든 것은 궁극적으로 통제라는 파괴적 형식으로 나타난다. 나아가 분열은 상호 간의 경계를 더욱 경직시킨다. 우리가 실제 조직들에서 누차 보아 온 바, 경직된 경계들은 외부에서 들어오는 정보를 차단하는 역할을 할 뿐 아니라, 동료나 심지어 내부의 정보 흐름까지 차단한다. 혁신이란 난잡하고 지저분한 아이디어들까지도 포용할 수 있을 때, 또 역설적인 현상이나 애매모호함 같은 것들도 폭넓게 수용할 수 있을 때 가능한 법이다. 만일 조직 내 분파주의로 말미암아 상호 간 경계선들이 너무 경직되다 보면 변화의 싹들을 더 엄격히 통제하거나 제거해 버리는 경향이 있어, 결국 혁신에 아주 해롭다.

우리가 혁신의 문제를 좀 더 완전하게 숙고하려면 피터스와 워터만이 쓴 『초우량 기업의 조건In Search of Excellence』이나 피터스와 오스틴이 쓴 『탁월성을 향한 열정A Passion for Excellence』 같은 책도 검토해야 한다. 두 책 모두 혁신을 '어떻게' 이루는가 하는 문제를 다루고 있다.[8] 『초우량 기업의 조건』은 초일류가 되기 위한 여덟 가지 기본 원칙을 제시한다. 그것을 압축해서 말하면, ① 말보다 실천을 중시하는 실행 우선주의, ② 고객에 가까이 다가서려는 고객 중심주의, ③ 자율성과 기업가 정신, ④ 사람을 통한 생산성 추구, ⑤ 직접적으로 가치 지향적인 경영 스타일, 또는 기업의 가장 핵심 사업에 집중하기, ⑥ 가장 잘 할 수 있는 사업에 전념하기, ⑦ 단순한 조직 형태와 군살 없는 직원 구성, ⑧ 긴장과 느슨함의 동시 추구, 즉 기업의 철학에 대한 헌신을 강조하되 그 실행 방식에 대해선 크게 신경 쓰지 않는 자유로움 등이다. 『탁월성을 향한 열정』은 이 여덟 가지를 고객, 혁신, 사람, 리더십이라는 네 가지로 압축한다.

기업의 탁월성을 말하는 책들에 대해 극찬하는 논평들이 상당히 많았다. 아마도 그 책들이 주목을 끈 까닭은 연구의 결과만이 아니라 방법론 덕이었을 것이다. 사실 앞의 두 책은 모두 기업에 대한 기존의 부정적인 생각과는 거리를 두고 있다. 흥미롭게도 이 저자들은 기업이 무엇을 잘못하고 있는가에 초점을 맞추기보다 무엇을 잘하고 있는가에 초점을 맞춘다. 저자들은 각기 연구 과정에서 기업들로부터 많이 배웠으며, 또 그들이 실제 경험한 사실들로부터 출발해 결국에는 추상적인 원리들을 책 속에 깔끔히 잘 정리한 셈이었다. 물론, 피터스나 워터만, 오스틴 외에도 조직 문제의 해법을 찾기 위해 탁월한 기업을 자세히 관찰한 이들은 많다. 실용적이라기보다는 학술적인 결론을 이끌어 냈다는 점에서 조금 다르긴 하지만, 캔터 역시 비슷한 방법을 사용했다.

탁월한 기업, 즉 초일류 기업 관련 문헌들은 대체로 단순하고 실용적이며 사람에 초점을 맞춘다. 그리고 현실에 초점을 맞춘다. 그런데 피터스와 워터만의 제안 중 하나가 우리에게 아주 흥미로운 문을 열어 주었다. 우리는 그들이 제시한 마지막 원칙인 긴장과 느슨함의 동시 추구에 대해 계속 숙고해 오던 참이었다. 이 원칙을 조금 거칠게 표현하자면, 목적에 대해서는 엄격하되 실행에서는 혼란을 감수하자는 것이다. 바로 그 순간 우리 머릿속에 떠오른 것은 전통적인 관료주의가 까다로운 결재 과정과 세세한 규칙, 절차상의 엄격함 따위를 특징으로 하면서 정작 그 안의 사람들은 어떤 목적에서 그런 것들이 필요한지 잘 모르고 있다는 생각이었다. 반면에 초일류 기업들은 거꾸로 사명이나 목적에는 절대 충성을 해야 한다고 하면서도 구체적 실행이나 절차와 관련해서는 다소의 혼란은 감수하겠다는 입장이다. 이는 일종의 이분법으로, 우리는 이러한 혼란스러운 사고의 특성을 문제 있는 기업들에서 많이 발견했다. 이런 기업들은 대체로 관료주의 모델과 초일류 기업 모델 사이에서 계속해서 우왕좌왕하는 경향이 있었다. 그들은 현안에 대한 해결책이 이것 아니면 저것이라고 믿었다. 이러한 양자택일적 구도 설정이 우리가 말하는 이분법이다. 만일 기업들이 이런 식의 이분법 구도를 갖게 되면 그 기업은 결국 다른 어떤 새로운 가능성을 찾지 못한 채 진퇴양난에 빠진다. 그 내용이 무엇이건, 이분법적 사고방식은 그 자체가 큰 문제다. 그래서 이분법적 사고에 갇혀 있다는 사실을 직시하기만 해도 이미 그 조직은 훨씬 더 건강해질 가능성이 있다.

한편 초일류 기업과 관련된 문헌에는 우리를 불편하게 만드는 측면이 있었는데, 그것은 이들 책이 스스로 정의하는 '탁월함'을 한결같이, 지나치게 추구한다는 점이었다. 앞의 두 책 모두 매우 고무적인 데가 있지만, 읽기에 벅찰 정도로 사람을 지치게 만들었다. 일례로, 피터스와 오스틴은 탁월함을 얻기 위해 치러야할 '비용'에 대해 이렇게 말한다.

한 줌의 탁월함을 위해 노력하는 동안 당신의 인생에는 전반적인 혁명이 일어날 것이다. 우리가 관찰한 바, 기존의 일-삶 사이의 경계선을 허물어 버리면서 열정적으로 사는 사람들 대부분은 다음과 같은 것을 죄다 포기했다. 가족 휴가, 아이들의 야구 시합, 생일 축하를 위한 저녁 식사, 저녁의 한가한 시간, 주말의 여유 시간, 느긋한 점심시간, 정원 가꾸기, 독서, 영화 보기, 그 밖에 다양한 오락시간 같은 것들 말이다. 우리는 꿈에 지나친 비중을 둔 나머지 결혼이나 동거 생활이 파탄이 난 친구들을 많이 보아 왔다. 우리와 함께 일하는 동료들 중에는 배우자 또는 동반자와 헤어지고 한부모 가정을 꾸려나가는 이들이 생각보다 많다. 사람들은 우리에게 "모두 다 가질 순 없느냐"고 묻는다. 개인 생활과 직업 생활 모두 충만하고 만족스럽게 가져가고 싶은 것이다. 우리의 대답은 "불가능하다"이다. 탁월함의 대가는 시간, 에너지, 주의력, 그리고 집중력이다. 물론 당신은 당신의 에너지, 주의력, 집중력을 딸의 축구 경기를 즐기는 쪽으로 쓸 수도 있었다. 탁월함은 엄청난 고비용을 요구한다.[9]

초일류 기업은 일에 대한 집착을 바람직한 것으로 촉진하려는 경향이 있다. 피터스와 오스틴은 기업에 대한 헌신이 사람들의 삶에 목적을 부여하며 자아 존중감을 회복하게 해 준다고까지 이야기한다. 그러나 우리는 바로 이런 태도에 의문을 품는다. 제법 긴 시간이 흐르는 가운데 우리가 깨닫게 된 것은, 여태껏 기업들에서 수용 가능하고 바람직하다고 여겨져 온 것들이 사실은 개인과 조직이 갖고 있는 치명적인 질병, 그것도 빠르게 진행되는 질병이란 점이다.

조직 변천
이제 우리는 혁신과 관련된 또 다른 영역인 조직 변천의 영역을 살펴보려고 한다. 여기에서는 조직 혁신 과정에서 도대체 사람들에게 무슨 일이 일어나는지에 초점을 맞춘다. 의미심장하게도, 조직 변천 관련 문헌들은 합리적-구조적 모델에서 집단의 사건이 사람들의 삶에 미치는 사회적, 심리적 효과를 숙고하는 과정 모델로의 이동을 예고한다.

윌리엄 브리지스William Brigdes의 『변천: 삶의 변화에 의미 부여하기Transition: Making Sense of Life's Changes』▪는 이런 접근 방식을 보여 주는 아주 좋은 사례이다.[10] 그는 조직 변천transition은 조직 변화change와 다르다고 주장한다. 그에 따르면 조직 변화는 계획된 일정이나 절차에 따라 차곡차곡 진행될 수 있으나, 조직 변천은 그렇지 않다. "조직 변천은 오랜 시간에 걸쳐 세 단계의 심리적 과정을 밟는다. 그래서 이것은 조직 변화와 동일한 합리적 공식으로 관리될 수도 없고 사전에 계획될 수도 없다."[11] 그가 말하는 세 단계 가운데 첫 번째 단계는 기존의 상황을 놓아 버리고, 그와 더불어 기존의 정체성도 떠나보내는 것이다. 두 번째 단계는 낡은 현실과 새로운 현실 사이의 '중립 지대'를 거쳐 가는 것이고, 세 번째 단계는 변화가 요구하는 '새로운 출발'보다 더 많은 것을 내포하는 새로운 시작점을 만들어 내는 것이다. 브리지스는 자기 이론을 실제 조직 변천에 적용하면서 사람들의 경험이 단계별로 다르다는 것을 알아차렸다. 즉 사람들은 첫 번째 단계를 거칠 때에는 이탈, 탈동일시,

---

▪ 국내에는 『내 삶에 변화가 찾아올 때』(김선희 옮김, 물푸레, 2006)라는 제목으로 번역되어 있다.

환멸 등을 경험하고, 두 번째 단계에선 방향성 상실, 해체, 발견을 경험하며, 마지막 단계에선 새로운 상상을 경험한다.

『포춘』 선정 500대 기업의 내부 컨설턴트로 있는 우리의 동료 가운데 한 명은 이러한 조직 변천이 직원들에게 어떤 영향을 미치는지 세밀하게 추적한 적이 있는데, 그는 브리지스의 단계들이 너무 기계적이라는 결론을 내렸다. 그의 의견에 따르면, 개인이건 조직이건 모든 변천의 단계마다 새로운 씨앗은 생각보다 이른 시기에 심어진다고 한다. 그 시기란 기존의 상황이나 관계만으로도 꽤 충분해 보일 때이다. 일단 새로운 아이디어가 싹을 틔우면, 그것은 기존의 상황 안에서 발전을 해 나간다. 대개 낡은 아이디어와 새로운 아이디어가 공존하는데, 각각이 조직 구성원들에게 동일한 주목을 받고자 한다. 우리가 아는 어느 조직에서는 이것을 "크레이지 타임"이라고 한다. 서로 다른 두 아이디어가 저마다 자기를 봐 달라고 경쟁적으로 요구하기 때문이다. 이런 맥락에서 우리의 동료 컨설턴트는 브리지스가 말한 중립 영역을 찾을 수 없었다고 말한다. 더구나 변화는 부단히 일어나는 것이기에 변천도 언제나 발생하며, 이 변천 과정에서 사람들은 필연적으로 일종의 상실감이나 비통함을 느낀다. 그것이 좋은 쪽으로의 변화라 해도 마찬가지이다.

새로운 아이디어가 기존의 상황 안에서부터 싹을 틔운다는 우리 동료의 통찰은 중독 조직이라는 **개념**이 경험적으로 적실하다는 우리의 발견을 지지해 주었다. 물론 중독 조직이라는 아이디어를 우리가 개발한 건 아니다. 단지 발견했을 뿐이다. 그 발견은, 우리가 이미 존재하던 것을 제대로 볼 수 있을 때까지 나름의 진지한 인식 과정과 깨달음의 과정에 충실했기에 가능했다.

앨런 셸던Alan Sheldon은 자신의 논문「조직 패러다임 : 조직 변화 이론Organizational Paradigms: A Theory of Organizational Change」에서 조직이 기존 안팎의 환경들과 더 이상 "어울리지 않는다"고 스스로 느낄 때 패러다임의 변화가 필요하다고 논한다.[12] 원래 패러다임 변화란 단순한 부분적 적응의 문제로 볼 수 없는, 모든 차원을 포괄하는 근본적인 시스템의 전환을 뜻한다. 그리고 이는 조직 구성원들의 세계관까지 변화시킨다. 때로 이러한 세계관의 변화가 일종의 애도 과정을 동반하기도 하는데, 기존의 세계관이 죽어가는 것처럼 느껴지고, 그것을 포기해야 한다고 생각하기 때문이다. 셸던은 패러다임 변화를 크게 세 종류로 나눈다. 첫째, 신·구 패러다임이 일부 겹치면서 공존하는 것, 둘째, 새 패러다임이 창조되기 이전에 구 패러다임이 변형되는 것, 셋째, 새 패러다임이 낡은 패러다임을 완전히 갈아치우는 것이다.

우리는 이러한 조직 변천에 관한 여러 문헌들이 우리가 실제로 조직 내 사람들과 함께 작업했던 과정이나 경험과 상당 정도 일치한다고 본다. 우리는 구조적인 변화란 문제 해결의 일부분이라는 결론을 내렸다. 사람의 문제가 여전히 남아 있기 때문이다. 특히 사람들이 느끼는 것, 그들이 원하는 것이 무엇인지 파악하는 것이 조직의 미래를 결정하는 데 상당히 중요하다. 나아가 조직 안에서 애도의 과정이 필요하다는 것도 인지해야 한다. 즉, 조직 변천 과정에서 사람들이 느끼는 슬픔, 애통함, 서글픔, 무상함 같은 애도의 과정들이야말로 어떤 면에서는 기업 조직을 좀 더 인간적으로 만들어 줄 수 있다. 그리고 이 애도의 과정은 또한, 구조의 문제가 조직 구성원인 사람들에게 결코 '외적인' 문제가 아니라는 것을 늘 깨닫게 해 준다. 사람들과 그 사람들이 삶의 모든 수준에서 매일같이 경험하는 과정들은 대단히 중요한 차원의 문제이다.

한편으로 우리는 우리의 동료와 마찬가지로 브리지스의 변천 사이클이 너무 깔끔하다는 데 의문을 갖는다. 브리지스가 사람들이 무엇을 느끼는지에 대해 말한 부분에는 동의하지만, 조직 내 변천 과정은 그가 말한 순서대로 일어나지 않는다. 어쩌면 그 순서란 조직 변천의 과정을 인위적으로 통제하는 쪽으로 작용할지 모른다. 또한 우리는 셸던이 말하는 패러다임 변화의 필요성에 전적으로 공감하지만 그가 말한 내용들이 과연 진정한 패러다임 변화인지는 좀 더 생각해 보아야 한다. 특히 그는 변화의 추동력을 오직 외적인 환경에서만 찾는데, 여기엔 문제가 있다. 우리는 진정한 시스템 전환이나 패러다임의 변화가 발생하기 위해서는 우선적으로 태도나 세계관이 변해야 하며, 그와 더불어 가치관과 목표에도 변동이 일어나야 한다고 생각하기 때문이다.

리더십

조직 분야에 종사하는 사람치고 리더십 문제에 관심을 갖지 않는 사람은 없을 것이다. 그래서 이 주제에 관해 대표적인 연구들을 살펴볼 필요가 있다.

먼저 기본적으로 심리학의 관점에서 조직을 살피고 있는 케츠 드 브리스Manfred F. R. Kets de Vries와 밀러Danny Miller의 『신경증 조직*The Neurotic Organization*』이라는 책이 있다.[13] 저자들은 조직을 극적인dramatic 조직, 우울한 조직, 편집증적 조직, 강박적 조직, 분열증적 조직, 이 다섯 가지 유형으로 나누고 각각을 살펴본다. 각 유형들은 나름의 특성과 문제를 지닌다. 저자들은 조직이 이처럼 다양한 모습을 띠는 이유는 최고경영자가 위와 같은 뿌리 깊은 신경증 성향을 하나, 혹은 그 이상 갖고 있기 때문이라고 결론을 내린다. 최고경영자가 갖고 있는 신경증 성향은 기업 경영에 있어 특정한 의사 결정과 특정한 전략을 낳는다. 이들은, 좀 이상하게 들리지만 경영진의 신경증 성향은 어느 정도 기업의 환경에 들어맞는다는 결론을 내린다. 그들은 이런 신경증 성향을 "건전하게" 혼합하면 기업의 성공을 보장할 수 있다고 제안한다.

그 구체적 내용과는 무관하게 케츠 드브리스와 밀러는 우리의 컨설팅 업무에 상당히 큰 도움이 되었다. 조직의 최고경영자나 핵심 인물이 실무에 얼마나 큰 영향력과 힘을 행사하는지 잘 보여 주고 있기 때문이다. 이들의 연구는 동시에, 시스템 전체가 최고경영자 또는 핵심 인물의 성격을 거의 그대로 닮아 갈 수 있고 그 행동에 직접 영향을 받을 수 있음을 확실히 알려 주었다.

물론 우리는 조직에 어떻게 신경증적인 행위가 자리를 잡고, 또 그 신경증을 어떻게 결합해야 건강한 조직으로 거듭날 수 있는가 하는 차원에서 많은 의문을 갖는다. 신경증 성향을 아무리 잘 섞는다 해도 결국 그것은 신경증이다. 오히려 이들의 제안은 우리로 하여금 통상적으로 우리가 조직의 바람직한 규범이라고 믿는 것들이 사실은 비정상적이거나 역기능적인 행동이 아닌가 하는 의혹을 품게 했다. 바로 이런 것들이 기업 세계에서 흔히 "원래 그런 거야"라고 당연하게 받아들이는 바로 그 문제를 보여 주는 것이 아닐까 하는 의심도 들었다. 그 결과 우리는 조직 내부에서 무엇이 '수용 가능한 것'으로 인식되는지를 살펴보게 되었고, 그 수용 가능한 것들이 가정하고 있는 것에 질문을 던지게 되었다.

폴 허시Paul Hersey와 켄 블랜차드Ken Blanchard가 쓴『조직 행동의 관리: 인적 자원의 활용*Management of Organizational Behavior*』은 상황적 리더십에 관한 책으로, 리더십을 좀 더 실용적으로 다루면서 리더십의 '실제 방법'을 소개하고 있는 책이다.[14] 이들은 리더십의 문제를 둘러싼 맥락의 변화를 특징적으로 보여 준다. 전통적으로 리더십에 관한 주요 질문은, "리더들은 타고나는가 아니면 만들어지는가?" 하는 것이었다. 처음엔 "타고 난다"고 하는 사람이 꽤 많았지만, 갈수록 더 많은 사람들이 "만들어진다"고 답했다. 허시와 블랜차드 역시 바로 그런 흐름 속에 있다.

이 책에서 그들은 리더들이 역할을 수행하는 맥락에 초점을 맞춘다. 그리고 리더십의 네 가지 '스타일', 즉 명령하는 리더십, 판매하는 리더십, 참여하는 리더십, 그리고 위임하는 리더십을 각각 묘사한다. 각각의 유형마다 그 리더와 직접적으로 업무 연관이 있는 부하 직원들이 리더와 어떤 관계를 맺는지, 리더가 다른 사람들과 인간적인 상호작용을 얼마큼 하는지가 모두 다르다. 리더들은 사람이나 상황을 나름대로 판단하고, 그에 적합한 리더십 스타일을 선택한다. 특히 리더가 업무상 관계를 맺는 다른 사람들의 성숙도가 매우 중요하다. 부하 직원들이 미성숙하다면 리더는 '명령하는 리더십'

을 선택하며, 반대로 사람들이 대단히 동기부여가 높은 상황이라면 리더는 '위임하는 리더십'을 선택한다. 이렇게 해서 허시와 블랜차드는 리더십에 관한 아주 단순하면서도 설득력 있는 도구를 개발했다. 그들은 모든 상황에 다 맞는 단 하나의 리더십은 없다고 말한다. 그들이 말하는 리더십은 유연하다는 것이 핵심적 특징이다.

그러나 우리는 그들의 기본 가정에 의구심을 품는다. 직원들의 성숙도가 제대로 파악되기만 한다면 그들의 생각이나 행동이 리더가 원하는 특정한 방향으로 조작될 수 있다는 말인가? 나아가, 그런 식으로 해서 직원들이 성숙도의 사다리를 타고 점점 더 높은 쪽으로 올라간다고 말할 수 있을까? 우리는 이런 태도나 사고방식이 통제환상*을 부추기고 직원들을 전혀 존중하지 않는다고 생각한다. 나아가 이런 식의 접근은 다른 접근들처럼 일종의 처방전 모델에 기초하는데, 우리는 그 효력이 상당히 제한적이라고 생각한다.

사람에 초점을 맞춘 또 다른 리더십 이론서로 마이클 맥코비 Michael Maccoby의 『리더 The Leader』와 워렌 베니스 Warren Bennis와 버트 나누스 Burt Nanus가 쓴 『리더들: 책임의 전략 Leaders: The Strategies for Taking Charge』**이 있다.[15] 맥코비는 다양한 상황에 직면한 리더 여섯 명을 만나 긴 시간을 두고 그들을 추적하여 그들의 다양한 스타일이 어떤 요인들의 영향을 받아 생긴 것인지 인터뷰했다. 한편, 베니스와 나누스도 비슷한 방식으로 연구를 했는데, 무려

■ 통제나 조작을 통해 모든 것을 원하는 대로 할 수 있다는 착각을 말한다.
■■ 국내에는 『워렌 베니스의 리더와 리더십』(김원석 옮김, 황금부엉이, 2006)이라는 제목으로 번역되어 있다.

90명에 이르는 많은 리더들을 상세히 서술하고 있다. 이 리더들은 『포춘』선정 500대 기업의 회장들에서부터 관현악단의 지휘자에 이르기까지 다양한 분포를 이룬다. 두 저자는 이 유별난 리더들이 보이는 전략을 네 가지로 나누었는데, 첫 번째는 조직의 비전에 상당한 관심을 기울이는 전략, 두 번째는 원활한 소통을 통해 의미와 가치에 도달하는 전략, 세 번째는 신뢰를 획득하는 전략, 네 번째는 혁신적인 학습을 위해 사람들을 조직하는 전략이다.

우리는 두 책 모두 리더는 다른 무엇보다 사람이라는 점을 강조했다는 점에서 높이 평가한다. 그들은 리더들이 자신의 느낌이나 필요에 충실한 경우, 리더로서의 역할도 더 효과적으로 수행할 수 있을 뿐 아니라 필요한 경우엔 (자신이나 타인을 위해) 위험을 감수해야 하는 도전적인 일도 훨씬 과감하게 해낼 수 있다고 말한다. 맥코비가 사례로 드는 팀 플레이어로서의 리더(지도자라기보다는 팀 플레이어로서 자신의 스타일에 너무 몰입한 나머지 팀 플레이어가 되는 게 회사를 위해 도덕적으로도 필요하며 그 자신의 건강을 위해서도 좋다고 생각하는 리더)는 강력한 교훈을 전달한다. 우리는 기업이 도입한 작은 변화가 그 구성원이나 시스템 전체에 심대한 영향을 미치고 때로는 급격한 세계관의 변화까지 동반하는 경우들을 보며 깜짝 놀랄 때가 있다. 여러 기업 현장을 둘러보며 우리는 이런 일이 갈수록 더 많은 사람들에게 일어나고 있다는 것을 알게 되었다. 그리고 이 지점에서 개인에게 이러한 변화가 일어날 수 있다면 전체 시스템 차원에서도 변화를 일으킬 수 있지 않을까 하는 질문을 던져 보았다. 더 큰 퍼즐을 완성하는 데 필요한 나머지 조각들을 찾아내기만 한다면 분명

가능한 일일 것이라 믿는다.

사실, 조직 개발은 꽤 오래된 분야이며 연구도 많이 되어 왔다. 이 분야는 성격상 학제적 접근을 요한다. 즉, 경영학, 사회학, 심리학에서 나온 통찰을 십분 활용하는 것이다. 조직 개발은 현실에 그대로 적용될 수 있는 다양한 학문 분야들이 특이하게 결합된 분야라할 수 있다. 그리고 그 결과 쌓이는 조직 개발 경험은 지속적으로 이론 안으로 피드백된다. 최근에는 또 하나의 '신참 분야'가 생겼는데, 바로 조직 전환 분야이다.

조직 전환

조직 전환은 상대적으로 새로운 연구 분야로, 앞으로 얼마나 왕성하게 꽃을 피우게 될지는 아직 확신하기 어렵다. 지금까지 우리가 살펴본 대부분의 저자들은, 기업들이 세계시장에서 더욱 생산적이고 활기차게 움직이려면 확실한 조직 변화가 필요하다는 사실에 공감한다. 그런데 조직 전환이라는 것은 다른 접근 방식들에 비해 좀더 많은 것을 포함한다. 기업 환경에 영향을 미치는 변화들에 대한연구를 할 때에도 조직 전환의 관점은 좀 더 포괄적인 시각으로 그변화를 바라본다.

주요 논문들을 엮은 『노동의 전환Transforming Work』이라는 책의서문에서 존 애덤스John Adams는 조직이 어떤 맥락에서 움직여야하는지를 다음과 같이 설명한다.

현재의 세계적 추세들이 아무런 변화 없이 계속된다면, 2000년 무렵이면 인구는 50퍼센트가 더 증가할 것이고, 표층 토양은 33퍼센트가 유실될 것이며, 무려 13억 명의 세계 인구가 영양부족으로 고통 받을 것이다. 그리고 깨끗한 물이 터무니없이 부족하게 될 것이며, 거의 1백만 가지의 생물 종들이 멸종 위기에 내몰리게 되고, 대기층이 심각하게 손상되어 북극 빙하가 녹고, 기후변화가 급격히 진행될 것이다. 나아가 아시아, 아프리카, 남아메리카에 있는 숲이 50퍼센트 정도 사라질 것이고, 40개 나라가 핵무기를 보유하게 될 것이다. 뿐만 아니라 세계화 경제는 엄청난 변화와 갈등을 초래할 것이다. 바로 이런 상황에서 세계의 모든 조직들은, 그들이 이런 문제들에 직접적인 책임이 있건 아니건, 해결책의 일부가 되어야 한다. 여태껏 모든 조직들의 지배적인 경영 방식은, 오로지 이윤이나 투자수익률과 같은 지표에만 몰두해 왔다. 하지만 우리 모두가 이런 범지구적 위기를 넘어 살아남고자 한다면, 이제는 더 넓은 시각을 가지고 범지구적 목적을 위해 헌신해야 할 것이다.[16]

조직 전환이란 바로 이런 사회적 맥락을 필수불가결한 환경적 요소로 받아들여서 경영 계획 수립에 적극 반영하는 것이다. 결과적으로, 조직 전환은 결코 가치 중립적이지 않다. 그것은 비전 지향적이다. 앞의 인용문에서도 암시되듯이, 조직 전환 개념의 기저에는 이 세상 모든 존재는 연결되었다고 하는 영성적 각성이 깔려 있다. 그래서 조직 전환이란 단순히 대안적인 조직 개발 방식 가운데 하나라는 차원을 넘는다. 조직 전환이란 아예 처음부터 영성적 기초를 명백한 구성 요소로 갖고 있다.

역사적으로 조직 개발의 관점에서 최우선적인 질문은, 과연 어떻게 해야 조직이 더 생산적일 수 있는가 하는 것이었다. 그 다음으로 어떻게 해야 사람들이 좀 더 행복해질 수 있을까 하는 질문을 던진다. 반면 조직 전환 관점에서는, 만일 우리가 세상에 대한 책임을 제대로 진다면, 그리고 세상의 일에 우리가 적극적으로 참여한다면, 세상은 과연 얼마나 달라질 수 있을까 하는 질문을 던진다.

조직 전환의 또 다른 특성은 피터 베일Peter Vaill이 쓴 「새로운 시대를 위한 과정의 지혜Process Wisdom for a New Age」라는 글에 잘 요약되어 있다. 그는 조직 전환이란 "세상에 책임감을 가지는 것"이라고 간결하게 말한다. 흥미롭게도 이러한 관점은 주류 조직 이론이나 조직 행동론 같은 분야에서는 거의 언급되지 않는다. 이들 주류 행태 이론은 사물의 진리나 중요성을 판단할 때 언제나 객관성의 기준을 갖다 대기 때문이다. 베일은 조직 전환을 이야기할 때 필요한 또 다른 세 가지 실마리들을 다음과 같이 요약한다.

(조직 전환은) ① 조직 내의 생명 또는 삶이라고 할 수 있는 실제 존재 안에 뿌리를 내려야 한다. ② 개방적인 인간 정신이 선사하는 편안함과 즐거움을 선사해야 한다. 그 개방성은 D. H. 로렌스가 말하듯 주변의 모든 우주에 열린 것이며, 그리하여 폐쇄적이거나 제한하거나 엄격하게 구분하는 것과는 거리가 멀다. ③ 사람의 의식을 우리와 세상을 이어주는 다리로 이해하는 것이다. 그러나 이것을 만물이 모두 상대적이라고 보는 지나친 주관주의로 해석해서는 곤란하다. 그보다는 우리의 의식 세계를 인간이 타자나 주변과 맺는 관계성 속에 위치

지우고 그런 관계 속에서 이해하자는 것이다.[17)

우리는 조직 전환의 가능성에 대단히 고무되었다. 베일이 요약하고 있는 여러 특징들은 바로 우리가 조직이나 소집단에 접근하던 방식이 틀리지 않았음을 확인시켜 준 셈이었다. 우리는 상당히 오랫동안 실제 조직이란 겉보기나 겉으로 보이게끔 만들어진 모양새와는 전혀 다른 것이 아닐까 하는 생각을 해 왔다. 그동안 조직 개발과 관련하여 객관주의적 시각에 압도된 나머지, 우리는 조직에 관한 특정한 종류의 지식이나 정보만 보도록 훈련을 받아 왔다. 더구나 우리와 같은 조직 컨설턴트들은 당면 문제들에 대한 정확한 처방전과 패키지화된 프로그램 같은 해법을 제시하는 것이 기본이었다.

조직 전환과 관련하여 우리는 이러한 새로운 접근을 실행하는 과정이 과연 기존의 접근 방법과 정말 다른가를 좀 더 생각해 보아야 한다. 이러한 질문은 특히 컨설턴트의 역할과 밀접한 관련이 있다. 조직 전환은 경영 조직에 더 높은 생산성을 보장한다는 약속을 팔아먹기 위한 또 다른 속임수에 불과한 것이 아닌가? 조직 전환은 진정 자신이 약속한 바를 이룰 수 있나? 즉, 조직 생활의 모든 면이 영적인 가치를 바탕으로 전환될 수 있을까? 과연 그것이 시스템 전환을 의미하는가, 아니면 단지 기존 시스템을 교묘하게 지탱할 뿐인가? 바로 이런 문제들이 우리가 조직 전환과 관련해 갖는 주된 관심사이고, 또 부단히 질문할 수밖에 없는 것들이다. 조직 전환은 분명 참된 전환을 위한 대단한 잠재력을 갖고 있다. 하지만 어떻게 해야 그

가능성을 시스템에 저당 잡히지 않은 채 구현할 수 있을 것인가?

우리가 기존의 고정된 범주나 가정들에 국한되지 않고 시야를 넓혀 폭넓은 정보를 접하고자 마음의 문을 열었을 때, 비로소 우리는 새로운 깨달음을 얻었다. 그 깨달음이란 여태껏 조직 개발 분야에서 '조직에 정상적인 것'이라고 범주화했던 행위들이 사실은 고정된 시스템 안에서만 정상적이라는 점이었다. 다른 관점에서 바라본다면, 그것들은 정상적이라기보다는 역기능적이고 중독적인 것이었다. 이러한 깨달음은 또 다른 깨달음을 낳았다. 그것은 우리가 가진 세계관이 우리가 볼 수 있는 문제의 내용을 제한한다는 사실, 그리고 그런 문제들이 인지되는 맥락 자체도 제한한다는 사실이다. 그래서 조직을 완전히 다른 관점에서 보려면, 먼저 자신의 세계관 자체를 변화시켜야 한다. 실제로 그렇게 한 결과, 우리는 동일한 현상도 완전히 다른 관점에서 볼 수 있게 되었다. 개인적인 시스템 전환을 이루거나 세계관을 변화시키면 지금까지 보이지 않거나 다르게 이해되던 맥락에서 완전히 새로운 것들이 떠오른다. 그런 것들은 애초에 없었던 게 아니라 늘 존재해오던 것으로, 단지 우리가 제대로 인지하지 못했을 뿐이다.

패러다임의 전환

오늘날 풀뿌리의 힘이 갖는 중요성이 새롭게 부각되면서 그와 연관된, 이른바 패러다임의 전환을 다루는 문헌들이 나날이 늘고 있다. 우리는 경영 조직이나 집단 들과 일을 하면서 개인적인 면에서나 문화적인 면에서 질적으로 다른 무언가가 생겨나고 있다는 것을 깨달았다. 그것은 자체적으로 나름의 생명력을 가지고 있었다. 우리는 여기에서 요약된 형태로나마 다른 필자들이 이 패러다임의 전환과 관련해 무엇을 말하고 있는지, 그리고 그들의 개념이 우리의 인식에 어떻게 추가되었고 우리 자신의 지각에 어떠한 변화를 가져왔는지를 보여 주고자 한다.

도대체 패러다임 전환이라는 아이디어는 어디에서 유래했을까? 좀 더 구체적으로, 패러다임 전환이란 개념은 조직과 무슨 상관이 있을까?

첫 번째 질문에 답하기 위해 우리는 1970년에 처음으로 이 아이디어를 제시한 토머스 쿤을 살펴야 한다.[18] 쿤은 과학의 발전이란 통상적인 과학과 패러다임 수준의 과학이라는 두 가지 경로를 거쳐 이루어진다고 보았다. 통상적 수준의 과학 발전은 기존의 주어진 규칙 안에서 점진적으로 진화한다. 반면에 패러다임 수준의 과학 발전은 새로운 것들이 분출하여 기존의 규칙에 도전을 가하고, 또 결과적으로 그 규칙들을 변화시켜 버린다. 쿤에게 패러다임이란 과학적 이론 체계를 말하는데, 사실 이것은 더 많은 걸 내포한다.

패러다임이란 관찰된 현상에 대하여 특정한 집단이 공유하는 신념이나 설명 체계이다. 어떤 사물이나 현상에 대한 공통된 믿음이 곧 패러다임이다. 그래서 패러다임이란 내용(아이디어) 자체이기도 하면서 과정(방법)이기도 하다. 아마도 쿤이라면 패러다임이란 과학자가 관찰하고 말하는 내용임과 동시에 그러한 학문을 수행하는 방식이기도 하다고 말할지 모른다. 요컨대 패러다임이란 이미 관찰된 내용을 설명하는 틀이라 할 수 있겠다.

흔히 현실에서는 위기가 새로운 패러다임의 출현을 재촉한다. 앨런 셸던은 쿤을 압축적으로 인용하면서 어떻게 해서 이러한 패러다임 전환이 일어나는지 설명한다.

> 만일 과학자들이 기존 이론이 더 이상 효력을 발휘하지 못한다고 느끼는 경우, 그들은 다른 대안들을 찾아 나서게 된다. 물론 그렇다고 기존 이론들을 완전히 포기하지는 않는다. 실제로 그들은 대안적인 이론이 확실히 자리 잡았다고 판단하는 경우에만 기존의 이론 체계를 버린다. 그래서 하나의 패러다임을 거부한다는 결정은 동시에 다른 패러다임을 수용하겠다는 결정이라고 할 수 있다. 이때 위기가 근본적인 패러다임의 전환을 재촉하기도 한다. 심각한 위기가 발생하면 사람들은 세상을 설명하던 기존의 고정관념에 회의를 품고, 필연적으로 다른 모델을 찾아야 한다고 이야기하기 시작한다.[19]

패러다임의 중요한 특징 중 하나는 패러다임 수준의 변화가 서로 다른 두 세계의 교체를 뜻한다는 점이다. 이러한 특징은 우리가 변화를 보는 시각에도 영향을 준다. 패러다임의 변화는 전면적으로, 그리고 아주 철저하게 일어난다. 따라서 패러다임의 변화는 결코 점진적이지 않으며, 늘 갑작스럽다. 그것은 결코 느긋하게 이행하지 않으며 근본적인 전환을 요구한다.

쿤은 패러다임 전환이라는 사고를 정착시키는 데 기여한 최초의 인물이며, 사실상 가장 영향력 있는 이론을 제시한 인물이다. 하지만 쿤의 패러다임 개념은 유용하긴 해도 상당히 제한적인 면이 있다. 중독 조직의 관점에서, 우리는 이 개념보다 한 걸음 더 나아가야 한다. 우리는 패러다임 이론의 근본 가정을 의심해 보아야 한다. 시스템이 위기에 반응해서 새롭게 구축되고 또 다른 위기가 오면 근본적으로 변화해 나간다는 사고방식은, 어떤 의미에서는 정태적인 세계관, 즉 변화를 회피하려는 세계관에 기초한 것일 수도 있다. 우리는 현실에서 타당한 것으로 인정받지 못한 다른 세계관이 있다고 믿는다. 현재의 지배적인 세계관이 너무나 널리 퍼져 있고 확고하게 자리를 차지하고 있기에 밀려나고 만, 그런 세계관 말이다. 이런 시각에서 아마도 '진정한' 패러다임 전환이 일어난다면, 그때 전환이란 완전히 새로운 것으로의 변화라기보다는 개방성으로의 변화가 아닐까 싶다. 이미 세상에 존재하고 있었지만 기존의 지배적인 세계관에 의해 차단당했기 때문에 결코 볼 수 없었던 것들을 볼 수 있게 되는 개방성 말이다.

쿤의 고유한 시각은 기존의 과학 공동체에서 일어나는 일들을 숙고한 결과 얻어진 것이었다. 우리는 그가 그 부산물로 과학에서 중요한 발전이라 여겨지는 것을 따로 떼어냈다고 생각한다. 역사적으로 과학적 방법이란, 모든 현상에 대한 열린 자세, 즉 개방성에 기초해 있었다. 하지만 쿤은 역설적으로, 과학이 갈수록 정태적이고 폐쇄적인 시스템(이전 시대의 내적 일관성을 더 이상 갖고 있지 못한 어떤 것)으로 진화해 왔음을 보여 주었다.

매릴린 퍼거슨Marilyn Ferguson은 그녀의 베스트셀러 저서인 『수

족관의 공모*The Aquarian Conspiracy*』■에서, 패러다임 전환이란 것은 과학자들의 발명도 아니요, 과학의 발전이 만들어 내는 리듬에만 국한되는 것도 아니라고 강조했다. 오히려 일종의 '공모conspiracy'로 보아야 한다는 관점인데, 그리스어로 공모란 '함께 숨 쉬는 것'을 뜻한다. "모든 곳에서 사람들은 여태껏 이름조차 알려지지 않은 방식으로 살아가고자 공모하는 중이다. 그것은 전일적이고, 건강하고, 협동적이고, 생태적이며, 영성적인 방식이다."[20] 물론 그녀도 인정하듯, 이러한 변화는 사실상 과학이나 학문 분야로부터 분출해 나왔다. 그러나 이제는 경영, 교육, 종교, 의료 분야 등 삶의 모든 영역에서도 이러한 변화들이 일어나고 있다. 나아가 퍼거슨은 패러다임 전환이란 개인이나 사회의 외부로부터 강제된 변화가 아님을 지적하며 오히려 사람들이 경험하는 내면적인 변화의 일종이라고 말한다. 즉, 사람들이 명상이나 개인적 삶의 위기, 내면적인 깨달음을 거치며 경험하는 변화가 곧 패러다임 전환이라는 것이다. 사람들은 저마다 특수한 경험을 갖지만 그들의 경험은 비슷한 패러다임의 전환으로 인식될 수 있다.

데이비드 봄David Bohm은 퍼거슨보다는 패러다임의 전환 담론에 미친 영향이 적을지 모르지만 상당한 기여를 했다.[21] 원래 봄은 물리학자로, 물리 현상이나 과학 현상을 기존의 뉴턴 식 과학적 세계관과는 완전히 다른 관점으로 보기 시작했다. 그가 패러다임 전환과 관련한 논쟁에서 특별히 기여한 바는 세계가 일종의 홀로그램이

■ 국내에는 『의식 혁명』(정성호 옮김, 민지사, 2011)이라는 제목으로 번역되어 있다.

라는 독특한 통찰을 했다는 것이다. 홀로그램은 레이저 빔을 이용해 이미지를 3차원 공간과 감광판에 투사해 얻어지는 것을 말한다.

자연과학은 물론 사회과학까지 모두 깜짝 놀라게 했던 것은 바로 이 투사된 이미지의 본질이었다. 홀로그램에서는 설사 이미지가 분리된 조각으로 깨지더라도 개별적인 조각들은 여전히 전체 이미지를 그대로 재현한다. 결국 홀로그램은 모든 조각들을 다 포함하고 있으며, 개별 조각들 역시 전체 홀로그램을 다 포함한다. 이를 통상적인 용어로 표현하자면 개체가 전체이며, 전체가 개체라고 할 수 있다. 홀로그램 개념은 만물이 서로 다르면서도 동시에 같을 수 있다는 것을 가르쳐 준다.

봄은 이 홀로그램 개념을 한 걸음 더 진전시켜 홀로-무브먼트라는 개념으로 확장했다. 홀로-무브먼트는 '과정'을 묘사한 것으로, 우리가 사는 우주가 결코 정태적이지 않음을 말해 준다. 이러한 방법론을 통해 그는 우리가 우리 자신이나 세상을 보는 방식을 혁명적으로 변화시킬 수 있는 가능성을 열어젖혔다. 다시 말해, 그는 정태적이고 통제 지향적이며, 또 객관주의적이고 자연과학적인 세계관에 대한 대안을 제시한 셈이다.

최근의 뇌 연구(특히 칼 프리브램Karl Pribram)는, 인간의 뇌가 실제로는 홀로그램으로 작동하고 있다고, 즉, '홀로-무브먼트'라고 말한다. 이 말은 우리가 고대 마야나 고대 이집트의 과학을 홀로그램 식으로 새롭게 바라보기 시작했다는 뜻이다. 이것은 분명히 우리의 지식이나 이해에 완전히 새로운 차원을 더해 준다. 요컨대, 인간의 두뇌나 개인이나 모두가 곧 우주라는 것이며, 그 역도 마찬가지라는 것이다.

홀로그램은 사회과학, 조직 이론, 심지어 신학에 이르는 여러 분야에서도 흥미진진한 발견이었다. 그것은 이 개념이 상당히 오랫동안 많은 사회과학자들이 고심해 오던 문제에 일정한 형태를 부여했기 때문이다. 그 문제란 인간 행동이나 생명의 상호 연결성이 어떤 의미를 갖는지, 다시 말해 이 세계와 집단을 바라보는 생태적-유기적 관점이 어떤 의미를 갖는지와 연관이 있다.

이제 우리는 이런 질문을 던질 수 있을 것이다. 즉, 심원한 뇌 과학자들, 홀로그램이나 과학적 패러다임 전환 같은 내용이 과연 조직과 무슨 상관이 있느냐는 것이다. 한마디로 많은 관련이 있다. 실제로 많은 조직 컨설턴트들이 그렇게 말한다. 그중 한 사람인 찰스 햄던 터너Charles Hampden Turner는 패러다임 전환이나 올바른 뇌 모델(예를 들어 좌뇌 지배와 우뇌 지배와 같은)과 같은 의제들이 오늘날 기업 세계에서도 무척 중요하게 다뤄지고 있다고 말한다.[22] 터너 식으로 말하자면, 기업 경영의 위기, 산업 정책 수립에 있어서의 정부 역할, 생산성 저하의 위기, 일본이나 미국의 문화와 경제의 연관성 문제, 그리고 21세기 경제 문제 같은 것들은 결국 온통 패러다임 전쟁에 휩싸여 있는 셈이며, 최종적으로 패러다임의 협력이 아니고서는 풀기 어렵다. 터너는 또한 「새로운 패러다임은 있는가?Is There a New Paradigm?: A Tale of Two Concepts」라는 글에서 현실에는 적어도 두 가지 패러다임, 혹은 그 이상의 패러다임이 존재한다고 주장한다. 그러나 이보다 더 중요한 주장은, 새롭게 등장하는 패러다임 2.0이 절대 숭배의 대상으로 전락하지 않도록 해야 한다는 것이다.

다시 말해, 그는 새로운 패러다임의 과정, 패턴, 그리고 관계 들에 대해 결코 기존 패러다임의 방식으로 접근해서는 안 된다고 본다. 그는 "전일성이 화합적인 과정으로서가 아니라 하나의 사물처럼 취급되는 것"은 바람직하지 못하다며 대단히 걱정했다. 그는 다음과 같이 경고한다.

> 패러다임 2.0의 가치들은 결코 뽑기 주머니가 아니다. 손으로 잡을 수 있거나 가져갈 수 있는 게 아니란 뜻이다. 그 가치들은 오히려 우회로 같은 것을 통해 다가오고, 전 과정을 몸소 겪어내는 가운데 느껴지는 것이며, 다른 존재들을 배려하는 가운데 자연스럽게 발전되어 나오는 것이다. 또 그것은 지속적인 의심을 통해 얻어지는 확신이며, 취약함을 뚫고 이겨낸 뒤에 얻어지는 정서적 안정 같은 것이다. 그것은 통속적인 심리학이 시장 바닥에서 이야기하는 것과는 완전히 다른 세계를 이야기하며, 우리에게 근본적인 변화를 요구한다.[23]

우리는 조직 변화를 연구하며 조직 내 많은 사람들이 '한 방의 해결책'을 찾는 것을 반복적으로 경험했다. 개인적인 수준이든 조직적인 수준이든 마찬가지였다. 여기서 말하는 '한 방의 해결책'이란 개인이나 집단이 그들 자신이 처한 과정을 올바로 직시하지 못하고, 그로부터 아무것도 배우지 못하며, 나아가 제대로 된 변화도 이루지 못하도록 바로 일을 시작하게 만드는 물질이나 과정을 뜻한다. 객관주의적 과학에 기초한 기존 패러다임은 이런 '한 방의 해결책'을 정답처럼 제시해 왔다. 터너의 문제의식이나 관점을 빌려 말하자면, 패러다임 전환이란 정답이라는 확실성의 세계로부터 지속적인 변형의 과정, 또는 불확실과 미지의 세계로 이동하는 것이다. 어떤 면에서 이는 마치 신학자들이 "허공으로의 질주"라고 말한 것과도 통한다.

패러다임 전환과 관련한 논의를 마무리하기 전에 모리스 버먼을 언급하고 넘어가야겠다. 버먼은 패러다임 논의에 대단히 창의적이면서도 전문가적인 기여를 했다. 그는 『세계의 재주술화*The Reenchantment of the World*』라는 대단히 중요한 책에서 오늘날 우리의 주류 세계관이 종말을 맞이하고 있다는 상당히 설득력 있는 주장을 제시했다.[24] 그에 따르면 주류 세계관은 우리가 여태껏 과학적 방법론이라 알고 있던 논리 실증주의와 경험주의에 기초해 있다. 그것은 쓸데없이 에너지를 많이 만들고, 자기 자신을 집어삼키며, 자기 파괴적인 특성을 띤다. 버먼은 이러한 주류의 과학적 세계관이 자신과 타자, 즉 관찰하는 자신과 관찰되는 세계를 분리하는 비참여적인 모델에 기초한다고 말한다. 자아는 자기 자신은 물론이거니와 다른 사람들이나 우리가 살고 있는 이 세계에도 참여하지 못한다. 버먼은 이처럼 객관화하는 과정에 대한 참된 대안을 발전시켜야 한다고 역설한다. 그가 제시하는 대안은 '참여 의식'이다.

그렇다면 이러한 패러다임 전환과 관련된 여러 논의들로부터 조직이 배워야 할 핵심 내용은 무엇일까? 우리는 여태껏 객관성이라는 신화에 빠진 채 작동하는 수많은 조직들을 봐 왔다. 객관성의 신화란 바로 앞서 살핀 과학적 세계관에서 유래된 것으로, 객관성이 우월하다고 가정하는 잘못된 믿음과 더불어 논리적이고 합리적인 것을 무조건 숭배하는 경향이 모습을 드러낸다. 실제로 우리는 경영 컨설턴트로 활동하면서 "회사가 당면한 문제를 제대로 다루기 위해" 구조를 다시 짜는 데 도움이 될 것이라며 '객관적 아웃사이더' 입장에서 문제를 진단해달라는 요청을 자주 받았다.

그러나 문제들은 항상 앞서 말한 홀로그램 같은 차원을 띠는 법이다. 다시 말해 뭔가 문제가 있다면 그것은 시스템뿐 아니라 사람들에게도 문제가 있는 것이다. 그래서 구조를 아무리 완벽하게 만들어도 우리는 결코 문제를 제대로 해결할 수 없다. 아니, 어떤 면에서는 하나도 해결할 수 없다.

따지고 보면 바로 그러한 세계관 아래에 통제의 환상이 깔려 있다. 즉, 사람들은 제대로 통제하고 조작하기만 하면 뭐든지 다 할 수 있다고 착각한다. 이러한 사고방식은 앞서 말한 객관주의 패러다임과 직접적으로 연관된다. 버먼이 이미 지적했듯, 이런 사고방식 속에서 우리는 우리 자신의 경험이나 우리를 둘러싼 세계의 참여자가 아니라 구경꾼이 된다.

우리는 현실의 경영 조직을 컨설팅하면서 실제 경영 현실에서 이러한 통제 환상이나 이와 결부된 분리주의적 사고방식이 팽배해 있다는 걸 알게 되었다. 즉, 사람들은 타인이나 세상으로부터 소외되었을 뿐만 아니라 심지어 자신으로부터도 소외되어 타인이나 세상, 그리고 자기 자신에 대해서조차 정작 필요한 정보를 얻을 수가 없다. 돌아가는 사태의 진실을 전혀 알 수 없으니 창의적인 판단이나 의사 결정도 할 수 없다. 게다가, 실제의 세상은 결코 정태적이지 않으며 변화한다. 어느 조직도 이런 현실을 부정하지는 못할 것이다. 그럼에도 불구하고 실제로 조직들이 작동하는 방식을 보면 그들은 정태적인 세상을 원하고 있는 것처럼 보인다. 그런 세상을 만들 수 있다고 믿는 것 같기도 하다. 그러니 실제 세상과 조직이 따로 놀 수밖에 없다. 오래된 시스템과 관련하여 패러다임 전환을 촉구하는 연구자나 저자 들은 구 패러다임이 이제 점차 사라지고 있으며 낡은 것이 되어 버렸다고 말하지만, 사실상 얼마나 이 세계에서 끈질기게 버티고 있는지를 알 수 있다.

페미니즘

우리의 새로운 사고에서 페미니즘이라는 뿌리를 빠뜨린다면, 그것은 20세기의 가장 중요한 사회운동을 무시하는 일이며, 여성으로서 우리 자신의 경험을 반영하지 못하는 일이기도 하다. 따라서 우리는 여기서 페미니즘과 연관된 몇 가지 주제들을 다루면서 우리가 조직을 중독자로 보게 되기까지 페미니즘이 어떤 기여를 했는지 설명하려고 한다. 우리는 이런 주제들을 여성들이 쓴 과학 소설이나 판타지물을 비롯한 문학 작품들, 또한 조직 내 여성의 문제를 다루는 문헌들로부터, 그리고 여성 자신이 쓴 현실 시스템에 관한 비판적 글들로부터 추출해 냈다.

판타지물과 과학 소설
판타지물이나 과학 소설을 쓴 대표적인 작가들로는 매리언 짐머

브래들리Marion Zimmer Bradaley, 샬롯 퍼킨스 길먼Charlotte Perkins Gilman, 캐럴 힐Carol Hill, 어슐러 르귄Ursula LeGuin, 앤 맥캐프리 Anne McCaffrey를 들 수 있다.[25] 이들은 모두 여성들이고, 우리는 흥미롭게 그들의 책을 읽었으며, 그 과정에서 매혹적이고 생각을 불러일으키는 아이디어를 많이 만났다. 이들 작가들이 가진 공통점 가운데 하나는 이들이 작품 속에 창조해 낸 세계가 완전히 그들 자신의 상상력의 산물이라는 점이다. 또 다른 공통점은 그들이 그려 낸 세계가 현재 우리가 살고 있는 세상과는 완전 딴판이라는 점이다. 그들이 일반적으로 그리는 세상은 대개 페미니즘적 가치관을 보여 준다. 일례로 브래들리가 쓴 『텐다라 하우스*Tendara House*』에는 수녀원을 닮은 동업조합이 나오는데, 그 구성원은 모두 여성으로서의 정체성을 확인받은 사람들이다. 여기에 나오는 여성들은 모두 의사소통의 도구인 매트릭스의 힘을 갖고 있다. 매트릭스는 치유를 하는 데 쓰이기도 하고 진정한 힘의 원천이 되기도 한다. 또 이는 시간여행이나 공간 여행에 쓰이기도 하며 심지어 심리적 에너지가 되기도 한다. 이 책이 그리는 사회에는 여성적 리더십이 등장한다. 그 리더십 아래에서는 모든 권한이 남성과 여성 모두에게 골고루 분산되며 성별 역할이 엄격히 구분되지도 않는다. 때로 성별 역할을 구분하더라도 여성이 주요한 역할을 하며 특히 여성들의 재능은 이 새로운 사회에서 문화적으로 높이 평가된다.

　브래들리, 르귄, 그리고 맥캐프리 같은 작가들은 논리와 합리성 너머에서 전혀 다른 수준으로 정보를 다루는 사회를 그린다. 그 세상의 주인공들은 대체로 텔레파시를 통해 소통을 하며 의식이 우주적인 조화의 세계를 자유로이 달린다. 이 모든 것들이 그들의 사회에서는 합법적으로 정당화되며 높이 평가받는다. 나아가 사회생활이나 학문 세계에서조차 이런 문화가 널리 퍼져 있다. 즉, 소수의 특권층만 향유하는 문화가 아니라 모든 사람에 의해 향유되는 완전 새로운 문화인 것이다. 이 책들에 나오는 사회의 거주자들은 억압적인 시스템하에서 살고 있는 다른 이들과 싸움을 벌이기도 하는데, 그 억압적 시스템이 갖고 있는 특성들을 자세히 들여다보면 우리가 사는 이 사회와 너무나 닮아 있다.

맥캐프리와 힐은 소설 속에서 우리를 우주 공간으로 안내한다. 그 속에서 우리는 때로는 용, 때로는 로켓이나 롤러스케이트 같은 것을 타고 여행을 한다. 그런 여행이 우리를 신속하게 과거나 미래로 데려가는 동안 우리는 그들 여주인공의 내면에 더 깊숙이 다가가 개인의 힘을 새롭게 이해하고, 자기 인식이 지닌 가치를 깨달으며, 새로운 통찰에 이르게 된다. 이런 소설들에서는 관계가 대단히 중요하게 다뤄지는데, 온갖 유형의 관계들이 다 등장한다. 이들의 소설은 또한 우리가 알고 있는 엄격한 성별 경계선들이 모두 사라진 세상을 그린다. 예컨대 남성들은 다른 남성들은 물론 여성들, 그리고 남녀를 불문하고 모두와 친구나 동반자 관계를 맺으며 텔레파시로 소통을 한다. 여성들도 마찬가지이다. 가족은 나이든 사람, 젊은 사람, 입양된 아이로 채워지고, 때로는 길가는 나그네가 머물다 가기도 한다.

앤 맥캐프리의 책에서 사람들은 용들과 아주 특별한 관계를 맺는다. 용은 그들과 생을 함께하는 생명체이다. 또 어슐러 르귄은 우리로 하여금 우리의 자매라고 여겨지는 세인트 헬레나 산이 화산으로 폭발할 때 그 산의 고통에 공감하도록 우리를 안내한다. 그리고 세인트 헬레나 산이 가지고 있는 본질적인 여성적 특성을 기술하면서 그것을 길들여지지 않고, 예측할 수 없으며, 통제되지 않고, 유순하게 분석될 수 없는 것이라고 묘사한다. 여성을 상징하는 세인트 헬레나 산은 독특하게도 자신의 머리를 날려 버린다.

우리는 이런 유형의 문헌에 깊이 빠져들면서 대안적인 시스템의 폭이 얼마나 광범위할 수 있는지 깨달았다. 나아가 우리는 이런 책들을 통해 대안적 시스템에 관해 의외로 많은 지식이나 실험 들이 이미 현존하고 있음을 알게 되었다. 이러한 인식은 비록 여성들이 쓴 판타지물의 지하세계에 잠복해 있기는 하지만 여전히, 그리고 다행스럽게도 대안적인 관점을 제시해 준다. 우리는 이들 다른 세계들과 동일시할 준비가 되었다고, 그리고 소설 속 세계들이 조직 내 다른 패러다임을 규명하려는 우리의 노력을 지지하고 인정해 주고 있다고 느꼈다.

소설 작품

마거릿 애트우드Margaret Atwood, 메리 고든Mary Gordon, 케리 흄Keri Hume, 토니 모리슨Toni Morrison, 글로리아 네일러Gloria Naylor, 메이 사턴May Sarton, 그리고 앨리스 워커Alice Walker 같은 소설가들은 단편이나 장편 소설을 통해 우리가 속한 문화 바깥에서 그 문화를 들여다볼 수 있는 정보와 관점을 제공해 준다.[26] 그들은 우리에게 여성이나 다양한 소수민족들이 어떻게 착취당하고 있는지에 관한 강렬한 깨달음을 안겨 준다.

글로리아 네일러는 현재의 문화 속에서 "큰 성공을 거둔" 흑인들 이야기를 다루는데, 그 흑인들은 물질적 성취는 이루었지만 그들이 모방하려고 안달했던 바로 그 시스템에 자신의 영혼을 팔아넘기는 대가를 치러야 했다. 마거릿 애트우드의 『먹을 수 있는 여인*The Edible Woman*』에 나오는 여주인공은 약혼자에게 여성의 형상을 한 케이크를 선물하며 "이것을 먹어요. 나는 당신이 나를 게걸스럽게 집어삼키는 것을 원하지 않으니까요"라고 쓴 쪽지를 함께 건넨다.

이런 식으로 많은 작가들은 지극히 개인적이고 주관적인 주제들, 다시 말해 일종의 소우주 세계를 집요하게 파고든다. 그런 다음에는 이러한 소우주를 전체 세계에 대한 하나의 거울로 파악하면서 우리에게 특정한 메시지를 던진다. 이는 마치 "개인적인 것이 정치적인 것이고, 정치적인 것이 개인적인 것이다"라고 하는 페미니즘의 주장에 힘을 실어 주는 듯하다.

메리 고든은 『남성과 천사*Men and Angels*』라는 책에서 모성을 대단히 위험하면서도 불가피한 사회적 '경력'의 일종으로 다룬다. 케리 흄은 아동 학대나 가정 폭력 문제를 직접적으로 묘사하기보다는 신비로운 맥락에서 다루는데, 이를 통해 두 문제가 중독과 핵심적으로 연결되어 있다는 메시지를 확실히 던진다. 메이 사턴은 『일종의 사랑*Kind of Love*』이란 책에서 사회적 비난이나 사회적 해방의 맥락에서 자살이라는 개인적 행위를 묘사한다. 또, 모리슨과 워커는 백인 문화를 외부의 관점으로 바라보는데, 그러면서 흑인 문화가 백인의 시스템에 의거해 해석될 필요가 없다는 점을 분명히 한다.

앞서 살핀 대부분의 작가들은 남성, 백인, 가부장주의 시스템을 명시적으로 비판하면서 다양한 상상력을 동원하여 그 시스템 안에서 어떤 대안들이 가능할지를 보여 준다. 누군가는 희망이나 자기 확신을 갖지만, 다른 이들은 절망과 자포자기를 표현하기도 한다. 확실한 것은, 기존 시스템으로부터 아무런 영향력을 받지 않는 사람은 아무도 없다는 사실이다.

이런 작품들은 오늘날 우리의 문화는 물론 다른 문화를 보는 좀더 완전한 시각을 제시한다. 우리 두 사람은 이런 작품들에 깊이 빠져들수록 현 시스템 속에서 삶이 갖는 영향력에 관한 우리의 의식을 한층 고양시킬 수 있었다. 이러한 학습 과정을 통해 우리는 다양한 현실과 시스템이 존재한다는 사실을 확실히 인지했고, 우리가 조직 안에서 경험해 온 것들을 더 정확히 볼 수 있었다.

조직이나 경영 내 여성들

여기서는 조직 내 여성을 다룬 문헌들, 예를 들어 베티 해러건 Betty L. Harragan이나 캔터, 새라 하디스티Sarah Hardesty, 그리고 다른 이들이 쓴 책들을 살펴볼 것이다.[27] 해러건은 『엄마가 결코 가르쳐 주지 않은 게임*Games Mother Never Taught You*』이란 책에서 현실 기업 조직에 존재하는 특정한 사고방식 내지 조직 분위기에 대해 말한다. 여성들이 기업 세계에서 '성공을 하려면' 그들은 이 게임의 규칙을 확실히 배워 남성들 못지않게, 또는 남성보다 더 잘 그 게임을 수행해야 한다. 이보다 최근에 새라 하디스티와 네하마 제이콥스 Nehama Jacobs가 쓴 『성공과 배신*Success and Betrayal: The Crisis of Wo-*

men in Corporate America』은 여성들이 아무리 시스템을 잘 배운다고 해도, 그 속에서 '성공하기'는 어렵다는 점을 강조한다.■ 앞서도 인용한 바 있는 캔터는,『기업 속의 남성과 여성*Men and Women of the Corporation*』이란 책에서 상당수의 여성들이 과거 남성들이 수행하던 역할을 맡게 되면서 기존의 고정관념이 많이 줄었지만 그것이 회사의 조직 운영 방식을 바꾸진 않았다고 말한다. 이는『성공과 배신』의 주장과도 상통한다. 뛰어난 역량을 갖춘 여성들이 기업을 떠나기 시작하는 것은 자신들이 결코 기업의 최고 자리까지 올라갈 수 없다는 것을 깨달았기 때문이라는 것이다. 그들은 기업을 좀 더 인간적이고 건강하게 바꿔보려고 나름 헌신했지만, 변화를 불러일으킬 만큼 영향력을 미치지 못했다.

최근의 연구들은 바로 그런 여성들이 기업을 떠나 가정으로 돌아가거나 독자적인 비즈니스를 새롭게 시도하고 있다는 것을 보여 준다. 새로운 사업을 시작하는 경우 여성들은 조직 내 분위기를 결정하는 데 훨씬 더 큰 영향력을 행사할 수 있다. 하지만 다이앤 패설은 구성원이 모두 여성인 작업 집단을 조사하면서 모든 구성원들이 새로운 조직 운영 방식을 만들기 위해 헌신하지 않는 이상, 이런 집단에서조차 백인 남성 문화가 지배력을 발휘한다는 것을 발견했다.

이런 유형의 문헌들은 기업 내에서 여성들이 상당히 중요한 비중을 차지하고 있다는 것, 나아가 여성이나 그 밖의 사회적 소수자들

■ 이러한 주장은 흔히 말하는 '유리 천장'을 떠오르게 한다. 유리 천장이란 여성들이 조직 내에서 일정 단계까지 승승장구해도, 어느 순간 보이지 않는 천장에 가로막혀 더 이상 올라가기 어려운 현실을 비판하는 개념이다.

이 살고 있는 세계와는 다른 기업 시스템(사회를 반영하고 있다고 볼 수 있는 기업 시스템)도 있다는 것을 알려 준다는 점에서 가치가 있다. 또, 모두는 아닐지라도 일부 책들은 여전히 기존의 기업 시스템에서 배울 만한 점이 있다고 말한다. 사실 현실적으로 성공을 하려면 그러한 시스템을 배우고 모방하는 편이 낫다. 총체적으로 보면 여성들은 이러한 시스템에 거의 영향력을 행사하지 못한다. 최근의 연구들은 아예 이들 여성들이 남성들과 마찬가지로 그 시스템에 집어삼켜졌다고 말한다.

우리는 우리의 연구를 진행하며 조직 내 중독 과정이 생각 이상으로 널리 확산되어 있으며 전염력이 있다는 것을 알게 되었다. 그럼에도 불구하고 그런 중독 과정은 아직까지 제대로 된 이름을 갖지도 못했다. 현실은 존재하나 그것을 인지하는 개념 자체가 없었던 것이다. 그러다 보니 경영 조직은 물론 전체 사회에서 이 문제는 제대로 다뤄지지 않았다. 바로 이런 과정이 현실 부인의 시스템을 영속화해 왔다. 현실 자체가 부정되다 보니 개인이나 조직에 실제로 일어나는 일들을 제대로 파악할 수 없었던 것이다.

불행히도 이런 문제들을 다룬 많은 책들은 여성들이 기존의 역기능적이고 파괴적인 시스템에 무비판적으로 적응해서 살아남는 것을 당연시해 왔다. 바로 이 지점에서 조직 내 중독 문제가 얼마나 만연하고 사람들이 왜 그 함정에 쉽게 빠지는지를 알 수 있다. 이것은 우리 두 사람이 주장해 온 바와도 일치한다. 사실 수많은 여성들이 기존의 기업에 들어가 나름의 자리에서 나름의 역할을 수행하면서 보람을 찾기를 기대하지만, 실제로는 일정한 지위 이상으로는 올라가기도 힘들고, 따라서 기업 조직의 풍토를 쇄신하는 일은 더욱 불가능하다. 사람들은 그러한 조직이 갖는 마력에 쉽게 빠지고 만다.

대안적 시스템에 관한 페미니즘 문헌

이제 끝으로 대안적 시스템과 연관된 책들을 살펴보자. 이런 책들은 이 우주 공간에 우리가 존재하는 방식이 얼마든지 다양할 수 있음을 보여 준다. 대표적인 책으로는 메리 댈리Mary Daly의 『하나님 아버지를 넘어서*Beyond God the Father*』, 캐럴 길리건Carol Gilligan의 『다른 목소리로*In a Different Voice: Psychological Theory and Women's Development*』, 엘리자베스 닷슨-그레이Elizabeth Dodson-Grey의 『가부장주의라는 개념의 덫*Patriarchy as a Conceptual Trap*』, 에이드리엔 리치 Adrienne Rich의 『거짓말, 비밀, 그리고 침묵*On Lies, Secrets, and Silences: Selected Prose 1966~1978*』, 그리고 섀프의 『여성의 현실*Women's Reality: An Emerging Female System in the White Male Society*』 등이 있다.[28] 이들 책은 공통적으로 이 사회에 가부장적인 백인 남성 시스템이 존재한다는 것을 명확히 한다. 그들은 이 지배적인 시스템이 사람과 우주 모두에 대단히 해로우며, 동시에 세상에는 또 다른 현실이 있다고도 말한다.

댈리는 우리가 가진 신에 대한 관념은 교회나 신학이 사회적으로 규정한 것으로, 결국 사람이 만들어 낸 것이라 주장한다. 길리건도 인간의 도덕 발달 이론에 도전장을 던지면서, 여성들은 도덕적 문제에 다른 방식으로 접근하며, 그 방식에 있어 남성과는 다르지만 높은 도덕 발달 수준을 보인다고 말한다. 섀프는 가부장적인 백인 남성 시스템이 네 가지 신화에 토대하고 있으며, 그 신화가 유지되는 이유는 우리 모두가 그 신화에 협조하기 때문이라고 믿는다. 리치는 우리의 사고 양식조차 남성 시스템의 언어에 갇혀 있어서 여성의 편에서는 오로지 거짓말, 비밀, 그리고 침묵을 택하는 길만이 적절한 보상을 받아 왔다고 본다. 닷슨-그레이도 리치처럼 가부장주의가 일종의 사고 양식으로 굳어졌다고 말한다. 그 사고 양식이 알 만한 가치가 있는 건 무엇이며, 그것이 어떻게 알려져야 하는지를 결정해 왔다는 것이다.

앞의 작가들이 현존하는 시스템을 묘사하는 걸 보면 우리는 마치 현실이 하나밖에 없는 것처럼 착각하기 쉽다. 그러나 새프가 여성의 현실이 존재한다고 말하는 데서도 알 수 있듯이 다른 현실도 얼마든지 존재한다. 흑인의 현실도, 토착 미국인의 현실도, 또 다른 현실도 얼마든지 있다. 이러한 다양한 현실들이 그다지 높이 평가되지 않고, 그들의 통찰이 사회 안에서 인정받거나 활용되거나 유효하다는 판정을 받지 못한다고 해서 존재하지 않는 것은 아니다. 하지만 우리 사회는 사실상 이러한 다양한 현실들의 존재를 기본적으로 부정해 왔다.

위에 언급한 모든 작가들은 백인 남성 시스템에 오랫동안 물들어 있는 건 개인적으로나 보편적으로 결코 건강하지 못하다는 데 동의한다. 그래서 이 모든 작가들은 변화를 촉구한다. 그들이 제안하는 대안적인 모델은 개인, 환경, 그리고 지구 전체의 삶에 관심을 기울이는 더욱 포괄적인 모델이다. 세속적으로 성공한 백인 남성 위주의 배타적인 모델과는 전혀 다르다.

같은 맥락에서 우리는 앞의 여성 작가들이 말하는 문제를 똑같이 인식하는 남성들이 갈수록 늘고 있다는 점을 꼭 짚고 넘어가고 싶다. 제드 다이아몬드Jed Diamond, 켄 드럭Ken Druck, 허브 골드버그Herb Goldberg 같은 남성 작가들은 비록 남성의 욕구나 필요에 좀 더 초점을 맞추고 있기는 하지만 전술한 여성 작가들과 동일한 문제의식을 공유한다.[29]

결국 이러한 작가들은 백인 남성 중심의 시스템을 있는 그대로 보여 줌으로써 우리들에게 다른 대안을 선택할 수 있게 해 준다. 백인 남성 중심의 시스템은 여러 개의 시스템 가운데 하나일 뿐이며 유일한 현실이 아니다. 이를 통해 우리는 '의식의 고양raised consciousness'이란 현실을 강요하기 위한 것이 아니라 이미 현전하는 것을 가능한 있는 그대로 인식하는 게 목적이라는 사실을 알게 되었다. 사실 이것은 특별히 새로운 전망을 말하는 것도 아니다. 이미 존재하는 것, 또 아주 오래 전부터 있어 왔던 것을 예전보다 좀 더 온전한 눈으로 보자는 것일 뿐이다. 오히려 문제는 '볼 수 있는 눈을 가진 자들을 볼 수 있게 하고, 들을 수 있는 귀를 가진 이들을 들을 수 있게 하는' 것이다. 중독 시스템이나 다른 역기능적인 조직 시스템에 붙들려 있는 경우, 볼 수 있는 능력, 들을 수 있는 능력, 배울 수 있는 능력은 모두 제약된다. 앞서 말한 작가들은 다른 시스템들을 명료하게 보여 주면서 다양한 가능성들을 제시한다.

앞서 말한 작가들과 다른 이들의 문헌을 읽을 무렵, 우리는 수많은 여성 집단과 함께 연구를 진행하고 있었고, 개인적으로 참여하는 여성 집단도 있었다. 흥미롭게도 그런 참여의 과정을 통해 우리는 완전히 다른 패러다임으로 사는 방법을 배우게 되었다. 우리는 이것을 '생활 과정 시스템living process system' 이라고 부른다. 이 '생활 과정 시스템'은 우리가 기존 시스템으로부터 일정한 거리를 취할 수 있도록 도와주었고, 그리하여 새로운 관점을 갖게 해 주었다. 우리는 예전과 다른 눈으로, 다른 지점에서 기존의 지배적인 시스템을 있는 그대로 보게 되었고, 기존 시스템 외에 다른 선택지가 있다는 걸 자연스레 알게 되었다. 무엇보다 우리는 중독 분야를 조금씩 알아 가며 그 분야에 좀 더 깊숙이 발을 담그면서 마침내 잃어버린 퍼즐의 마지막 조각을 찾았다.

중독

중독에 관한 우리의 지식은 우선적으로 중독 분야의 문헌을 섭렵하고, 더 특수하게는 우리 스스로가 '동반 중독co-dependents' 이라는 병에서 회복되는 과정을 체험하면서 얻어졌다. 우리는 실제 우리 삶 속에 동반 중독이라는 질병이 숨어 있었다는 것을 인정함으로써 비로소 치유 프로그램을 시작할 수 있었다. 우리들은 〈익명의 알코올중독자 모임(Alcoholics Anonymous, AA)〉에서 실시하는 12단계 프로그램에 성실하게 참여했다. 결국 중독 분야에 관한 책을 두루 읽은 것과 우리 스스로 치유 과정에 참여한 것이 서로 상승 작용을 일으켰다. 지적인 측면과 실천적 측면의 결합은 우리가 경영 조직의 문제를 고민하고 해결하는 데 아주 강력한 기초가 되어 주었다.

개인적 직접 참여

우리가 중독에 대해 생생하게 배우게 된 것은 동반 중독에서 회복되기 위해 참여했던 개인적 경험 덕분이었다는 것을 다시 한 번 짚고 넘어갈 필요가 있을 것 같다. 〈익명의 알코올중독자 모임〉뿐 아니라 이와 연관된 다른 AA 프로그램들(〈알코올중독자 구제 모임Al-Anon〉, 〈탐식증을 앓는 이를 위한 모임Overeaters Anonymous〉, 〈약물중독자 모임Narcotics Anonymous〉, 〈부채 중독 모임Debtors Anonymous〉 등을 일컫는다)에서 회복이란, 궁극적으로 개인적인 시스템 전환에 돌입한다는 뜻이다. 알코올중독자 등 모든 중독자들은 회복 과정에서 기본적으로 죽은 시스템인 중독 시스템으로부터 벗어나 충만하게 살아 있기 위한 치유의 시스템으로 이동한다. 다시 말해 AA 모델은 우리가 앞서 말한 바와 같은 패러다임 전환을 요구한다. 정태적이고 경직된 세계관이 아니라 동태적이고 총체적인 세계관에 기초한 패러다임으로의 전환 말이다.

우리들이 직접 참여한 개인적 시스템 전환은 중독에 관한 기존의 객관주의적인 연구나 그 분야에 대한 체계적인 훈련을 통해 가능한 것이 아니다. 이러한 전환을 실제로 이루어 내기 위해, 그리고 기존의 합리적 차원과는 다른 차원에서 '제대로 알기' 위해 우리는 우리 자신의 회복 과정을 직접 '실천해야' 했다. 그래서 우리들은 이 분야의 권위자나 서적에 의존하는 데서 벗어나 우리 자신의 경험에 초점을 맞추어 하나씩 새롭게 배워나갔다. 즉 우리는 일종의 '참여적인' 시스템에 깊이 몰두하게 되었다. 그러면서 그때까지 우리가 흥미롭고 중요하다고 생각하며 읽은 책에서 작가들이 말하던 것과 실제 우리가 경험을 하면서 터득한 진실이 거의 일치한다는 점을 깨달았다. 이 훌륭한 작가들은 우리가 경험을 통해 발견한 내용들을 체계적으로 표현하고 재확인해 주었다.

실제로 중독 관련 서적들을 읽으며 우리의 개인적인 치유 과정을 차근차근 밟아 나갈수록 우리는 기존의 자아를 넘어서고 있다고 느꼈다. 우리 자신을 내밀하게 탐험하기 위해 시작했던 과정이 결국은 우리 자신이나 가족을 완전히 다른 눈으로 인지하게 되는 기초가 되었을 뿐 아니라, 우리가 몸담고 있으며 함께 일하고 있는 현실적 경영 조직들을 전혀 다르게 인식하는 데도 큰 영향을 주었다. 그리하여 궁극적으로 우리는 사회 시스템 전반을 전혀 다른 관점으로 보기 시작했다.

우리가 내면으로의 여행과 관련 문헌을 읽느라 시간을 보내고 있을 때 사회 전체적으로 다른 일이 벌어졌다. 점차 많은 사람들이 전염성을 띠고 확산되는 중독 문제를 인식하게 된 것이다. 실제로 상당수 유명 인사들이 스스로 중독자임을 고백하고 나서면서 회복 과정에 돌입했다. 레이건이 마약과의 전쟁을 선포하고 학교에서 약물중독과 알코올중독 관련 정보를 교육하게 되면서 중독 문제가 공공의 문제가 됐다. 예전에는 널리 퍼져 있으면서도 감춰져 왔던 문제가 이제는 사회의 전면에, 중심에 자리 잡게 된 것이다.

중독 관련 문헌

중독 분야의 문헌들을 살펴며 가장 먼저 든 생각은, 이미 수많은 관련 논문들이 과학 저널이나 의학 저널에 발표되었다는 것이었다.

가장 많이 다뤄진 문제는 뭐니 뭐니 해도 알코올중독이었다. 그런데 중독의 사회적 문제나 그 아래에 깔린 '중독 과정' 문제를 진지하게 다루는 책, 또는 중독이라는 질병이 시스템 차원에서 갖는 시사점 같은 것을 논한 책은 거의 발견하기 어려웠다. 우리가 원하는 내용은 전혀 다른 책들에서 찾을 수밖에 없었다. 중독 문제가 사회적으로 고조된 지 얼마 되지 않은 시점이었기 때문이다. 그럼에도 불구하고 우리가 참조할 만한 몇 가지 책을 공유할 수는 있겠다.

여기서 우리가 살피고자 하는 문헌들은 크게 네 영역으로 나뉜다. 알코올중독이라는 질병 그 자체의 영역, 중독과 가족 시스템에 관한 영역, 알코올중독 가정에서 자란 성인 아이 및 동반 중독자에 관한 영역, 그리고 좀 더 넓은 시스템을 논하는 영역 등이다.

첫 번째 영역인 알코올중독이라는 질병 분야에선 익명의 알코올중독자들이 쓴 『익명의 알코올중독자Alcoholics Anonymous』라는 책이 대표적이다. 12단계 프로그램에 참여하는 사람들은 이 책을 '빅 북the Big Book'이라고 부른다.[30] 이 책은 12단계 프로그램과 12가지의 전통에 관한 내용을 포함하고 있으며, 모든 종류의 회복이나 치유 프로그램에서 가장 널리 활용되고 있다. 실제로 약물중독, 탐식증, 부채 중독, 섹스 중독 등 다양한 중독증을 치유하는 12단계 프로그램에서도 이 '빅 북'을 기본으로 하여 각 분야의 특수한 문제들을 적절히 다루는 자료를 제각기 만들어 사용한다.

'빅 북'은 중독의 동학을 자세히 설명하고 있지만 이 책을 읽는 것만으로 치유 프로그램을 이해할 수 있는 건 아니다. 치유 프로그램은 실제로 수행되어야 하고, 그것은 사람들의 직접 참여를 통해서만 가능하다.

중독이라는 병을 묘사하는 또 다른 좋은 책은 버넌 존슨Vernon Johnson이 쓴 『나는 내일 그만둘 거야I'll Quit Tomorrow』란 책이다.[31] 우리는 이 책이 중독 분야의 개론서로는 단연 최고라고 생각한다. 이 책은 중독이라는 병은 물론 알코올중독자의 특징, 그리고 치유를 위한 개입의 과정과 회복에 대해 잘 서술하고 있다. 만일 당신이 중독 문제에 대해 완전 초보라면 존슨의 책이 바로 당신을 위한 책이다.

우리는 이런 책의 저자들이 단순히 알코올중독이라는 특수한 질병만을 묘사하는 게 아니라 그것을 넘어서는 더 광범위한 사회적 신드롬을 이야기하고 있다는 점에 유의해야 한다. 바로 이것이 우리 두 저자가 그토록 갈구하면서 찾으려 했던 중독의 사회적 차원이다.

두 번째 영역인 중독 및 가족 시스템과 관련해서는 샤론 베그샤이더-크루즈Sharon Wegscheider-Cruse와 로버트 서비Robert Subby가 단연코 대표적이다.[32] 베그샤이더-크루즈는 『또 다른 기회Another Chance: Help and Hope for the Alcoholic Family』라는 책에서 알코올중독자가 있는 가정에서는 모든 가족 구성원이 예외 없이 알코올중독이라는 질병의 영향을 받을 수밖에 없음을 잘 보여 주어, 이 분야에 대단히 중요한 기여를 했다. 일례로 그녀는 알코올중독자 가정에서 아이들이 수행하는 역할을 흥미롭게 묘사하고 있는데, 영웅적인 아이, 희생양이 된 아이, 실종된 아이, 마스코트가 된 아이 등 그 역할도 가지가지다. 나아가 그녀는 아이들이 어릴 적에 했던 일정한 역할을 어른이 되어서도 거의 비슷한 패턴으로 수행한다는 것을 보여 준다. 베그샤이더-크루즈는 가족을 하나의 시스템으로 보는 관점을 바탕으로, 부모가 가진 알코올중독이라는 질병이 전체 시스템에 얼마나 중대한 영향을 미치는지 아주 상세히 묘사했다.

로버트 서비 역시 가족 시스템의 관점에서 접근했다. 그가 초점을 맞춘 것은 알코올중독 가정에 익숙하게 자리 잡은 각종 규칙들이다. 그는 대략 아홉 가지 규칙들을 확인했는데, 말하지 말 것, 느끼지 말 것, 소란을 피우지 말 것, 강하게 살 것, 착하게 살 것, 바르게 살 것, 그리고 완벽하게 살 것 등이다. 서비는 동반 중독자로서 알코올중독 가정의 구성원들이 보이는 이상한 정서적, 심리적, 행동적 상태들은 결국 그러한 억압적인 규칙들에 장기적으로 노출된 결과라고 결론을 내린다.

알코올중독 가정에서 자란 성인 아이(adult children of alcoholics, ACOA)나 동반 중독자라는 개념은 알코올중독이나 다른 중독 가정에서 별다른 치유 과정 없이 성장한 사람들을 일컫는 말이다. 재닛 워이티츠Janet Woititz는 이런 문제를 그녀의 베스트셀러 책인『알코올중독 가정에서 자란 성인 아이*Adult Children of Alcoholics*』에서 상세히 논하고 있다.[33] 워이티츠는 동반 중독자인 성인 아이의 특징을 이렇게 말한다. 그들은 무엇이 정상인지에 대해 명확한 개념이 없이 대략 추측한다. 그들은 누구를 만나더라도 떠나야 할 시간에 떠나지 못하고 늘 시간을 넘겨 머무르려 한다. 그들은 지나치게 책임감이 강하거나 아니면 지나치게 무책임하다. 그들은 자신의 작은 잘못에 대해 대단히 혹독하게 평가한다. 그들은 진정으로 자신이 무엇을 느끼는지 잘 모른다. 워이티츠가 성인 아이들 역시 자기 나름의 독특한 질병을 앓고 있다는 점을 명확히 해 준 것도 우리에게 도움이 됐다. 기본적으로 그들이 앓는 질병은 알코올중독과는 다른 측면을 갖지만, 어떤 지점에서는 **같은** 질병이다. 알코올중독증과 동반 중독증 모두 전체 시스템의 기저에 흐르는 중독 과정의 부산물이기 때문이다. 비슷한 맥락에서, 클라우디아 블랙Claudia Black이 쓴 『그런 일은 결코 내겐 일어나지 않을 거야*It Will Never Happen to Me*』라는 책도 바로 그러한 알코올중독 가정에서 자란 성인 아이 문제를 다룬 선구적 저작이다.[34]

베그샤이더-크루즈는 동반 중독자를 다음과 같은 몇 가지 유형으로 나눴다. ① 알코올중독자와 연인 관계에 있거나 혼인 관계에 있는 사람, ② 한 명 이상의 알코올중독 부모나 조부모를 가진 사람, ③ 정서적으로 억압적인 가정에서 성장한 사람 등이다. 베그샤이더-크루즈의 추정에 따르면, 이런 범주에 드는 사람이 미국 인구의 96퍼센트나 된다고 한다.

다른 연구자들은 동반 중독자가 꼭 알코올중독 가정에서 자란 사람일 필요는 없다고도 말한다. 즉 그들은 동일한 증상이 역기능적인 어떤 가정에서도 발견되며, 알코올이 아니라 다른 것에 중독된 경우라도 마찬가지라고 주장한다. 이는 우리 두 사람의 의견과도 일치한다. 중독 사회에 사는 우리 모두가 동반 중독자라는 것이다.

이런 작가들의 이야기는, 우리 사회에 중독 문제가 얼마나 널리 퍼져 있는지 잘 보여 준다. 가족 한 명의 중독을 제대로 치유하지 못하면 가족들이 각자 고유한 질병인 동반 중독증을 앓는다. 그래서 동반 중독 또한 치유되어야 한다. 온 가족 구성원들이 회복 프로그램을 시작해야 하는데, 그렇지 않으면 그들은 나중에 가정 이외의 공간에 가서 동일한 역기능적 시스템을 재생산하게 된다. 따라서 당신이 회복 중에 있지 않다면 당신 역시 문제의 일부라고 말할 수 있다.

앞서 말한 저자들은 그들의 분석을 가족 시스템에 국한하고 있지만, 사실상 그들이 말하는 가족은 전체 사회 시스템 속에 존재하는 일차적인 시스템이다. 우리 두 사람에게도 가족은 하나의 중요한 시스템이다. 하지만 가족은 더 큰 사회의 일부일 뿐이다. 마치 가족만 잘 치유하면 모두가 회복되고 문제도 해결될 거라는 착각을 막기 위해서라도 우리의 분석을 가족을 넘어 확장할 필요가 있다.

찰스 휫필드Charles Whitfield와 섀프 역시 이런 입장을 지지한다. 특히 휫필드는 동반 중독증이 "지역사회, 기업이나 다른 기관들, 주정부나 국가 전체에까지"[35] 영향을 미친다고 본다. 의학 박사인 휫필드는 개별적인 이유로 치료받을 필요가 있는 동반 중독자, 중독된 의료인, 그리고 사회 활동가들에 대해 이야기한다. 휫필드는 이들처럼 질병에 가장 가까이에 있는 사람들이 종종 가장 교묘한 '속임수'를 만들어 내는데, 이러한 속임수가 그들 자신이 중독되었다는 사실을 꽤 오랫동안 감추는 역할을 한다고 말한다.

이 분야에서 누구보다 많은 글을 쓴 섀프는 사회 내 특정 시스템을 넘어 우리가 살고 있는 사회 전체 시스템으로 논의의 범위를 확장한다. 섀프는 이와 관련해 『동반 중독증Co-Dependence: Misunderstood, Mistreated』과 『사회가 중독자가 될 때When Society Becomes an Addict』라는 책에서 진정한 문제는 다양한 이유로 중독된 개인이나 동반 중독된 가정에 있는 것이 아니라고 말한다.[36] 그 모든 중독의 기저에 깃든 일반적인 중독 과정이 문제라는 것이다. 사실 우리 사회는 그 자체가 이미 하나의 중독 시스템이며, 사회가 작동하는 방식이나 사회가 만들어 내는 과정들 역시 개별 중독자의 행동과 유사하다. 따라서 개인적 성향 때문에 중독자가 된다는 이론은 사태의 핵심을 잘못 짚고 있는 셈이다. 중독적 성향을 가진 사람들이 문제가 아니라 중독 시스템 아래에 중독적인 과정이 존재하는 게 문제이며, 그러한 중독 과정이 우리 모두를 둘러싸고 우리에게 영향을 미치는 것이 문제이다.

중독 분야에서 글을 쓰는 이들은 한목소리로 중독이라는 질병은 엄청난 힘을 지닌다고 말한다. 그 질병은 은밀하게 널리 퍼져나간다. 물론 일부 저자들은 분석의 구체적 내용에서 차이를 보이기도 하지만 대부분이 중독자나 동반 중독자의 특성과 관련해 의견이 일치한다. 우리 두 사람도 책에서 읽은 내용을 경험을 통해 확인할 수 있었고, 때로는 책에서 경험 이상의 것을 볼 수 있었다.

우리 자신의 동반 중독증을 치료하고 다른 사람들의 회복 과정에도 직접 참여한 덕에 우리는 경영 현장의 여러 조직들이 드러내는 문제들을 예전과는 전혀 다른 시각으로 바라볼 수 있었다. 그 과정에서 우리는 참여적 시스템을 강조한 버먼과 같은 저자를 다시 떠올렸다. 버먼은 우리가 속해 있는 현재의 시스템이 진정한 현실이 아니라 중독자처럼 기능하고 있는 일종의 착각 시스템illusionary system이라고 주장하는데, 우리는 그의 주장에 담긴 의미를 더 깊이 이해하게 되었다. 버먼은 과학적 세계관의 기저에 깔린 가정들이 과학적 패러다임뿐 아니라 그 패러다임 안에 머무르려고 했던 사람들의 종말까지 야기했다고 말한다. 우리는 버먼이 과학적 방법론의 패러다임이라고 요약한 특성이 중독 시스템 안에서 중독자들이 보이는 특성과 꼭 같다고 생각했다.

동시에 우리는 상당히 중요한 사회 전환 운동에 대해서도 알게 되었다. 이 운동들은 지지자도 많고 위력도 꽤 큰 편이라 실제 우리 문화에 막대한 영향을 주고 있지만 사회적으로는 거의 논의되지 않고 있다. 그 운동이란 12단계 프로그램이다. 우리가 12단계 프로그램을 지지하며, 그 프로그램에 직접 참여한다는 것을 공개적으로 말하기 시작하자 상당히 많은 사람들이 우리에게 커밍아웃하듯 고백했다. 실제로 많은 사람들이 12단계 프로그램에 직접 참여하고 있었고, 일부는 그 프로그램에서 상당히 영향력 있는 인사이기도 했다. 12단계 프로그램은 우리 사회 속에서 우리가 생각했던 것 이상으로 큰 힘을 발휘하고 있었다.

소결

우리가 읽었던 모든 분야의 책들이 어느 순간부터 우리 두 저자에게 전혀 새로운 방식으로 다가오기 시작했다. 조직 개발 분야에서 우리는 기업들이 참여, 혁신, 전환 등의 문제와 씨름해야 한다는 부담에 짓눌리고 있는 것을 보았다. 외부 환경이나 소비자의 요구가 조직에 변화의 압박을 가하고 있는 건 사실이었다. 패러다임 전환을 공부할 때는 당시 일어나고 있던 전환의 범위나 규모에 큰 인상을 받았다. 그것은 사회의 모든 수준에서 철저하게 일어나고 있었다. 한편, 페미니즘 문헌들은 우리가 살고 있는 이 시스템이 유일한 현실이 아니라는 것을 가르쳐 주었다. 실제로는 다양한 현실들이 존재하고 있으며, 그것도 아주 오래전부터 존재해 왔다. 끝으로, 중독 분야는 여태껏 빠져 있던 퍼즐의 마지막 한 조각을 마침내 채워 주었다. 이 분야에서 나온 각종 문헌들과 우리 자신의 경험들을 잘 종합한 결과, 우리는 개인 중독자가 드러내는 특성들이 결국은 우리가 살고 있는 이 시스템이 드러내는 특징이기도 하다는 것을 알게 되었다. 홀로그램이란 바로 이런 것이다.

　이렇게 해서 우리는 그간 애타게 찾던, 지금까지 조직에 관한 저술들에서 공백으로 남아 있던 잃어버린 조각을 마침내 갖게 되었다. 만일 우리가 일종의 홀로그램 식 우주에 살고 있는 것이라면, 개인이 시스템의 중독 과정을 반영하는 동안 시스템 역시 중독자로 기능하고 개인의 중독적 특성을 반영한다는 사실이 명백해진다. 어떤 면에서는 개인과 시스템이 거울은 아니기 때문에 서로가 서로를 반영한다고 할 수는 없다. 차라리 이 둘은 동일한 하나라고 해야 할지 모른다. 그 다음으로 우리는 조직이란 홀로그램의 일부인 개인이 발전시킨 것이고 그들이 거주하는 곳이며, 이들 조직 역시 중독 사회 안에서 그 사회를 지탱한다는 사실을 열린 마음으로 받아들여야 한다고 생각했다.

　종합하자면 우리가 현실의 조직들을 제대로 이해하고 조직과 함께 창의적으로 일할 수 있기 위해서는, 조직이 존재하고 작동하는 방식, 나아가 사회가 존재하고 작동하는 방식에 대해 열린 자세를 가져야 한다. 개인들은 (그들이 살고 있는) 조직과 마찬가지 방식으로 움직인다. 또, 조직들은 (그들이 존재하는) 시스템과 동일한 방식으로 움직인다. 그리고 바로 이 시스템은 조직 및 개인들로 구성된다. 이것이 바로 우리가 가지고 있는 홀로그램이다.

여기서 우리가 여태껏 다양한 현장 조직과 일하는 동안 한 번도 이들 조직을 중독자로 여기지 않았다는 사실을 밝힐 필요가 있을 것 같다. 그러다가 다양한 문헌을 접하고 경험을 쌓으면서 그 문헌과 경험으로부터 영향을 받았고, 일단 중독이라는 생각에 꽂힌 이후로 완전히 새로운 시각으로 조직의 동학을 살피게 됐다. 그때부터 이전까지는 단지 보이지 않는다는 이유로 우리가 취할 수 없던 정보들에 눈을 떴다. 앞서 말한 경험들이 없었다면 우리는 새로운 정보를 볼 눈을 얻을 수 없었을 것이다.

이 새로운 시각 덕택에 우리는 우리가 모은 다양한 정보들을 새롭게 범주화하거나 새롭게 분류할 수 있었다. 이런 작업의 결과 우리는 현실의 조직 역시 중독자처럼 기능한다는 놀라운 사실을 깨닫게 됐다. 그리고 또 중요한 사실은, 조직들이 자신들이 중독 조직이라는 점을 모르고 있기 때문에 중독 사회를 만들어가는 핵심적 역할을 계속 수행하고 있다는 것이었다. 그리하여 설사 조직이 내세우는 숭고한 사명이나 존재 이유가 이 사회와 극적으로 모순된다 할지라도 조직은 무의식적으로 중독 사회를 지탱하고 강화한다.

중독 조직이란 중독 사회의 인프라, 즉 하부구조라고 말할 수 있다. 중독 조직은 중독 과정을 전 사회적 수준에서 영속화하는 '접착

제' 역할을 한다. 우리는 여태껏 개별 중독자나 가족의 행위를 설명하고 이해하는 데 사용된 핵심적인 개념이나 접근 방식들을 조직에도 얼마든지 적용할 수 있다는 사실을 서서히 깨닫게 됐다. 그리하여 우리는 현실의 조직들이 어떻게 해서 참된 회복과 참된 전환의 길을 갈 수 있을지 더 명확히 알게 되었다.

2부

중독
시스템이란?
: 용어와 특성들

우리가 조금만 관심을 가지고 들여다보면 중독 문제나 중독의 특성들에 대해 이야기하는 문헌이 이미 많다는 것을 알 수 있다. 우리는 1부에서 그중 극히 적은 수의 문헌들만 언급했을 뿐이다. 이제는 중독 조직의 문제를 제대로 다루기 위해 좀 더 일반적인 개념들을 정리해 보고자 한다.

첫째, 우리는 몇 가지 중요한 용어들을 정리할 것이다. 중독, 시스템, 중독 시스템, 그리고 동반 중독 등이 바로 그것이다. 섀프는 이 용어들과 관련하여 가장 훌륭한 작업을 해냈다. (특히, 중독 시스템 문제를 제대로 다룬 책으로, 섀프가 쓴 『사회가 중독자가 될 때』를 강력히 추천한다.) 여기서도 섀프의 개념들에 주로 의존하여 우리가 이 책에서 사용하는 용어들을 설명하려고 한다.

중독

중독이란 우리의 삶을 지배하여 우리 자신을 무력하게 만드는 물질이나 과정을 말한다. 그것은 생리적이거나 신체적인 중독인 경우도 있지만 그렇지 않을 수도 있다. 우리가 어떤 물질이나 과정에 중독되면 그 중독이 우리를 거의 완전히 통제하게 되는데, 그 결과 우리는 자신이나 타인들에게 그 사실을 숨겨야 한다고 느낀다. 중독은 우리를 강박적으로 행동하게 한다. 섀프는 중독이란 우리를 거짓말하게 만드는 어떤 것이라고 정의한다. 다시 말해, 우리가 우리 삶을 더 충만하고 건강하게 만들기 위해 절대 포기하지 않으려 하는 어떤 것이 있다면, 아마도 그것은 중독으로 분류할 수 있을 것이다.

물질 중독과 과정 중독

중독은 대체로 두 범주로 나눌 수 있다. 그것은 물질 중독과 과정 중독이다. 물질 중독이란 우리가 섭취하는 물질과 관련이 있다. 다시 말해 어떤 물질이 우리 몸속으로 들어가는 것이다. 우리의 기분을 전환시키는 화학물질(그 가운데 일부는 갈수록 신체적 의존도를 높인다)이 모두 여기에 해당한다. 가장 대표적인 것이 알코올, 마약, 카페인, 니코틴, 소금, 설탕, 그리고 음식 등이다. 한편, 과정 중독이란 사람을 꼼짝 못하게 하거나 갈수록 의존하게 하는 일련의 활동이나 상호 작용을 말한다. 대표적으로 일, 섹스, 돈, 도박, 종교, 관계, 때로는 일부 생각에도 중독될 수 있다. 사실 우리 삶의 모든 과정이 잠재적으로는 중독적이 될 수 있다.

예컨대 섀프는 심지어 걱정조차 과정 중독이 될 수 있다고 지적한 바 있다.[1] 섀프는 자신에게 상담을 받으러 온 한 여성의 사례를 들며, 그 여성은 기분이 좋아도 걱정, 기분이 나빠도 걱정이라 온통 걱정 속에 사는 것 같았다고 말한다. 아무런 걱정거리가 없을 때에는 오히려 어찌할 줄 몰랐다. 걱정이 그녀에게 일종의 중독 과정이 된 것이다. 그녀에게 걱정은 자기 동력을 갖고 움직인다. 걱정의 내용 자체는 별로 중요하지 않다. 그 여성의 삶에서 중요한 자리를 차지하는 건 걱정의 내용이 아니라 걱정하는 행위 자체여서 늘 걱정을 해야 오히려 마음이 편한 것이다.

여기서 핵심은, 세상의 모든 것이 잠정적으로 중독 물질이나 중독 과정이 될 수 있다는 것이다. 중독의 목적이자 기능은 우리 자신과 우리의 인식 및 느낌 사이에 완충 역할을 하는 것이다. 즉, 중독은 우리를 마비시킨다. 그리하여 우리는 우리가 실제로 인식하는 것이나 느끼는 것과 완벽하게 단절된다. 이 부분이 대단히 중요하다. 나아가 우리는 중독에 너무나 단단하게 휩쓸린 나머지, 우리 삶에 다른 측면이 있을 수 있다는 사실을 깨달을 힘이나 여지조차 갖지 못한다. 만약 관계 중독에 빠지면, 오로지 자신이 관계하는 그 사람만 본다. 이 세상에 다른 사람이 있을 수 있다는 것을 생각조차 하기 어렵게 되는 것이다.

우리 두 사람은 예전에 한 금융기관을 컨설팅한 적이 있었는데, 그 조직의 직원들은 늘 수많은 갈등에 휩싸여 있었다. 이 조직은 직원회의 때마다 과도한 음식과 알코올을 제공하는 게 일종의 관행이었다. 관리자들은 회의하는 동안이라도 함께 음식을 먹고 술을 마시다 보면 서로 친해져 분위기도 부드러워지고 상호 간에 덜 적대적으로 대하게 될 것이라고 생각했던 것이다. 그러나 알코올이나 음식은 기대와 전혀 다른 방식으로 기능했다. 오히려 음식과 술은 직원들 사이에 존재하는 갈등의 실체를 있는 그대로 느끼지 못하게 만들었고 직원들이 평소에 진정으로 느끼는 것이 무엇인지 알아차리지도 못하게 만들었다. 더구나 분위기를 좋게 만들려고 했던 술이 오히려 회의에서 오가는 얘기들에 제대로 집중하지 못하게 하는 역효과를 낳았다. 진지하게 제기되는 문제들에 대해서도 아무도 주의를 기울이지 않았다. 대화는 정리가 되지 않고 뒤죽박죽이었으며, 그러다 보니 원래 존재하던 인간적 갈등들은 더욱 깊숙이 숨어들어 잠재적 갈등 요인은 더욱 심각해지고 말았다.

우리는 이 집단의 문제를 해결하기 위한 작업에 본격적으로 착수하며 회의를 하는 동안에는 절대로 음식이나 술이 제공되어서는 안 되며, 모든 참여자들이 현존하는 갈등의 깊이나 심각성을 제대로 느낄 수 있어야 한다고 강력히 주장했다. 만일 집단 내 구성원들이 어떤 문제와 관련한 그들 자신의 느낌이나 감정에 솔직하지 못하다면 함께 일을 해나가는 과정에서 그 일이 어떤 의미를 지니는지, 어떻게 대처해 나가야 하는지를 알기 어려울 것이라는 것이 우리의 기본 입장이었다. 이러한 우리의 전략은 잘 들어맞았다. 우리는 그 집단이 갖고 있던 문제를 똑바로 직면했고, 마침내 문제 자체를 해결할 수 있었다.

물질 중독이건 과정 중독이건 중독은 개인적 차원에만 머물지 않는다. 우리가 살고 있는 이 사회가 어떤 면에서는 중독을 필요로 하기도 한다. 어쩌면 우리의 사회 시스템 자체가 중독을 조장하고 있는지 모른다. 면밀히 살펴보면 사회는 분명 중독을 촉진한다. 사회 생활에 가장 잘 적응한 사람이란 따지고 보면 죽은 것도 아니요, 산 것도 아닌 존재, 그저 무감각한 좀비 같은 사람이기 때문이다. 생각해 보라. 만일 당신이 죽은 존재라면 당신은 이 사회가 요구하는 일을 전혀 할 수 없을 것이다. 또 만약 당신이 완전히 살아 있는 존재라면 당신은 사회가 요구하는 숱한 일들이나 돌아가는 과정(일례로, 인종차별, 환경오염, 핵 위협, 군비경쟁, 식수 오염, 발암 음식 섭취 등)에 대해 계속해서 '아니오'라고 말할 것이다. '모난 돌을 정으로 쳐 내고', '중독물fixes'에 휩쓸리게 하고, 우리를 '넋이 나간' 좀비처럼 만드는 것은 이 사회의 이익과도 일치한다. 결국 사회 자체가 중독을 적극 부채질할 뿐 아니라 중독자로도 기능하는 것이다.

시스템

여기서 시스템이란 내용(아이디어, 역할, 규정 등)과 과정(일을 처리하는 방식)이라는 두 가지 요소로 구성돼 있으며, 그 자체로 완결성을 갖춘 실체를 뜻한다. 그래서 한 시스템은 여러 부분들로 이뤄져 있지만 그 부분들의 합보다 훨씬 더 크다. 시스템은 자신의 고유한 생명력을 지니고 있어, 시스템 안에 있는 개인들의 삶과는 다른 자기 동력이 있다. 우리에게 자문을 구하는 고객 가운데 대기업에서 일하는 상당수의 사람들 역시 기업이라는 조직체는 기업 안의 직원을 합한 것보다 훨씬 크다고 말한다. 이 생명체, 또는 시스템 안에서는 나름의 전통과 일을 수행해 나가는 독자적인 방식, 문서로 규정되지 않은 규범, 기대 등이 대를 이어 전수된다. 시스템은 현재의 구성원들이 들어오기 이전부터 존재해 왔으며 그들이 나간 뒤에도 존속할 것이다.

시스템은 자체 안에 완전한 세계관을 담고 있다. 그 세계관은 대체로 내적으로 일관된 패러다임을 보여 주는데, 이 패러다임은 시스템 안에서 일어나는 모든 것들에 일정한 의미를 부여한다. 즉 패러다임은 우리의 경험을 설명해 주며 우리의 행위가 올바른지 아닌지 확인해 주기도 한다. 시스템은 그 시스템이 얼마나 개방적이고 폐쇄적인지에 따라 정보를 다르게 활용한다. 폐쇄적 시스템의 경우, 기존 패러다임 안에서 수용되고 처리되지 못하는 정보는 아예 처음부터 유입되지도 않고, 인정받지도 못한다. 요컨대 폐쇄적 시스템에서 외부의 정보는 아예 존재하지 않는다. 반면, 개방적 시스템에서는 새로운 정보를 자유롭게 받아들인다. 개방적 시스템은 처음부터 유연성을 강조한다. 그리하여 늘 새로운 정보에 열린 태도를 취함으로써 변화를 촉진한다.

모든 시스템은 그 구성원들에게 시스템에 일치하는 행동과 과정을 요구한다. 그리고 구성원들이 그런 행동과 과정을 실천하면 시스템은 명시적으로나 묵시적으로 그들에게 보상을 해 준다.

최근에 우리는 한 중견 기업에서 조직 진단 프로젝트를 수행했다. 그 기업의 회장은 우리에게 예전에 자기 회사에 굉장히 힘이 있고 카리스마적인 리더십을 가진 부회장이 있었다고 말해 주었다. 직원들도 모두 부회장을 좋아했지만 그는 얼마 전 사직을 했다고 했다. 그 이유를 묻자 회장은 이렇게 말했다. "그가 이혼을 했기 때문이죠. 우리 회사로서는 그런 걸 그냥 두고 보지 못하거든요." 그 회사의 공식적 인사 규정에는 이혼했다고 해서 부회장 직을 수행할 수 없다는 내용은 없었다. 그러나 명시적으로 말해진 적은 없다 할지라도, 그것은 회사 시스템 안에서 이미 널리 통용되는 '규칙'이었다.

중독 시스템

중독 시스템은 무엇보다 폐쇄적 시스템이다. 이 시스템은 역할과 행동 방식, 심지어 사고방식이나 인지 방식에 있어서도 구성원들에게 선택의 폭을 거의 허용하지 않는다. 중독 시스템은 기본적으로 중독 행위를 요구한다. 다시 말해, 이 시스템은 사람들을 중독 과정으로 끌어들이고 중독적으로 사고하도록 유도한다. 그리하여 비록 우리 자신이 특정 물질이나 과정에 중독되어 있지 않다 하더라도 (물론 지금과 같은 사회에서 이는 매우 드문 일이다.) 중독 시스템이 온 사회에 규범처럼 퍼져 있기 때문에 사람들은 언제 어디서든지 쉽사리 중독 과정에 빨려 들어간다.

바로 여기서 홀로그램 개념이 대단히 유용하다. 중독 시스템은 개인 중독자와 동일하며, 개인 중독자는 중독 시스템과 동일하다. 달리 말해, 중독 시스템은 개인 중독자의 모든 특성을 갖고 있으며, 개인 중독자들은 중독 사회의 모든 특성을 갖추고 있다. 결과적으로 우리가 시스템 전환의 방식을 빌려 적극적인 회복 과정을 거치지 않는 이상, 이 시스템 안에서 살고 있다는 바로 그 사실 때문에 우리는 중독 시스템과 많은 특성을 공유하게 된다.

중독의 특성

중독 시스템은 개인 중독자들이 일반적으로 보여 주는 특성과 같은 방식으로 작동한다. 중독 시스템의 가장 중요한 자기 방어 양식은 **부정**이다. 이것이 폐쇄적인 시스템을 지지하고 지탱한다. 만일 무언가 존재하지 않는다면 그것은 단지 고려될 필요가 없기 때문이다. 기업들이 흔히 "우리가 가진 문제는 사소한 것일 뿐, 결코 치명적이지 않다"라고 말하는 것이 이에 해당한다. 매출이 침체에 빠지긴 했지만 일시적 현상일 뿐이다. 실제로 알코올중독자들도 "나는 절대 알코올중독자가 아니다. 내게 약간의 음주 문제가 있고 주말이나 스트레스를 받을 때 과음하는 경향은 있지만, 그 문제는 그리 심각하지 않다"고 말한다. 부정은 우리들로 하여금 실제로 우리 눈앞에서 일어나는 일들을 인지하지 못하게 한다. 만일 우리가 실제로 일어나는 일들을 제대로 보지 못한다면, 우리는 역기능적인 시스템의 존속을 위협하는 어떤 일도 할 수 없다. 거짓투성이 시스템을 영속화하는 데 일조할 뿐이다.

중독 시스템의 또 다른 특성은 **혼란**이다. 알코올중독자의 가족 시스템 역시 혼란으로 가득 차 있다. 이 시스템 안에서는 모든 구성원이 도대체 무슨 일이 어떻게 돌아가는지 파악하느라 과도한 시간을 소모한다. 모든 가족 구성원들은 알코올중독자의 행위를 통제한답시고 서로를 과도하게 칭찬하거나 자기 자신을 지나칠 정도로 추켜세우기도 한다. 그렇게 해야 다음에 무슨 일이 일어날지 예측할 수 있고, 잘 대처할 수 있다고 생각하기 때문이다. 이는 막대한 혼란을 초래한다.

중독 시스템에서 혼란은 결정적으로 중요한 역할을 한다. 혼란은 누구도 책임지지 않는 구조를 만들고, 우리 코앞에서 무슨 일이 일어나는지 종잡을 수 없게 하며, 궁극적으로 시스템으로부터 우리가 필요한 것들을 아무것도 얻지 못하게 한다. 즉 우리를 무기력하게 만든다. 일부 중독 조직에서 이러한 혼란은 이미 규범이 되어 버렸다. 이런 조직들은 위기를 즐기며 오히려 모든 일이 '정상'일 경우에 무엇을 어떻게 해야 할지 모른다. 같은 맥락에서 혼란스런 사고방식이 중독 조직을 지배하는데, 이것이야말로 우리가 중독 시스템에서 흔히 발견하는 사고방식의 특징이기도 하다.

개인 중독자나 중독 시스템이 공통으로 보이는 다음 특징은 **자기중심성**이다. 이것은 부분적으로, '중독물'을 얻는 것이 중독자의 삶에 있어 중심적인 자리를 차지하기 때문이다. 그러다 보니 중독물 외의 것은 죄다 하찮게 여겨진다. 중독 시스템의 자기중심성은 단순히 이기적일 뿐만 아니라 자아를 우주의 중심에 놓는다. 세상에서 일어나는 모든 일은 자아에 대한 공격이거나 인정, 둘 중 하나로 파악된다. 한마디로 세상은 온통 자신에 대한 찬반으로 나뉜다. 이 개념을 더욱 확장하면 순교자 정신, 희생 정신, 죄책감, 그리고 수치심 같은 것들이 결국에는 자기중심적 행동과 밀접히 연결되어 있음을 알 수 있다.

국가적 차원에서 이러한 자기중심성은 외교 정책에서도 드러난다. 세상에 일어나는 모든 일들은 조국에 이로운 것, 아니면 해로운 것으로, 즉 흑백논리로 파악된다. 심지어 비동맹 진영 국가의 행위들조차 조국의 이해관계에 유리한가 불리한가 하는 프레임으로 판단되고 만다.

중독 시스템이 지닌 또 다른 핵심적 측면은 **정직하지 못하다는 것**이다. 실제 중독자의 주변에 있어 본 사람이라면 누구나 그(녀)가 거짓말의 달인임을 잘 알 것이다. 심각한 중독 상태에 빠져 있는 이들은 사기를 예술적 차원으로까지 승화시킨다.

섀프는 중독자들의 거짓말을 세 가지 수준으로 나눈다. 첫째, 중독자들은 자기 자신에게 거짓말을 한다. 이러한 거짓말의 목적은 그들 자신이 느끼는 것, 그들 자신이 아는 것, 그들 자신이 필요로 하는 것과의 접촉을 멀리하는 것이다. 둘째, 중독자들은 자기 주변 사람들을 속이고, 그렇게 해서 혼란스럽고 부정직한 가족 시스템을 만들어 낸다. 셋째, 그들은 더 넓은 세상을 향해 거짓말을 한다. 가장 대표적인 예가 중독자들이 공동체 안에서 '겉모습을 그럴싸하게 꾸미는' 행위이다.

중독 시스템은 언제 어디서나 부정직을 촉진한다. 우리 두 사람이 만난 수많은 최고경영자들은 기업에서 거짓말하는 법을 배우지 못한다면 결코 성공할 수 없다는 말을 들었다고 했다. 사실 우리는 세금을 제대로 신고하지 않는 게 당연하며 레스토랑에서 실수로 영수증을 잘못 청구할 경우 모른 척 넘어가도 괜찮다고 생각한다. 우리는 성공을 위해 옷을 입는다. 그 성공의 유니폼이 우리를 능력 있는 사람처럼 보이게 하기 때문이다. 그리고 우리는 혁신 패키지만 멋지게 만들어 내면 우리 자신의 자질이나 역량과 상관없이 그 패키지 뒤에 숨어서 성공적인 혁신을 이룰 수 있다고 믿는다. 경영 훈련 과정 중에 여성들은 의심스러운 점이 있어도 자신의 느낌이나 감정, 생각을 드러내지 말고, 늘 "우리가 무엇을 하는지 마치 잘 알고 있는 것처럼" 행동하라고 교육 받는다.

허위 정보disinformation라는 최신의 정치 기술에서 알 수 있듯, 부정직성은 오늘날 우리 정치 시스템의 주춧돌처럼 보인다. 우리 두 사람이 최근에 비행기를 타고 가다가 엿들은 대화 하나가 이를 절묘하게 보여 준다. 그 사람은 상대방에게 이렇게 말했다. "그 판사가 담당하는 재판의 변호사에게 내가 말했지. '최선을 다해 열심히 해 보게, 하지만 재판에서 이길 수는 없을 거야'라고 말이야." 우리의 일상 속에서 이미 거짓말은 일종의 규범이 되어 버렸다. 그래서 우리는 광고나 제품 보증서, 건축물의 견적서, 그리고 기업 활동 전반에 관해 우리가 듣게 되는 그 어느 것도 믿을 수 없게 되었다.

완벽주의는 중독 시스템이 지닌 또 다른 흥미로운 특성이다. 대개 사람들은 중독자들이 완벽주의자라고 하면 잘 믿지 않지만 실은 중독자 대부분이 완벽주의자들이다. 중독자들은 시스템이 정한 완벽함에 견주어 충분히 좋지 않은 것, 충분히 하지 않은 것, 그리고 충분히 완벽하지 않은 것들에 집착한다. 컨설턴트의 입장에서 이러한 중독자들의 완벽주의는 중독자의 건강 회복을 돕는 과정에서 최대의 장애물이다. 그것은 중독자들이 건강해지기 위해 완벽주의를 이용하는 게 아니라 지금은 악하지만 선해지기 위해 노력하는 사람인 것처럼 보이기 위해 완벽주의를 이용하기 때문이다.

중독 시스템에서 완벽주의란 언제나 특정 문제에 대한 해답을 잘 알고 있다는 것, 해답을 알더라도 자신이 가장 먼저 알고 있다는 것, 그리고 절대로 실수 같은 것을 하지 않는다는 것을 의미한다. 그러나 이러한 성향은 수준 높은 품질의 제품을 만들어 내려는 노력과는 본질적으로 다르다. 중독 시스템은 그 시스템에 의해 정의된 완벽함의 기준을 완전히 충족하는 것이 '가능하다'고 실제로 믿는다. (그러나 이것은 좋게 보아도 너무나 추상적인, 그리하여 신과 같은 수준의 기준일 뿐이다.) 결국 중독 시스템은 모든 사람들에게 불가능한 것을 해내기를 기대하는 셈이다.

중독 시스템에서 요구하는 완벽주의를 받아들이는 사람은 누구나 실패나 좌절을 경험할 수밖에 없다. 하지만 완벽주의가 지배하는 시스템에서 실수는 절대 용납되지 않는다. 만약 실수가 일어나면 있는 그대로 수용되는 것이 아니라 신속히 부정되거나 은폐되기 일쑤다. 중독 시스템에서 실수란 결코 학습과 배움을 위한 소중한 과정이 아니라 불완전함의 지표일 뿐이다. 이런 시각은 대단히 잘못된 것인데, '실수'나 '실패'는 개인이나 집단에게 한층 더 높은 배움이나 성장을 위한 풍부한 자원이 될 수 있기 때문이다.

다음으로 중독 시스템은 일종의 **회소성 모델** 안에서 작동한다는 점도 지적될 필요가 있다. 이 시스템에는 모두의 필요를 채우기에는 자원이 늘 충분하지 않다는 고정불변의 믿음이 있다. 그래서 중독자들은 언제나 중독물을 '더 많이' 얻으려고 발버둥 친다. 그것은 돈이 될 수도 있고, 시간, 또는 사랑이 될 수도 있다. 중독자들이 중독 물질이나 중독 과정을 통해 처음 느꼈던 효과를 얻는 일은 점점 힘들어지기 때문에 그들은 광기 어릴 정도로 더 많은 것을 추구한다.

중독 물질이나 중독 과정과 같은 중독물은 결코 충족되지 않는다. 외부의 것으로 자신의 내면을 채우려는 행위는 불가능한 시도이기 때문이다. 어떤 중독물도 그 일을 해낼 수 없다. 그래서 우리는 늘 만족하지 못한다.

중독 시스템의 희소성 모델은 질보다 양을 고려한다. 즉, 희소성 모델은 양을 중시하는 가치관의 산물이다. 나아가 그것은 수량화하기 어려운 것조차 억지로 측정하려고 시도한다. 그래서 우리는 더 많은 사랑을 원하고 더 많은 주목을 받고자 하며, 더 많은 애정이나 더 많은 시간을 원한다. 그리고 내면의 확신을 얻기 위해 늘 외부의 상징물에 의존하려 든다. 우리가 살고 있는 시스템 역시 동일한 희소성 모델 위에 돌아간다. 중독 시스템은 갈수록 더 많은 무장, 더 큰 국민총생산, 더 막강한 국제적 영향력을 갖고자 한다. 모든 주주총회에서는 거의 예외 없이 최종적인 성공의 기준을 이윤에 둔다.

이것과 연관하여 등장하는 또 다른 중독 시스템의 특징은 **통제**, 더 정확히 말하자면, '통제의 환상 또는 착각'이다. 중독자나 그 가족은 늘 서로를 통제하는 데 집착한다. 가족 구성원은 중독자를 통제하려 하고, 중독자는 자신의 행위로 가족 구성원을 통제한다. 동반 중독자라고 할 수 있는 배우자는 중독자에게 통제 당하지 않으려고 발버둥치기도 한다. 그리하여 이 중독 가족 시스템에서는 모든 이의 생각이나 행동이 이상해진다.

이러한 상황을 우리는 '통제의 환상 또는 착각'이라 부른다. 환상이나 착각인 이유는 그렇게 해서 진정한 통제가 이뤄지는 법이 결코 없기 때문이다. 그러나 중독 시스템은 모든 것이 통제 가능하다는 신념을 버리지 않는다. 통제의 환상은 이미 중독자가 어떤 물질이나 과정에 중독되어 자신을 통제하려고 시도할 때부터 시작된다. 다시 말해, 중독자들은 마약이나 알코올에 기댐으로써 자신이 직접 느끼고, 생각하고, 필요로 하고, 소망하고, 아는 것들과 바로 대면하기를 피할 수 있다고 믿는다. 바로 이 최초의 통제 환상에서 출발하여 그들은, 다른 사람들이 느끼는 것까지도 통제할 수 있다고 믿는다. 어떤 시스템이건 통제의 환상이나 착각 속에서 작동한다면 그 것은 단연코 중독 시스템이라 할 수 있다.

그런데 이 통제의 환상이 너무 만연한 나머지 중독자들은 자신도 모르는 사이 감정이 동결되어 버린다. **감정의 동결**도 중독 시스템의 또 다른 특징이다. 중독 분야에서는 이를 대부분의 중독자들이 자신의 느낌이나 직관, 그리고 다른 비슷한 정보의 원천으로부터 접촉이 차단된다는 말로 설명한다. 그리하여 중독의 근본 목적이 드러나는데, 그것은 중독자들이 내면에서 감당하기 힘들어서 두려워하는 그 모든 것을 느끼지 못하게 하는 것이다. 분노, 화, 두려움, 불안뿐 아니라 기쁨이나 흥분, 또는 창조성과 같은 즐거운 느낌들까지 대부분의 감정들이 여기에 해당된다. 그리고 감정이 동결된 중독자들은 다양한 느낌들을 구분하지 못하고, 두려움과 불안, 기쁨이나 흥분 사이를 가르는 미묘한 차이를 알지 못한다.

불행하게도 중독 시스템에서 우리의 느낌이나 솔직한 감정은 종종 나약함을 상징하는 것으로 평가된다. 즉, 완벽하게 적응한 사람은 자신의 감정을 '넘어선' 것처럼 보이는 사람이다. 우리는 불안을 느끼는 경우, 그 불안에 대처하거나 그를 통해 뭔가를 배우려 하기보다는 안 좋은 기분을 핑계로 서둘러 알코올이나 음식에 손을 댄다. "일도 잘 안 풀리는데 쇼핑이나 할까?"하는 말도 마찬가지이다. 사람들이 소비자가 되어 쇼핑에 나서는 순간, 아무리 힘든 일도 더 이상 '힘들다'고 느끼지 못한다. 그 순간 그를 힘들게 하는 것들이 흩어져 버리고 말기 때문이다.

이 불감증이야말로 중독 시스템의 핵심 문제이다. 자신의 느낌이나 의식으로부터 멀리 분리되어 나갈수록 우리는 도대체 우리 자신이 누구인지, 우리가 진정 믿고 있는 게 무엇인지 알 수 없게 된다. 그리하여 우리는 줏대도 없는 온순한 존재가 되며, 나름의 윤리적 기준도 상실한다. 궁극적으로 우리는 우리 자신의 삶을 잃는다

윤리적 퇴행은 중독 시스템에 빠질 경우 경험하게 되는 불가피한 결과이다. 이는 쉽게 이해할 수 있다. 만일 당신의 삶이 자신에 대한 거짓말은 물론 타인에 대한 거짓말에 의해 장악된다면, 나아가 부단히 통제하려 하며 완벽주의와 부정하려는 성향을 버리지 못한다면, 또 당신에게 유리한 것만 택하려 하면서 중독 패러다임을 변화시킬 수도 있는 새로운 정보나 지혜를 받아들이길 거부한다면, 아마도 당신은 영적으로 파산에 이를 것이다.

〈익명의 알코올중독자 모임〉이 늘 알코올중독이란 그 무엇보다 먼저 영적인 질병이라 주장해 온 것은 이런 점에서 흥미롭다. 중독 과정은 사람들의 도덕성을 공격하고 깊은 곳의 영적인 가치를 훼손한다. 중독자들이 자신의 개인적 도덕성을 어떻게 상실하는지 이해하는 일은 쉽다. 실제로 그들은 중독물을 얻기 위해 타인을 잘 속이고, 잘 훔치며, 거짓말도 한다. 그러나 중독자 개인이 아니라 시스

템이 문제가 될 때는 이를 확인하기가 쉽지 않다.

중독 시스템은 앞서 말한 중독 과정에 우리를 끌어들이면서 우리의 도덕성과 타협하게 한다. 중독 시스템은 속이거나 훔치거나 거짓말하는 것을 예사로 여기게 하는 사회규범을 만들어 낼 뿐 아니라, 영적인 의식에서 우리를 분리하는 도구로도 사용된다. 그리하여 우리는 속이거나 거짓말을 하면서도 그것을 잘못이라 여기지 않는다.

종교 시스템이 개인 중독자와 같은 동일한 중독 과정에 붙들려 있다면, 그 종교 역시 우리를 중독 시스템에 계속 머무르게 하는 역할을 한다. 실제로 우리가 종교와 영성을 혼동하는 순간, 우리는 사실상 중독 시스템의 구조, 통제, 그리고 규칙 들을 적극 지지하게 된다. 이런 식의 종교에 대한 의존은 우리 존재의 깊은 곳에서만 이루어질 수 있는 내면의 탐색을 오히려 방해한다.

여기서 말한 것들은 중독자나 중독 시스템의 몇 가지 특성 가운데 일부 중요한 것들만 수박 겉핥기식으로 다룬 것에 불과하다. 더 깊이 알고 싶다면 다른 문헌을 참고하길 권한다. 예를 들어 섀프는 자신의 책에서 위기 지향성, 우울증, 스트레스, 비정상적 사고 과정, 망각 또는 기억상실증, 의존성, 부정적 사고, 방어적 태도, 투사, 터널 비전, 그리고 두려움 등 더 많은 특성들을 상세하게 논하고 있다.[2] 중독자 치유나 상담을 위해 일을 해 본 사람이라면 이런 양상을 너무나 잘 안다. 우리 두 저자가 이 책에서 특별히 강조하고자 하는 것은, 바로 그러한 중독자의 행태가 시스템 수준이나 사회 전체 수준에서도 마찬가지 방식으로 반복된다는 점이다.

과정

앞서 말한 여러 가지 특성 외에도 중독 시스템은 그 기저에 특정한 과정들을 갖고 있다. 이 과정들은 우리가 별 다른 생각 없이 방치하는 경우 대단히 위력적으로 변해 조직을 집어삼킨다. 여기서 말하는 과정이란 조직 안에서 이뤄지는 소통의 가장 밑바탕에 흐르는 진정한 의미, 또는 소통 속에 담긴 어떤 느낌 같은 것이다. 우리가 소통을 할 때 메시지가 전달되는 과정은 메시지의 내용보다 더 강력할 때가 많다. 만약 메시지의 과정과 내용이 서로 다른 경우엔 사람들은 메시지의 내용보다 그 과정에 반응을 하는 경향이 있다. 일례로 영업 회의에서 매출 관리자가 직원들에게, 비록 이번 달 실적은 형편없지만 다음 달에는 더 분발해 훨씬 나아질 거라 믿는다고 '말했다'고 하자. 그런데 그의 목소리 톤은 냉소적이고 비난하는 조다. 그는 이를 악물고 말했고 그의 눈은 살벌했으며 목은 뻣뻣한 상태였다. 이 경우 회의를 마쳐도 직원들은 마음 편하게 회의장을 떠나지 못한다. 그들 마음속에는 그 소통의 과정이 의미하는 바가 강하게 박힌다. 즉, 매출 관리자가 매우 격노한 상태라는 것이다.

이 과정들에 이름을 붙이고 변화시키는 일은 매우 어렵다. 우리가 앞서 중독 시스템의 내용을 살펴보았다면, 이제는 그 과정을 자세히 살필 필요가 있다. 섀프도 말하지만, 중독 시스템의 과정들은 대단히 비밀스런 힘을 지니고 있다. 막대한 위력으로 조직을 좌우하기 때문이다. 그로 인해 중독 시스템이 영속화한다. 그러면서도 그 과정들은 여태껏 별 다른 지적을 받지 않았다.

우리는 여기서 중독 시스템의 과정을 여섯 가지로 나눠 살펴볼 것이다. 그것은 약속, 위족僞足 에고pseudopodic ego, 외부의 준거, 무효화, 성격 갈등 조장, 그리고 이분법이다.

약속의 과정

약속의 과정은 우리를 현재에서 분리시켜 지금의 경험을 가치 절하하고 미래에 대한 기대에만 초점을 맞추게 한다. 약속은 우리를 한사코 미래를 향하게 만들어 간절히 바라는 보상에 목을 매게 한다. 바로 그 순간 우리는 현재에 존재하는 자기 자신과의 접촉을 잃는다. 그렇게 약속은 우리로 하여금 늘 기대를 먹고 살게 한다.

사회학자인 마리 오거스타 닐Marie Augusta Neal은 교회가 사람들에게 하는 약속을 광범위하게 연구했는데, 계급별로 사람들에게 서로 다른 약속을 한다는 사실을 밝혀냈다. 가난한 사람들에게 교회는 "우리가 지금 고통 받고 이승에서 이처럼 궁핍한 것은 훗날 천국에서 충분히 보상받기 위한 것"이라고 설교한다. 그러나 부자들에게는 "우리가 이승에서 누리는 부富는 신이 우리를 얼마나 사랑하고 계신지 보여 주는 징표"라고 설교한다. 결과적으로 어떤 계급이나 집단도 현재의 실상을 제대로 볼 수 없게 된다.

중독자와 함께 사는 이들은 막연하게나마 앞으로는 일이 더 잘 풀릴 것이라는 희망을 갖는다. 즉 알코올중독자가 술을 그만 마시게 되리라는 희망, 아니면 가족이 지고 있는 부채의 덫에서 빠져나오리라는 희망 같은 것 말이다. 또 기업 조직은 특정 집단에 속한 직원들이 때가 되면 획기적인 변화를 만들어 낼 것이라 믿는다. 그러나 불행히도 이러한 미래에의 집착이야말로 현재 궁지에 빠진 사람들, 특히 심각한 문제에 빠져 있는 사람들을 억지로 버티게 만드는 장본인이다. 이런 점에서 '섣부른 약속' 그 자체가 사람들에게 지금 여기 직면한 문제로부터 일시적으로 눈을 돌리게 하는 일종의 중독물이 된다.

위족 에고의 과정

위족 에고란 중독 시스템이 그 자신과는 다른 모든 것을 그 자신을 위해 흡수하고 이용하는 과정을 가리키는 것으로, 일종의 식민화라고 할 수도 있다. 이 과정에서 다른 시스템의 특성을 드러내는 것들은 금세 중독 시스템에 흡수되어 버린다.▪

우리 두 사람은 어떤 기업 조직을 상담한 적이 있는데, 그 회사의 여성 직원들은 회사의 절차들에 대해 여러 가지 비판을 쏟아냈다. 전반적으로 그 회사의 경영 관행은 끔찍했다. 지역사회에서 회사의 이미지도 별로 좋지 않았다. 경영진은 여성 직원들의 비판과 요구를 듣고서도 시스템의 일부를 약간만 변화시켰을 뿐이고, 그 후에는 마치 대단한 변화라도 이룬 것처럼 과장되게 홍보했다. 회사가 직원들의 요구에 얼마나 민감하게 반응하는지, 그리하여 그들이 경영을 얼마나 멋지게 잘 하고 있는지를 보여 주고 싶었던 것이다. 그러나 실제로는 회사 안에서 제대로 변한 것은 하나도 없었다. 그 결과 상당

▪ 아메바와 같은 원생동물은 세포 표면에서 생성한 돌기를 이용해 이동을 하거나 먹이를 먹는데, 이 돌기를 위족僞足이라고 한다. 위족 에고란 아메바의 위족처럼 주변의 것들을 집어삼키는 중독 시스템의 특성을 가리키는 표현이다.

수 여성들이 회사를 떠나고 말았다. 요컨대 이 회사 경영진은 여성 직원들의 제안을 기존 시스템이나 관행을 영속화하는 데 교묘히 이용했을 뿐이었다.

이러한 과정을 가리켜 중독 시스템의 위족 에고라고 말한다. 이 위족 에고는 차이들을 그 자체 내로 흡수하고 통합하며 그것을 끝내 자기 것으로 만들어 시스템을 온전하게 영속화하기 위해 이용한다. 개방성이나 유연성을 떠들썩하게 강조하는 조직일수록 현상 유지 전략을 관철하고 있는 것은 아닌지 의심해 볼 필요가 있다.

외부 준거의 과정

외부 준거의 과정은 우리가 중독 시스템에서 발견할 수 있는 또 다른 고유한 특성 중 하나이다. 중독 시스템에서 사람들은 자아에 대한 감각을 발전시킬 때 대체로 자기 바깥에 초점을 맞춘다. 다시 말해 우리가 누구이며, 무엇에 가치를 부여하는 존재인지를 알고자 할 때 외부의 권위자, 가족, 학교, 교회, 그 밖에 다른 제도들이 제시하는 준거에 기대는 것이다.

그래서 중독 시스템에서 사람들은 다른 사람들이 자신을 어떻게 인지하는지에 따라 자신의 성공 여부를 판단한다. 우리 대부분은 무엇이 다른 사람들을 기쁘게 하는지 잘 알고 있다. 그리고 바로 그런 일을 하느라 모두들 참 바쁘다. 중독 시스템의 과정에서 우리 행위의 준거점은 늘 우리 바깥에 있어 갈수록 우리 자신이 무엇을 느끼고 원하는지 모르게 되며, 자기 안에서 진실을 찾으려는 노력조차 안 하게 된다.

이런 과정은 사실상 중독자들이 보이는 자기중심성과도 밀접히 연결되어 있다. 대부분의 중독자들은 자아와 타자 사이 경계를 제대로 나누지 못할 뿐 아니라 그 둘을 구분하는 방법조차 모른다. 자아와 타자 사이 경계가 없다면 자아에 대한 감각이나 타자의 존재에 대한 진정한 인정도 불가능해진다.

무효화 과정

무효화 과정은 중독 시스템이 자기가 알 수 없고 이해할 수 없으며, 특히 통제할 수 없는 일이나 아이디어 같은 것을 아예 없는 것처럼 취급하는 행위를 말한다. 이는 폐쇄적인 시스템의 주요 특징이기도 하다. 폐쇄적인 시스템은 다양한 아이디어들이 존재한다는 사실은 인정하지만, 그것을 시스템이 참고해야 할 준거로는 활용하지 않는다. 더구나 중독 시스템의 존재를 위협하는 그 어떤 행위들도 용납하지 않는다.

앞서 말한 바 있지만, 중독과 관련하여 가장 큰 문제는 그것이 우리의 감각을 마비시키고 우리 자신의 경험으로부터 우리를 분리시켜 버린다는 데 있다. 우리는 이미 중독 시스템 속에서 실제로 진행되는 여러 과정들을 있는 그대로 인정하지 않는 데 익숙해 있기에 누구도 그 과정들을 포착해내지 못한다.

앞에서 우리는 일부 사람들이 믿는 과학적 방법이나 세계관이 시스템으로서 시효를 다 했고 생명력을 잃었다고 말한 바 있다. 과학적 세계관이 지닌 문제 가운데 하나는 알 만한 가치가 있는 일과 없는 일을 너무 협소하게 정의한다는 데 있다. 과학적 세계관은 상상력이나 통찰력, 영성, 또는 다른 의식의 영역이나 구체적인 경험 속에서 나오는 것들은 그다지 알 필요가 없다고 말한다. 이러한 과학적 세계관이 극단으로 가면 '측정되거나 통제될 수 없는 사물이나 현상은 실제가 아닌 것'으로 판정받는다. 이런 점에서 과학적 방법론의 신념 체계와 중독 시스템이 공통적으로 무효화의 과정을 조장하고 지지하고 있음이 자명해진다. 이 과정에서 정보나 지식은 잘려나가거나 차단당한다.

성격 갈등 조장 과정

중독 시스템이 지닌 성격 갈등 조장 과정은 앞서 말한 무효화 과정과 매우 비슷하다. 성격 갈등 과정은 특정 개인이나 집단을 향해 들어오는 정보나 지식이 성격상 갈등을 일으킬 소지가 있다는 착각을 만들어, 새 정보나 지식을 폄하하거나 무시하는 것이다. 조직은 원치 않는 정보를 가진 이를 배제하는 데 이 기술을 쓴다. 중독 시스템 안에서 성격 갈등 조장 과정은 대개 (부인否認의 시스템을 위협하는) 진실을 회피하려는 방식이다.

이와 달리 개방적인 시스템에서는 많은 정보가 자유롭게 유입되고, 숙고되고, 활용되고, 때로는 보류되기도 한다. 그로 인해 기존 집단이나 시스템의 정체성이 위협받는다고 보지 않는다. 반면 중독 시스템에서 정직한 정보는 현상을 유지하려는 세력들에겐 언제나 위협으로 작용한다. 성격 갈등이라는 논리는 진정한 문제로부터 시선을 돌리려는 자들이 국면 전환용으로 즐겨 활용하는 것일 뿐이다. 그런 시도를 통해 그 누구도 중독이라는 사실 자체, 또는 중독적인 작용 방식을 알아차리지 못하게 막는다.

이분법의 과정

끝으로, 우리는 이분법의 과정을 살펴보아야 한다. 이분법은 중독 시스템의 거의 모든 특성들을 강화하고 지지한다. 실은, 중독 시스템의 특성 대부분이 이분법적 사고방식의 산물이다.

이분법적 사고의 과정은 중독 시스템에서 몇 가지 중요한 기능을 한다. 첫째, 그것은 복잡한 세상을 단 두 가지 선택지로 단순화한다. 그 아래에 깔린 기본 가정은, 만일 우리가 이분법의 양 극단 중 하나를 선택할 수만 있다면 우리는 올바른 것을 선택한 것이고 정당화될 수 있다고 보는 것이다. 바로 이런 식의 사고방식이야말로 통제의 환상 내지 착각과 밀접히 연결되어 있다. 이분법은 우리로 하여금 대단히 복잡하고 모호한 세상을 단순히 두 가지 축으로 재단하게 만든다. 그리하여 이분법은 거짓된 안정감을 만들어 낸다. 모든 운동은 그것이 설정한 두 축 안에서 일어난다고 가정하기 때문이다. 그리하여 이분법에 사로잡힌 많은 사람들은 자신이 무한한 선택 가능성을 갖고 있음을 느끼지 못한다.

이분법적 사고방식 안에서는 경우에 따라 두 가지 선택지 중 어느 것도 수용되지 않기도 하지만, 이분법이 가진 경직성으로 인해 다른 대안은 생각할 엄두조차 내지 못한다. 중독 시스템은 사람들이 두 가지 축 사이만 계속해서 왔다 갔다 하게 만듦으로써 사람들을 진퇴양난에 빠뜨린다. 실제로는 그 두 가지 선택지 중 어느 것도 바람직해 보이진 않는다. 흥미롭게도 이분법적 사고라는 '갇힌 공간'

은 계속해서 외부의 준거를 참조하게 만들기도 한다.

　이러한 이분법으로부터 벗어나는 참된 길은 자신의 내면적인 느낌이나 생각과 일치하는 선택을 하는 것이다. 그러한 내면적인 느낌이나 생각을 영성이라 불러도 좋고, 존재라 불러도 좋다. 이분법적 사고에 빠져 있는 한, 우리는 결코 자신의 내면으로 향하는 여행을 할 수 없을 것이다.

동반 중독

　중독적 행위 방식을 논하는 데 있어 동반 중독의 문제를 다루지 않는다면 그 논의는 대단히 불충분할 것이다. 앞서 말한 바와 같이 동반 중독은 애당초 알코올중독자나 다른 중독자와 결혼 관계, 또는 그 정도로 친밀한 관계에 있는 사람들이 주로 보이는 병적인 행위 양상으로 이해되어 왔다. 그 이후에 중독 분야에서 한 걸음 더 진전된 논의들이 나왔는데, 동반 중독이란 특정 개인에게만 나타나는 게 아니라 중독 시스템이나 역기능적인 가족 패턴 속에도 등장하는 일련의 행위들이라는 것이다.

　시스템의 관점에서 중독자나 동반 중독자는 같으면서 동시에 다른 존재임을 인정해야 한다. 이 둘은 서로가 서로를 불러내기도 하고 지지하기도 한다. 만일 사람들이 동반 중독자 역할을 그만둔다면 중독 현상은 너 이상 지속되기 어렵다. 중독자늘은 그늘의 폐쇄적인 중독 시스템을 유지하기 위해 동반 중독자의 공모와 협조를 필요로 하기 때문이다. 같은 방식으로, 만일 중독자들이 회복 과정에 돌입한 상태라면, 그들은 자기 주변에서 기존의 행위 양상을 되풀이하는 동반 중독자를 견디지 못할 것이다. 동반 중독자의 질병이 중독자의 치유와 회복 과정을 위협하기 때문이다. 중독자와 동반 중독자는 같은 동전의 양면이다.

동반 중독자는 중독자와 동일한 특성을 드러내긴 하지만 그 형태는 좀 다르다. 거짓말을 예로 들어 보자. 중독자의 경우는 자신의 중독물을 안정적으로 확보하기 위해 새빨간 거짓말을 하는 경향이 있다. 일례로 누군가 "당신, 술 마시는 중이었어?"라고 묻는다면 중독자는 당신 눈을 빤히 쳐다보면서 술 냄새를 풀풀 풍기며 "아니!"라고 답할 것이다. 반면 동반 중독자는 자신이 실제로 어떻게 생각하는지를 말하기보다는 무언가 '좋은 일'을 행하거나 말하는 방식으로 거짓말을 한다. 일례로 만일 당신이 동반 중독자라면, 동료가 담배를 좀 피워도 되냐고 물었을 때 담배 연기가 싫더라도 당신은 분명히 "괜찮다"고 답할 것이다. 동반 중독자로서 당신은 다른 사람의 마음에 상처를 주고 싶지 않기 때문이다. 우리 대부분이 이런 식으로 살아간다고 해서 그것이 바람직한 방법은 아니다. 이것이 동반 중독자의 사례이다.

동반 중독자들은 대체로 다른 사람에 대해 신경을 쓰느라 엄청난 시간을 낭비한다. 많은 동반 중독자들은 아예 타인을 돌보는 직업에 종사하기도 한다. 간호, 상담, 사회복지, 성직, 의료, 심리학 분야 등이 대표적이다. 동반 중독자와 함께 일하는 사람들은 그들이 대체로 자아존중감이 낮은 편이며, 다른 사람에게 호감을 사기 위해 글자 그대로 자신을 죽이는 경향이 있다고 보고한다. 동반 중독자들이 보이는 가장 흔한 증상이 바로 일중독인 것은 결코 우연이 아니다.

동반 중독자들은 대게 서비스 제공자에 자원 봉사자이고, 다른 사람의 필요를 충족시키기 위해 자기 자신의 필요나 욕구는 옆으로 제쳐 놓는 유형의 사람들이다. 그들은 결국 지치고 소진된다. 시스템은 그들의 사려 깊음과 헌신에 대해 보상을 해 주지만, 문제는 동반 중독자들은 너무 헌신적인 나머지 스스로를 내팽개칠 지경에 이른다는 것이다. 동반 중독자들은 공허해지고, 자기 내면에서 일어나는 일에 집중할 수 없으며, 결국 우울증에 빠진다.

동반 중독자들은 고통 받는 이들이다. 그들은 이타심이 너무 강해 마침내 자기 몸을 아프게 한다. 우리가 사회적으로 공유하는 '훌륭한 순교자 정신' 같은 개념은 사실 동반 중독자의 완벽한 모습을 보여 준다. 솔직히 말하자면, 동반 중독자들이 아무런 군말 없이 헌신하는 건 아니다. 속으로는 불평도 많다. 흥미롭게도 동반 중독자들은 주변 사람들이 도와주겠다고 하면 대체로 그 호의를 거절한다. 주변 사람들에게 절대 부담을 주지 않으려 하기 때문이다. 깊이 생각해 보면 이조차 사실은 그들이 가진 통제의 환상 내지 착각, 나아가 자기중심주의를 보여 주는 사례이다. 모든 일을 자기 혼자 다 할 수 있으며, 또 그래야 한다는 강박에 빠져 있기 때문이다.

동반 중독자들은 여러 가지 질병을 안고 산다. 위궤양, 고혈압, 장염, 허리나 척추 통증, 그리고 이런저런 암 같은 것들이 대표적이다. 그래서 일반적인 중독증과 마찬가지로 동반 중독도 치명적인 질병이라 보아야 마땅하다. 놀랍게도 중독적 관계에 놓인 동반 중독자들이 중독자들보다 더 일찍 죽는다는 증거도 있다.

　동반 중독자는 지극히 당연하게도 중독자나 다른 동반 중독자와 밀접한 관계를 맺는다. 비록 마약이나 술 같은 것이 아니라 할지라도 동반 중독자들은 그 어떤 종류이건 중독 물질이나 중독 과정에 강박적으로 빠져 있는 경우가 많다. 가장 대표적인 것들이 커피, 니코틴, 음식, 그리고 일이다. 이들의 병은 일반 중독자에 비해 교묘하면서도 심각하다. 그래서 발견하기가 어려운 데다가 사회적으로도 오히려 더 잘 수용되고 있다.

　오늘날의 지배적인 문화는 알코올중독이나 약물중독은 부정적으로 보면서도 동반 중독자의 행위는 실질적으로 조장한다. 그러니 동반 중독으로부터 회복되기란 정말 어려울 수밖에 없다. 실제로 상담이나 치유 영역의 수많은 전문가들은 동반 중독 문제를 치료하기가 다른 어떤 중독 치료보다 훨씬 더 힘들다고 불평을 한다. 그들은 또한 많은 전문가들 자신이 이미 동반 중독이라는 질병의 증상을 갖고 있다고도 주장한다.

　동반 중독자들은 외부로부터 행위의 준거를 찾는 데 이력이 나 있으며 겉 인상을 관리하는 데 엄청 신경을 쓴다. 그들은 자신의 시간 대부분을 타인의 욕구를 파악하는 데 쓰는 경향이 있고, 또 타인들이 자신에게 무엇을 바라는지 작은 실마리라도 알아내려고 신경을 곤두세운다. 자연스레 그들은 대단히 날카로운 관찰력을 가진다. 그래서 이들은 어떤 상황에 처하더라도 어떻게 반응하는 것이 좋을지 거의 직관적으로 안다. 그리고 실제로도 잘 대처한다.

　한편 그들은 표정 관리도 잘 해 웬만한 거짓말은 잘 드러나지 않는다. 이러한 표정 관리는 다른 사람들에게 그들이 친절하고 올곧으며, 무엇이든 이해하고 경청할 수 있는 능력이 있는 사람처럼 보이게 한다. 동반 중독자들은 자신의 진심을 고백하는 법이 거의 없고 그들 자신이 무엇을 원하고 있는지를 말하는 법이 없다. 그들은 이런 면에서 애매모호함의 달인, 조작의 달인, 루머의 달인, 험담의 달인이기도 하다.

궁극적으로 그들은 대개 자신의 길을 가더라도, 자신이 원하는 것을 얻는 과정에서 반드시 져야 할 직접적인 책임 같은 것은 회피하는 경향이 있다. 문화적인 관점에서 볼 때 동반 중독자들은 대단히 사랑스럽고 관대한 사람인 것처럼 보인다. 그러나 우리 두 사람은 많은 현장에서 동반 중독자들을 만나며 그들을 전혀 다른 시각에서 보게 됐다. 외형적으로는 침착하지만 기저에는 분노나 우울의 정서가 깔려 있고, 통제나 조작의 욕망이 대단히 강하다.

너무나도 명백하게 이 동반 중독이라는 질병은 중독 시스템의 존속에 결정적인 역할을 한다. 나아가 그것은 아주 실질적으로 바로 그 중독 시스템과 불가분한 관계에 놓여 있다. 동반 중독 없이는 중독 시스템 자체가 존재하기 어렵다. 중독과 동반 중독은 동일한 시스템의 두 측면을 이룬다.

지금까지 이 책에서 사용하게 될 주요 용어들을 정의했다면, 3부에서는 조직 내에서 중독이 작동하는 방식을 네 가지로 나누어 자세히 살펴보도록 하겠다. 사실 이 네 가지 범주들은 각기 따로 놀기보다는 서로 겹친다. 그러나 각자의 동력을 갖고 있는 것도 사실이다. 우선 각각의 방식이 어떤 식으로 작동하며, 나아가 이들이 어떻게 상호 연관되어 있는지를 잘 파악하기 위해서라도 이들을 개별적으로 다룰 필요가 있다. 다양한 조직들이 건강하고 삶을 질을 높여 주는 조직으로 거듭날 수 있도록 치유 과정을 밟아 나가려고 한다면, 이러한 포괄적인 이해가 필수적이다.

3부

조직 내
중독의
네 가지
형태

1장

핵심 인물이 중독자인 조직

우리 두 사람은 여태껏 조직 상담을 해 오며 문제가 되고 있는 조직에서 무슨 일이 일어나는지를 파악할 때, 그 조직의 주요 인물이 심각한 중독자라는 사실을 제대로 인지하는 것이 문제 해결의 핵심이라는 것을 드물지 않게 경험했다.

우리가 1부에서 언급한 바 있는 『신경증 조직』이라는 책에는 건강하지 않은 조직 분위기를 만들어 내는 최고경영자에 대한 이야기가 나온다. 이 책의 기본적인 주장 중 하나는, 기업들이 최고경영자의 성격을 닮는다는 것이다. 우리 두 저자는 바로 이 분석을 좀 더 확장하고자 한다. 우리가 보기에 경영 조직의 기본적인 틀이나 성격을 전반적으로 규정짓는 건 꼭 최고경영자일 필요는 없다. 지휘 계통에 있건, 자문을 제공하는 위치에 있건 조직 시스템 안에서 '핵심' 역할을 하는 사람이면 누구나 그런 역할을 할 수 있다.

사실상 모든 중독 조직 안에서 (그 무엇에 중독되었든 상관없이) 중독자는 실로 막대한 영향력을 행사한다. 중독자의 행동은 사람들의 과도한 주목을 끌어 조직 구성원들 전체의 시간이나 에너지를 지속적으로 고갈시키는 역할을 하기 때문이다.

이런 일은 어떻게, 그리고 왜 일어날까? 무엇보다 우리는 중독 과정이 대단히 파괴적인 질병임을 명심해야 한다. 중독은 '교활하고 강력하며 당혹스럽고, 그러면서도 대단히 끈질긴' 질병이다. 게다가 한창 중독에 빠져 있는 사람들은 그 자신뿐 아니라 다른 사람들까지 혼란스럽게 만든다. 그래서 이들은 되도록 다른 사람들을 만나려 하지 않고, 다른 직원들이 거치는 정상적인 피드백 절차를 피하려고 한다. 결과적으로 중독자가 기업에서 높은 지위에 있을수록 그들의 행동이 면밀히 검토될 확률은 낮으며, 따라서 질병은 더 진행되고 중독자는 더 고립되는 경향이 있다.

우리 두 사람은 미국 중서부에 위치한 작은 제조업 회사를 컨설팅한 적이 있다. 그 회사의 간부급 인물은 알코올중독자였는데, 수시로 기억상실 증세를 보였다. 그는 기억상실 때문에 영업 사원들이 타고 다닐 자동차를 무려 마흔 대나 구입하는 것을 승인했다. 당연히 그 도시의 자동차 딜러는 이 간부를 너무나 좋아했다. 반면 영업 사원들은 미심쩍어 했다. 하지만 그들은 경영진이 이 모든 일을 다 알고 있으리라고 믿었다. 영업용 자동차 매입 가격은 무려 30만 달러나 되었는데, 이 일이 터지기 이전까지만 해도 그 간부는 단지 '좀 특이한' 사람이라거나 '이상한 성격'을 가진 사람으로 알려져 있었다. 아무도 그를 있는 그대로, 즉 '술꾼'으로 보지 않았다. 회사가 보기에 알코올중독자란 술에 취해 길거리에 널브러져 있는 사람이었다. 그에 비해 그 간부는 조금 특이하지만 자기 일은 잘 하는 사람이었다. 사람들은 그저 그 간부에게 중요한 심리학적 조언을 해주고 상부에서 그를 조금 더 세밀히 감독하기를 바랐다.

이런 식의 해법은 대부분의 조직들이 전형적으로 보이는 반응들이다. 그들은 조직이나 개인이 직면한 문제 대부분을 중독 과정의 일환이라고 보기보다는 단순히 심리학적인 문제로 치부하고, 따라서 심리 치료를 통해 쉽게 해결할 수 있다고 믿는다. 한편 기업들은 해당 중독자에 대해 모종의 통제를 행사하는 전략도 사용하는데, 이는 대체로 문제를 더 악화시킨다. 통제에 초점을 맞추는 것은 그 기업을 중독자와 동일한 중독 시스템, 즉 통제의 환상 속에서 움직이는 시스템 속으로 밀어 넣는 것에 다름 아니기 때문이다.

기업들은 보통 이런 문제에 직면하면 모든 종류의 전통적인 해법을 시도해 보려고 한다. 이는 중독 조직들의 전형적인 순진무구함이기도 하고, 그들의 기능적 맹목성을 드러내는 것이기도 하다. 중독 조직에서 대부분의 사람들은 중독적으로 생각하고 행동하도록 오랫동안 훈련된다. 중독의 주요 특성 중 하나가 부인否認이라는 것을 기억하라. 위기가 닥쳐 낡아빠진 개념을 고치거나 아예 버려야 할 때가 오더라도, 주요 방어 기제는 실제로 무슨 일이 일어나고 있는지를 보지 못하게 한다. 그러고서는 낡고 친숙한 스타일로 돌아가게 만드는 것이다.

블레이크와 머턴은 이러한 경향성에 처음으로 주목했다. 그들은 사람들이 고도의 스트레스 상황 속에서 급하게 어떤 문제의 대안을 찾고자 할 때 곧잘 이미 자신에게 친숙한 스타일의 해법에 의존하는 경향이 있다고 말한다. 바로 그 친숙한 스타일이 이미 자신의 인성이나 성격 속에 깊이 통합되어 있기 때문이다. 그들이 아무리 인간적이고 더 효율적인 경영 스타일로 훈련을 받아 왔다 하더라도, 이런 경향성은 변하지 않는다.

우리가 예를 든 앞의 회사에서도 모든 친숙한 해법들을 다 적용하고 있었다. 구체적으로는 심리적 조언을 제공하는 것, 감독을 강화하는 것, 문제의 간부를 의사소통이나 경영자 훈련 워크숍 프로그램에 보내는 것 등이 바로 그것이다. 그러다 그 간부뿐 아니라 회사마저 위험에 빠뜨릴 정도의 위기에 이르러서야, 그들은 외부 컨설팅을 비롯해 더 근본적인 도움을 요청할 필요가 있다는 것을 알게 되었다. 간부가 개인적으로 바닥을 치는 상황이 왔을 때, 회사의 재정 상태도 바닥을 치고 있었다.

다행스럽게도 회사는 간부를 중독 치료 센터에 보냈고, 그 뒤에 그는 복직을 했다. 복직한 뒤에 그는 과거 자신이 저지른 잘못(무분별하게 자동차를 구매한 것)의 손실분을 메우기 위해 노력했다. 그는 또 자신이 중독이라는 질병에 대해 새롭게 알게 된 사실들을 경영진이나 다른 직원들과 공유하여 자신뿐만 아니라 전체 회사 조직을 회복시키는 데 일정한 기여를 했다.

『신경증 조직』은 리더십 스타일에 따라 최고경영자의 유형을 구분하는 데 또 다른 초점을 맞추고 있다. 극적인 스타일, 우울증적 스타일, 편집증적 스타일, 강박적 스타일, 그리고 분열증적 스타일이 그것이다. 저자들은 각각의 유형은 역기능을 일으키지만, 두 가지 이상의 스타일을 잘 결합하면 좀 더 효율적으로 일을 할 수도 있다고 말한다.

우리는 이들이 구분한 스타일을 연구하고 나서, 케츠 드브리스와 밀러가 중요한 데이터를 수집한 것은 사실이지만, 그에 대한 해석은 잘못되었다는 것을 알게 됐다. 우리가 보기엔 연구자들이 어떤 이유에서건 퍼즐의 결정적인 조각을 무시하거나 찾지 못했던 것 같다. 즉, 그들이 말하고 있는 '신경증적 행위들'은 모두 중독 성향을 가진 사람들에게서 늘 발견되는 것이었다.

일례로 드브리스와 밀러는 강박적 유형의 특성을 완벽주의, 독선, 교조주의, 고집불통 등으로 묘사한다. 우리는 이미 앞서 중독자의 특성이 강박적이고 완벽주의적이고 통제 지향적이라는 점을 지적한 바 있다. 또 그들은 편집증적 유형의 특성을 냉정하고 합리적이며 비감정적이라 했는데, 이는 중독자들이 보이는, 감정의 동결이라는 상태와 일치한다. 또한 자신의 문제를 외부로 투사하는 모습도 편집증적 리더와 중독자가 공통적으로 보이는 특징이다.

극적인 리더들은 자신을 극적인 인물로 만들어 사람들로 하여금 자기에게 끊임없이 관심을 갖도록 만든다. 그런데 이런 특성은 중독자가 가진 특징 중 자기중심성과 거의 일치한다. 이와 더불어 나타나는 현상이 수시로 기분이 왔다갔다하는 정서적 불안정, 그리고 계속해서 위기 상황을 조장하거나 위기 상황 속에서 자신의 역량을 더 잘 발휘하는 위기 지향성 등이다. 한편, 우울증적인 리더는 늘 마음속에 죄책감을 갖고 있거나 자신을 무능하다고 생각하며, 자신의 생각을 명확히 정리하지 못하는 경향이 있다. 이러한 모습은 흥미롭게도 우리가 동반 중독자와 중독자 들의 공통된 특징이라 부른 것과 일치한다. 끝으로, 분열증적인 리더는 현재나 미래에 관심이 부족해 어딘가 무심하며, 참여적이지 않고, 소외되어 있다. 이런 속성은 중독자들이 겪는 윤리적 퇴행이나 자기 느낌과의 단절과 상통한다. 중독자들은 현실과 분리되거나 거리를 두고 싶은 마음에 종종 중독 물질이나 중독 과정에 빠진다.

결국 '신경증에 걸린 최고경영자'들이 보이는 일련의 행위들은 대체로 중독자들이 보이는 여러 특성들과 같다. 경우에 따라 이들은 중독자 개인을 넘어 중독 시스템이 보이는 특징들, 또는 동반 중독자들이 보이는 특징들일 수도 있다. 흥미롭게도 『신경증 조직』은 만일 최고경영자가 현재의 스타일보다 더 나은 신경증 스타일을 찾아낸다면 더 건강한 조직을 만들 수 있을 것이라 말한다. 그래서 그들은 여러 신경증 유형을 절묘하게 잘 결합해 보기를 조언한다.

그러나 우리에게는 이러한 제안이 마치 알코올중독자에게 음주를 중단하고 대신 코카인을 섭취해 보라고 하는 것과 같은 말로 들린다. 진정한 문제는 제대로 다뤄지지 않는다. 『신경증 조직』의 저자들이 말하는 행위는 모두 중독자나 중독 시스템이 보이는 행위 특성이다. 그리고 하나의 중독 행위를 다른 유형의 중독 행위로 대체함으로써 그 조직이 건강해질 수 있을 거라는 발상은 근거 없는 희망에 불과하다.

여태껏 심리 치료 분야에서는 대체로 중독이 가진 역기능적 역할에 별로 신경을 쓰지 않았다. 중독이 사회에서 오히려 '정상적 규범'으로 통용되고 대부분의 개인들이 중독자이거나 중독 가족 출신들인 경우, 그들이 회복 단계에 들어서 있지 않다면 부인의 시스템은 아마도 그대로 유지될 것이다. 그리하여 사람들은 시스템 수준에서 대체 무슨 일이 벌어지고 있는지를 제대로 '볼' 수 없다. 문제의 일부분만을 보는 것도 전반적인 문제를 제대로 보지 못하게 해, 전체로서의 중독 시스템을 보호하는 역할을 한다. 이런 식으로 중독 과정은 굳건히 지지되고 유지된다.

조직 내 핵심 인물이 가진 힘은 그들이 가진 영향력, 그리고 그들이 구축한 네트워크와 연관된다. 만일 그들이 활성 상태의 중독자인 경우에 그들은 자신이 가진 힘을 매개로 (원하건 원치 않건) 기업 전체를 거의 파멸 직전까지 몰아갈 수 있다.

최근에 우리는 『포춘』 선정 500대 기업의 내부 컨설턴트를 만난 적이 있다. 그 회사는 첨단 기술 분야의 기업으로, 이런 기업 조직들에서 사람들은 고도의 경쟁력을 발휘해야 하는 상황 때문에 엄청난 스트레스를 받는다. 그 컨설턴트에 따르면 회사에서는 뭔가 심상찮은 비극이 막 시작되고 있는 중이었다. 사태의 핵심에는 그 회사 전체 이윤의 25퍼센트를 담당하고 있는 매우 중요한 사업부의 부회장이 있었다. 이 부회장은 중독자가 보이는 모든 행동 특성을 다 드러내고 있었다. 그는 알코올중독자로, 갈수록 완벽주의 경향에 빠졌고, 통제 지향적이 되어 갔다. 게다가 수시로 기억 상실증을 보였으며, 자기중심적으로 행동했고, 거짓말을 예사로 했다.

그 컨설턴트는 스스로 동반 중독자임을 인정하고 회복 중이었는데, 그 덕에 부회장의 행동이 중독적이라는 점을 인지했으며, 그 질병이 점점 악화되고 있다는 걸 깨달았다. 부회장이 스스로 치유에 돌입할 가능성은 거의 없었다. 부회장은 물론이고 기업 전체가 걱정되었다. 그는 "부회장이 스스로 파멸하는 것도 두렵지만, 그 전에 부서 전체가 파탄나는 일이 벌어질까 봐 더 두렵다"라고 솔직히 말했다. 회사 전체를 봤을 때도 대단히 위험한 상황이었다.

부회장은 자신의 행동을 양해받기 위해 대단히 절묘한 방식의 '속임수'를 만들어 사태를 더욱 악화시켰다. 이런 일은 활성 상태의 중독자에겐 예사로 일어난다. 직원들은 단지 그가 상사라는 이유만으로 그의 비합리적인 행동들을 눈 감아 주고 있었다. 우리는 조직 내에서 높은 지위에 있는 사람들은 낮은 위치에 있는 사람에 비해 역기능을 발휘할 수 있는 범위가 더 넓다고 본다.

한편 전형적인 알코올중독자가 그러하듯, 부회장 역시 스스로를 고립시키기 시작했다. 서서히 사람들을 멀리하게 된 것이다. 그의 최측근조차 그가 개인적, 조직적으로 파멸을 향해 나아가고 있다는 것을 보여 주는 징표를 포착하지 못했다. 그 결과 그 기업은 전반적으로 중대한 개입을 긴급히 필요로 하게 되었고, 그의 부서는 붕괴 직전까지 갔다.

바로 여기서 우리는 이러한 상황을 초래한 요인이 크게 두 가지라는 점을 인지해야 한다. 첫 번째 요인은 부회장의 영악하고 당혹스러운 행동이었고, 두 번째 요인은 그의 잘못된 행태를 의도적으로 모른 척한 조직 전체의 불감증이었다. 만일 개인이나 조직 중 어느 한쪽이라도 병적인 중독 과정으로부터 벗어나려고 했다면, 전체 중독 시스템은 흔들렸을 것이다. 그러나 이 경우엔 동반 중독자들이 현실을 직시하지 않음으로써 결과적으로 중독자를 안전하게 보호했다. 즉, 부회장의 중독적 행위에 측근이나 부하 들이 별 다른 문제의식을 갖지 않고 오히려 그의 잘못을 덮어 주었기 때문에 부회장의 중독은 점점 악화되고 치명적이 되어 갔으며, 그에게 필요한 제대로 된 치유의 기회도 박탈당하고 말았다.

심지어 중독을 치유하는 분야의 사람들조차 중독이라는 질병이나 중독 시스템으로부터 자유롭지 않다. 중독은 고도의 스트레스와 경쟁을 요하는 첨단 기술 분야 같은 직종에서만 나타나는 현상이 아니다. 실제로 치유나 상담 분야에 종사하는 전문가들조차 자기도 모르는 사이에 중독 바이러스에 감염되어 버리는 경우가 많다. 대표적인 사례로 우리가 몇 년 전에 직접 상담을 했던, 대도시 종합병원의 정신과 치유 센터의 경우를 들 수 있다.

처음에 우리는 조직 진단과 평가를 내려달라는 부탁을 받고 그 센터의 주요 직원들과 이야기를 나누었다. 센터는 문을 연 지 고작 3년밖에 되지 않았지만 조직 구조나 인사관리 차원에서 다양한 문제를 겪고 있었고 문제는 갈수록 커지고 있었다. 조직 진단을 위해 인터뷰를 진행하는 동안 우리는 흥미롭게도 한 핵심 팀원(수Sue라는 여성)이 명백히 "드라이 알코올중독자dry alcoholic"라는 사실을 알게 되었다. 그녀는 더 이상 상습적으로 술을 마시지는 않았지만 치유 프로그램을 실행하고 있는 것도 아니었다.

수는 알코올중독에서 벗어나기 위해 치료를 받았고 더 이상 약물을 먹지 않아도 되지만, 회복 프로그램에 적극적으로 참여하지도 않았고 개인적인 시스템 전환도 만들어 내지 못했다. 그 결과 수는 술을 입에 대지 않아도 마치 알코올중독자와 동일한 행동 패턴을 보이고 있었다. 말 그대로 그녀는 '드라이 드렁크dry drunk' 혹은 '드라이 알코올중독' 상태였다.

　그러면 우리는 어떻게 해서 수가 '드라이 알코올중독' 상태임을 알게 되었을까? 그것은 그가 자연스럽게 보여 준 행위들을 통해서였다. 무엇보다 수는 대단한 거짓말쟁이였다. 수는 그 치유 센터에 풀타임으로 고용되었으면서도 놀랍게도 시내 다른 두 곳에서도 풀타임 일자리를 몰래 갖고 있었다. 관리자를 포함해서 그 조직 안에서 누구도 그런 사실을 모르고 있었다. 수가 하루 종일 어디에서 무슨 일을 하는지 아무도 관심이 없었고 알려고 하지 않았던 것이다. 환자들과 인터뷰를 하면서 우리는 수가 약속을 잘 지키지 않을 뿐만 아니라 환자들을 제대로 돌보지 않는다는 사실도 알게 되었다. 좀처럼 얼굴을 보기 어려웠다는 것은 말할 나위도 없다.

　다른 직원들과 인터뷰를 할 때, 그들은 우리에게 계속해서 센터 관리자에 관한 상당히 개인적인 잡담을 늘어놓았다. 우리가 그들에게 어떻게 해서 그런 것까지 알게 되었느냐며 좀 더 자세히 말해 달라고 하자, 그들은 자기들이 직접 경험한 것은 아니고, 수가 우리에게 이 이야기를 꼭 해야 한다고 말했다고 했다. 수는 이런 식으로 부정직함의 두 번째 단계로 접어들었다. 수는 관리자에 대한 자신의 생각을 우리에게 직접 말하기보다는 사실상 관리자에게 별 관심도 없는 다른 직원들을 통해 정보를 흘리는 방법을 택했다. 수는 자신이 그 정보를 흘렸다는 걸 드러내고 싶지 않은 게 분명했다. 그 대부분의 정보는 센터 관리자의 인격을 의심하게 하는 내용이었다.

　그리하여 조직 안에서는 험담이나 소문만 무성하게 떠돌았다. 우리는 소문들의 출처를 일일이 캐물었고, 모든 소문이 단 한 사람으로부터 나온 것임을 알게 되었다. 그것은 바로 수였다. 모든 직원이 수 한 사람 때문에 동요하고 있었다. 계속해서 이상한 소문에 시달려야 했기 때문이다. 또 직원들은 한도 끝도 없이 일대일 미팅을 가져야만 했는데, 그렇게 해야만 도대체 무슨 일이 일어나고 있는지 제대로 해명할 수 있었기 때문이다.

직원들은 자유 시간을 각종 소문에 허비하느라 정작 치유와 관련된 전문적인 문제에는 거의 신경을 쓰지 못했다. 게다가 수에게 관심을 기울이지도 않았고 그럴 에너지도 없었기 때문에 그녀의 행동을 있는 그대로, 즉 중독적인 행위로 읽어낼 리 만무했다. 수는 실제로 그 시스템 안에 많은 혼란을 불러일으키고 있었다. 그 혼란들은 사람들로 하여금 혼란 자체를 처리하는 데 진을 빼게 해 진짜 중요한 일은 거의 할 수 없게 만들어 버렸다. 그리하여 그들 역시, 훌륭한 동반 중독자들이 그러하듯, 진실로 무슨 일이 일어나는가 하는 문제엔 아무 관심도 기울이지 않고 무기력하게 머물러 있었다.

끝으로 수는 대단히 흥미로운 (그러나 통상적인) 중독 과정을 보여주었는데, 그것은 자신의 민낯을 숨기기 위한 것이었다. 얼마 지나지 않아 우리 컨설턴트들이 센터가 중독적으로 돌아가고 있으며, 이는 수와 그녀의 질병과 연관되어 있고, 그 영향이 센터 전체에 미치고 있다는 것을 알게 되리라는 것이 명백해졌다. 수는 컨설팅의 매우 초기 단계부터 자신이 우리 컨설턴트와 '개인적인 갈등'이 있었다고 말하고 다니는 방법을 썼다. 우리가 수와 거의 접촉하지 않았다는 점을 고려하면 이는 매우 흥미로운 사실이었다. 실제로 우리는 대부분의 시간을 사람들을 만나 이야기를 듣고 인터뷰하는 데 쓰기에 바빴다. 수는 중독자들만이 보일 수 있는 특별한 능력을 발휘했다. 누군가를 거의 만나지 않고도 그 사람과 엄청난 갈등을 겪을 수 있는 그런 능력 말이다. 수가 이렇게 인위적으로 성격 갈등을 조작해 꾀하고자 했던 것은, 우리 컨설턴트들이 인지한 내용을 신뢰하지 못하게 하고, 이를 통해 조직 안에서 무슨 일이 벌어지고 있는지에 관한 우리의 평가를 의심스럽게 만들어 버리려는 것이었다.

우리가 지금까지 관찰한 다른 행동과 더불어 이 조작된 성격 갈등에 적극적으로 문제 제기하자 수는 아주 노골적으로 '아군과 적군'을 (드라마틱하게!) 나누는 발언을 했다. 그러면서 수는 만일 우리가 컨설팅을 그만두지 않는다면 자신이 당장 사표를 써 버릴 것이라 공표했다. 결과적으로 센터나 관리자 입장에서는 대단히 다행스럽게도, 수가 사표를 쓰는 상황으로 귀결되었다. 관리자조차 수를 몇 달 간 쉬게 만들 방법을 궁리하던 중이었고, 그래서 수가 홧김에 사표를 쓰자마자 즉각 수리했던 것이다.

나와 너, 또는 우리와 그들의 대립 구도를 만들어 내는 건 일반적으로 중독자들이 사용하는 전형적인 수법이다. 이런 상황에 갇히면 사람들은 둘 중 하나를 택해야 한다고 믿게 된다. 우리가 앞서 언급한 이분법의 문제가 바로 이것이다. 수는 그녀와 우리 사이의 대립 구도를 조장해 이분법적 상황을 설정했다. 그리고 동반 중독 행위를 해오던 조직 구성원들은 둘 중 한 쪽을 선택해야 한다고 느꼈다. 우리는 그들의 얼굴에서 어쩔 줄 몰라 하는 표정을 역력히 읽을 수 있었다. 수는 불가능한 상황을 연출함으로써 중독이라는 자신의 질병을 확실히 드러냈지만, 우리 컨설턴트들은 어쨌든 외부인이었고, 직원들은 수에게 친밀감을 가지고 있었다. 그밖에 그들이 달리 무엇을 할 수 있었겠는가?

우리가 '편 가르기' 식 이분법의 상황을 즉각 알아챈 건 다행이었다. 우리는 그것이 중독 과정의 술책이라는 것을 눈치 챘고, 수의 중독적 행위에 휘말리기를 단호히 거부했다. 우리는 컨설턴트로서 이 조직과 수에게 필요한 것이 무엇인지로 초점을 이동시켰다. 우리는 이 기회에 수에게 재발 방지를 위한 치료 휴가를 권장하면서 치료를 조건으로 업무 복귀를 보장하는 것을 제안했다. 그러나 불행히도 수는 우리의 제안을 거부했다. 그리고 관리자는 그녀의 사표를 수리했다. 다음으로 우리는 센터와 직원들이 무엇을 절실히 필요로 하는지 살피기 시작했다. 우리 컨설턴트들은 조직은 물론 수에 대해서도 관심과 걱정을 솔직하게 드러냈다. 만일 우리가 중독이라는 질병의 과정이나 속성을 잘 모르고 있었더라면, 우리 자신도 부지불식간에 중독 과정 속으로 빨려 들어가 모든 것이 뒤죽박죽되었을 것이다.

이 사례에서 수라는 직원은 나아지기보다는 떠나는 편을 택했다. 이 사례는 중독자가 가진 엄청난 권력, 자신의 중독 행위 안으로 사람들을 얼마든지 쉽사리 끌어들일 수 있는 힘을 보여 준다. 나머지 직원들은 숨 죽여 가며 비밀 유지에 협조했고 수의 뒷담화를 열심히 확산시켰다. 그리하여 수가 자신의 행위에 따른 결과에 제대로 책임질 수 없게 했다. 요컨대 그들은 조직 안에서 활발히 활동하는 훌륭한 동반 중독자처럼 행동했다.

이 질병 과정이 보여 주는 사악함 내지 교묘함을 잘 봐야 한다.

중독이라는 질병은 소리 없이 잠행하듯 깃들고 번진다. 오죽하면 치유나 회복을 상담하고 도와주는 사람들조차 자기도 모르는 사이에 환자들과 동일한 질병에 걸리겠는가? 전문가들조차도 수와 같은 환자들의 질병 과정에 휩쓸리면, 그들이 가진 전문 지식이나 그동안 받은 훈련들이 별 도움이 되지 않는다.

이러한 문제는 우리가 중독이라는 질병과 암이나 심장병과 같은 다른 질병을 대할 때의 태도를 자세히 비교해 보면 더욱 노골적으로 드러난다. 중독이란 질병에 대해선 사람들이 침묵하거나 비밀을 지키려고 노력한다. 그러나 암이나 심장병의 경우 우리는 오히려 매우 개방적인 태도로 이야기하고 다른 사람들과 두루 토론도 한다. 환자에게 차도가 있는지, 적절한 조치를 취하고 있는지 물으며 치료 과정에 힘을 실어 준다. 이에 반해 중독이라는 질병에는 덜 개입하려 하고, 덜 개방적이며, 문제 자체를 직면하려고 하지 않는다.

이러한 침묵은 중독 시스템 자체에서 기인한다. 중독 시스템은 자기 방어를 위해 부인의 메커니즘을 작동시키기 때문이다. 그리하여 중독 시스템 안에서는 사람들이 실제로 벌어지는 일들을 제대로 보지 못하거나 인지하지 못한다. 무언가가 감추어져 있는 한, 그것은 강력한 힘을 발휘한다.

우리가 앞서 말한 중독 치유 센터나 다른 경영 조직들의 사례를 통해 말하고 싶은 바는, 누구도 중독 행위에 면역력을 갖고 있지 않다는 점이다. 어떤 생활 방식을 유지하든, 어떤 교육이나 훈련을 받았든, 누구도 예외가 될 수 없다. 다행스럽게도 앞서 말한 두 사례의 경우엔 그 시스템 내부에 개방적인 분위기가 상당히 존재했다.

그래서 마침내 각 조직들의 핵심 인사가 중독자로 인식될 수 있었으며 그들이 가진 권력이 회사 조직 전체를 갉아 먹을 가능성을 미연에 방지할 수 있었다. 반면, 폐쇄적 문화를 가진 집단이나 심하게 위계적이거나 권위주의적 리더십 구조를 가진 경우에는 리더들이 난공불락으로 회복에 맞선다. 그 결과, 그들이 가진 질병은 집단 전체에 더 해로운 영향을 미친다.

우리는 10년 전에 컨설턴트로서 심각한 사례를 접한 적이 있었다. 전혀 그런 일이 일어나지 않을 것만 같은 곳에서, 그러니까 남부 독일의 한 수도원에서 있었던 일이다. 수도원에는 수백 년 전통의 신학에 의해 뒷받침되는 고유의 권한 구조가 있었다. 우두머리 수도사인 수도원장이 젊은 수도사부터 늙은 수도사까지 수도원의 모든 수도사에 완전히 책임을 지는 구조였다. 물론 수도원장을 보필하는 운영위원회가 있었지만 수도원을 실제로 운영하는 과정에서 수도원장은 거의 독단적 권한을 행사하고 있었다.

이 특수한 상황에서 우리보다 먼저 이 수도원의 컨설팅을 맡은 팀이 있었다. 그 팀은 조직 구조상의 변화를 시도했지만 번번이 장애에 봉착했다. 그들은 솔직하게 아무런 힘을 쓸 수 없다고 자인했고, 이른바 '중독 행위들' 앞에 절망하고 있음을 고백했다. 그들은 마침내 우리에게 도움을 요청했다.

우리는 수도원의 시스템이 완전히 혼란에 휩싸여 있다는 것을 알아챘다. 첫째, 수도원장 본인이 '골방에서 몰래 술을 마시는closet drinker' 심각한 알코올중독자였다. 둘째, 수도원에는 수도원장 말고도 알코올중독자가 대여섯 명 더 있었다. 놀랍게도 우리는 이 수도원 안에 약물중독, 알코올중독만이 아니라 심지어 섹스 중독에 시달리는 수도사들도 있다는 것을 알게 되었다. 긴급하게 육체적, 심리적 도움을 받아야 할 사람들이 수십 명에 이르렀다. 그 정도로 엉망이었다.

우리는 종종 수도원 입구에서 '새로운 재앙의 소식들'을 들었다. 예를 들어 젊은 수도사 한 명은 어린 학생을 성희롱해 퇴출을 당했다. 그 밖에 수도사 여러 명이 심각한 우울증을 앓고 있었고 몸이 아파 고생하기도 했다. 이 모든 위기 증상들은 서로 은밀히 연관되어 있었다. 그럼에도 그에 대한 반응이나 정서적 소통 같은 게 감지되지 않았다. 모두가 지금이 위기라는 것을 알았지만 그에 대해 아무런 말도 하지 않았고, 우리는 마치 안개 속을 더듬듯 사태를 파악해 나가야 했다.

수도원은 그 자체로 폐쇄적 시스템이었기 때문에 내부에서 수많은 병적 행위가 만들어지고 있었다. 수도사들은 중독 행위를 마치 수도원의 규범처럼 받아들였다. 그렇다고 중독 행위를 좋아한 건 아니었다. 수도사들은 그로 인해 곤경을 겪고 있었고, 그럼에도 중독 행위를 기대했다. 요컨대 윤리적 타락이 심각한 상황이었다. 수도사들은 우울증에 시달렸고, 실제로 몸이 아팠다. 그들은 우리와 함께 이야기를 나누면서도 연신 고개를 저으며, 자신들이 자기 행동이나 다른 사람들의 행동을 변화시키는 데 아무런 힘을 쓸 수 없을 만큼 무기력하다는 것을 드러냈다.

수도원장의 알코올중독은 수도원 조직에 일종의 역기능을 초래하고 있었다. 이는 대부분의 중독자들이 회사 조직이나 가정생활에서 정상적인 역할을 제대로 하지 못하는 것과 마찬가지다. 예를 들어 알코올중독자이든 다른 중독자이든, 그들은 대체로 재정적인 판단력이 떨어진다. 그들은 종종 건실한 재무 상태를 유지하는 것보다 다른 사람의 호감을 사는 것을 더 중요하게 생각한다. 앞서 자동차를 무려 마흔 대나 구매한 회사 간부의 사례가 여기에 해당한다. 실제로 그는 그 지역의 모든 사람들로부터 사랑을 받고 있었다. 수도원에서는 자체적으로 재정을 조달하기 위해 양조 사업을 하고 있었는데, 그 사업은 파산 직전이었다. 그런 상황이라면 양조 사업을 접고, 대중적이진 않더라도 수도원이 해야 할 다른 일을 해야 했다. 하지만 수도원장은 수도원에서 계속해서 돈을 끌어다 썼다. 그리하여 우리가 조직 진단과 컨설팅을 위해 수도원에 막 도착했을 때에는 수도원이 거의 모든 자산을 날릴 위험에 처해 있었다. 놀랍게도 이런 사정을 제대로 아는 이는 거의 없었다. 회계 장부가 극히 일부에게만 공개되고 있었기 때문이다.

이는 중독 가정 시스템이 처한 상황과 매우 닮았다. 실제로도 수도원장은 모든 수도사들의 '영적 아버지'였기에 대부분의 구성원들이 원장을 바로 그런 관점에서 바라보고, 그렇게 행동했다. 이런 식의 가족 내 역할 분담 말고도 우리는 그들에게서 세 가지 행동 양식을 발견했다. 이 모두는 중독 시스템에서 전형적으로 나타나는 것들이다. 첫째, 사람들은 알코올중독자인 원장과 관계 맺는 과정에서 일종의 맹목적 추종 현상을 보였다. 그들은 원장에게는 아무런 잘못이 없고, 사업에도 전혀 문제가 없다고 생각했다. 둘째, 사람들은 수도원에서 무슨 일이 벌어지고 있는지 알아내려고 서로에게 물어

보며 허둥대기만 했을 뿐, 누구도 원장과 대면하지 않았다. 셋째, 사람들은 자신의 필요나 욕구에 따라 행동하는 게 아니라 원장의 심기를 건드리지 않기 위해 일종의 연극을 하고 있었다. 수도원의 많은 구성원들은 알코올중독 가정에서 흔히 볼 수 있는 패턴에 따라 알코올중독 가정 내에서 일어나는 다양한 역할을 수행 중이었다. 일부는 모범적 아이, 즉 다른 가족을 보살피는 착한 아이가 되고자 노력했다. 그래서 위태로운 수도원이 망하지 않게 그럭저럭 유지하는 데 힘을 보탰다. 다른 사람들은 일종의 희생양 역할을 했다. 그들은 문제아였으며 타인에게 주목받으려고 안간힘을 썼다. 물론 이들은 원장의 눈에 띄지 않으려고 슬슬 피해 다녔다. 한편, 일부 구성원은 잃어버린 아이 취급을 받았고 그런 역할을 했다. 이들은 수도원의 혼란을 피해 스스로 고립되었고, 자신만의 세계 속에 갇혔다. 이들은 수도원 안에서 일어나는 일에 엮이지 않으려 했고, 심한 경우에는 아예 수도원을 떠나 다른 곳으로 가버리기도 했다. 자신과 수도원 집단 사이에 물리적 거리를 두고 싶었던 것이다. 그리고 끝으로, 일종의 마스코트, 즉 어릿광대나 개그맨 역할을 하는 사람들이 있었다. 그들은 분위기를 밝게 유지하고, 사교활동을 활발히 했으며, 사람들이 너무 심각하게 생각하지 않고 기도를 많이 한다면 상황이 나아질 거라 생각했다. 그들은 다른 사람들이 문제의 본질을 보지 못하게 하면서 일시적인 기분 전환을 꾀했다.

이런 식의 권위주의적이며 폐쇄적인 시스템 안에서는 수도원장처럼 잘못된 행위를 하는 사람에게 개입할 여지가 거의 없다. 이 경우는 조직 안의 상당수 사람들이 알코올중독자라는 사실 때문에 상황이 더 좋지 않았다. 대개의 중독자들이 그러하듯, 이들도 자기중심적으로 사고했기 때문에 그 누구도 자신을 넘어 사태를 객관적으로 보기가 어려웠던 것이다. 게다가 중독자가 아닌 다수의 사람들은 동반 중독의 과정에 완전히 빠져 있었다. 본질적으로 전체 시스템이 중독 시스템으로 활발히 작동하고 있었다.

이런 시스템은 결코 자체 혁신이 불가능하므로, 변화의 계기를 만들기 위해서는 외부의 개입이 필수적이다. 수도원의 경우엔 가장 먼저 컨설턴트들이 들어왔고, 최종적으로 교단의 지도부가 직접 개입했다. 그리하여 수도원장이 결단을 내렸다. 불필요한 재산을 처분했고, 그들이 해 왔던 사업도 정리했다. 물론, 수도원을 존속시킬 것인지 여부와 관련한 몇몇 중대한 문제들은 아직 남아 있었다.

막대한 권력을 휘두를 수 있는 사람은 언제든 그들의 '추종자'들에게 막강한 영향을 미칠 수 있다. 또 다른 사례로 우리는 교회 조직을 상담한 적도 있는데, 그 조직의 목사는 섹스 중독자였다. 교회 조직의 일부 구성원들은 그의 은근한 성적 언사에 우려를 표했다. 그들은 목사의 발언이 부적절하다고 생각했고, 때로는 너무 섹스를 밝혀 자신들을 당황하게 만든다고 불편해했다.

교회 조직은 그 특성상 중독 조직이 될 가능성이 크다. 특히 성적인 문제를 다루는 방식에 있어 더욱 그러하기 때문에 교회 조직은 섹스 중독에 걸린 목사와 같은 남성들을 더욱 끌어들이는 경향이 있다. 이 목사가 속한 조직의 시스템은 구조상 성적 문제와 관련하여 일종의 이분법적 구도에 사로잡혀 있었다. 한편으로는 성과 성적인 모든 것을 고도로 억압하면서도 다른 한편으로는 성에 지나치게 집착했다. 달리 말하자면, 교회 조직 자체가 섹슈얼리티 문제에 관해 극도로 억압적이었기 때문에 오히려 사람들 사이에 지나친 관심과 흥미를 불러일으켰던 것이다.

이러한 이분법의 상황에 갇혀 있는 한, 성은 본의 아니게 당사자들의 중요한 관심사가 되어 버린다. 한쪽에서는 '절대 안 돼' 식의 금기나 수치심과 같은 억압이 있고, 다른 한쪽에는 집착이라는 병이 있는 구도 안에서 둘 사이를 계속 왔다 갔다 하는 것이다. 목사가 자신의 중독을 억압하려고 할 때마다 그의 행위는 금세 다른 극단으로 달려갔다. 그래서 목사는 수시로 지저분한 농담을 해댔고 성적으로 문란한 뉘앙스를 풍기는 행동도 서슴지 않았다.

흥미로운 것은 많은 교구민들이 목사와 목사의 행동을 불편하게 생각하면서도 그를 보호하려고 했다는 것이다. 그들은 갖가지 이유로 목사를 옹호했는데, 모두가 그들 자신의 동반 중독증과 관련이 있었다. 훌륭한 동반 중독자로서 교구민들은 무슨 일이 벌어지고 있는지를 제대로 인지하지 않는 편을 택했다. 그들은 솔직하게 말을 함으로써 다른 사람들에게 불편한 느낌을 주는 위험을 감수하기보다는 자신들이 느끼고 보는 것을 공유하지 않으려 했다. 훌륭한 동반 중독자들일수록 모든 형태의 불쾌감을 혐오한다. 그들은 특히 "다른 사람들을 기분 나쁘게 만드는 것"을 피하려 하는 경향이 있다. 우리는 이런 행동이 얼마나 자기중심적인지에 주목할 필요가 있다. 동반 중독자들은 자신들에게 다른 사람들의 감정을 특정한 방향으로 '움직일' 힘이 있다고 생각한다.

목사라는 역할 덕분에 그는 우리가 다른 사람을 대할 때 행하곤

하는 일상적인 조사에서 면제를 받았다. 어떤 면에서 그는 '그 모든 것의 우위에 있는' 존재로 여겨졌고 그래서 더 이상 인간이 아닌 것처럼 받아들여졌다. 업무 특성상 목사는 다른 사람들로부터 어느 정도 고립되어 있기도 했다. 그는 주로 혼자 일했고, 자신의 행동이 지속적으로 가까이에서 관찰될 수 있는 집단 활동에는 거의 참여하지 않았다.

그러는 와중에 목사는 이미 나름의 고통을 겪고 있었다. 그는 타인들과 격리된 채 비밀스런 삶을 영위하면서 상당히 많은 두려움을 지니고 있었다. 바로 그 두려움으로 인해 그는 교회 안에서 제대로 역할을 해낼 수 없었다. 목사가 담당하는 교구의 사람들도 교구 안에서 그들이 원하고 필요로 하는 서비스를 받을 수 없었기 때문에 힘들어했다. 그러면서도 모든 사람들이 아무 말도 하지 않은 채 비밀을 지키면서 눈앞에서 벌어지는 일을 부정하고 있었다. 마침내 모든 이들이 패자가 되었다.

중독 조직에서는 모든 사람들이 패자가 된다. 이는 중독이 은밀하고, 점진적이며, 종국에는 치명적이 되는 '전염성 강한' 질병이기 때문이다. 개인적으로 앓던 질병도 이러저러한 관계를 거치면서 다른 사람들과 그 질병을 나누게 된다. 앞선 사례에서도 알 수 있듯, 중독에 빠진 사람을 멀리하려는 시도조차 그 질병에 휘말리는 방식이다. 코앞에서 일어나는 일들을 부정하거나 무시하는 순간, 우리는 이미 그 질병의 일부가 되어버리기 때문이다.

아마도 전통적인 조직 이론의 견지에서는 우리가 여태껏 논의한 중독 조직의 핵심 인물에 대한 사례를 다르게 분석할 것이다. 우리가 문제 삼는 대부분의 경우들을 기존 이론에서는 단지 조직 변화나 참여, 리더십, 경영자의 역량 부족, 아니면 인간적 갈등 따위의 문제로 치환하는 경향이 있다. 그러나 중독 시스템과 그것이 기능하는 방식, 그리고 개인 중독자의 영향력에 관한 지식을 습득한 뒤로 우리는 이러한 문제들을 다른 시각에서 바라보게 되었다.

우리는 문제를 바라볼 때 홀로그램 개념이 대단히 유용하다는 것을 알게 되었고, 과거에 특정 해결책이 왜 실효성을 발휘하지 못했는지에 대해서도 이해하기 시작했다. 때로는 우리가 지금까지 묘사한 특성을 가진 핵심 리더들을 자리에게 물러나게 할 필요가 있다. 경험상 이는 일차적인 문제 해결에 큰 도움이 된다. 다음으로 중요한 것은 그 리더가 속한 집단들도 크게 다르지 않다는 것을 인지하는 것이다. 핵심 인물이 제거된 후에도 이들의 행동 방식은 크게 변하지 않는다. 다시 말해, 핵심 중독자가 없더라도 주변의 동반 중독자들은 남아 시스템 안에서 계속해서 동반 중독 행위를 한다.

이러한 경험을 통해 우리는 시스템을 고치고자 할 경우, 그 시스템의 모든 부분을 죄다 건드려야 한다는 것을 알게 되었다. 그래야만 철저하고도 제대로 된 변화가 가능하다. 리더들이나 핵심 인물들은 일반적으로 대단한 영향력을 행사한다. 그런데 만약 그 시스템이 중독적으로 돌아가고 있다면, 또 갈수록 더 중독적으로 되어 간다면 그런 핵심 인물들이 갖는 영향력은 더욱 증폭된다. 조직 내 중독 행위를 하는 개인을 제대로 치유하는 것이 매우 중요한 이유가 여기 있다. 이것만 해도 대단한 진전이며, 여기서부터 변화가 시작된다. 그러나 결코 여기에 그쳐서는 안 된다. 전체 시스템이 모두 변해야 하기 때문이다. 전체 시스템을 치유한다는 것은 그 조직의 모든 수준에서 참된 변화를 이뤄 내는 것이다. 이것은 변화가 실효성을 지니기 위해서라도 반드시 해내야 하는 일이다.

조직의 핵심 인물이 중독 행위를 보일 때 그 조직 전체가 심대한 영향을 받는다는 사실은 이제 너무나 명백해졌다. 다음 장에서는 중독자가 아닌 다른 사람들이 어떻게 역기능적인 개인적, 가족적 행동 패턴을 반복하는지, 그리고 조직을 중독적으로 기능하게 만드는지를 보여 주고자 한다.

2장

중독을 조직 안으로 끌고 들어가기:
반복 행위의 현실

누군가 적극적인 회복 프로그램에 참여하고 있지 않다면 그는 문제 상황의 일부가 될 소지가 크다. 그래서 지금부터는 중독자 본인은 물론, 알코올중독 가정에서 자란 성인 아이, 그리고 동반 중독자 등이 그의 원가족, 또는 다른 중독 시스템 안에서 배운 것을 일하는 조직 안으로 끌고 들어가 기존의 중독적 행위를 반복하게 되는 다양한 경우들에 대해 알아보기로 한다. 본격적인 이야기를 시작하기 전에 몇 가지 용어나 통계 자료를 일별해 보겠다.

용어의 정의

앞서 말한 바와 같이, 중독자란 자신의 삶의 과정에서 어떤 물질이나 과정에 대한 통제력을 상실한 채 갈수록 그에 더욱 의존적이 되어 마침내 죽음에까지 이를 수 있는 상태의 사람을 말한다. 모든 중독은 치명적이다. 물론 중독자가 치유나 회복 프로그램을 단호하게 시작하기만 한다면 얼마든지 건강을 회복할 수 있다.

미국에서도 활성 상태의 중독자active addicts가 과연 정확히 얼마나 되는지 아무도 알 수는 없다. 또, 알코올중독자 중에서 회복 과정에 참여하고 있는 사람의 숫자 또한 정확히 알기는 어렵다. 〈익명의 알코올중독자 모임〉에서 운영하는 프로그램 자체가 익명이기 때문에 당연한 일이다. 그래서 누구도 정확한 통계치를 갖고 있지 못하다. 그나마 알코올중독자 통계는 부정확한 숫자라도 널리 알려져 있지만, 약물중독자나 탐식증, 섹스 중독자, 일중독자, 그리고 관계 중독자에 관한 통계치는 거의 없다.

알코올중독 가정에서 자란 성인 아이는 말 그대로 한 명 이상의 부모가 알코올중독이거나 그러한 중독적 행위 패턴을 보이는 가정에서 성장한 사람을 말한다. 그런 아이가 어른이 되어 동일한 중독자가 되기도 하지만 꼭 그렇게 되리란 법은 없다. 그렇지만 어쨌든 중독자 자녀들은 최소한 정서적 차원에서 매우 유별난 특징들을 보이고 특이한 인격 장애를 보이는데 이런 것들이 평생 그들의 삶에 영향을 미친다. 성인 아이들의 인격상의 특이점을 찾아내 부각하기 시작한 것은 비교적 최근의 일이며, 전국 연합 조직(〈알코올중독 자녀 전국 협회National Association of Children of Alcoholics〉)이 처음으로 설립된 것도 그리 오래된 일은 아니다.

미국에서 알코올중독 가정의 성인 아이들의 수가 얼마나 되는지에 대한 통계치도 제각각이다. 로버트 골드버그Robert Goldberg는 최소 2천 8백만 명에서 최대 3천 4백만 명으로, 다시 말해 미국 인구의 약 15퍼센트 정도로 추정한 바 있다. 하지만 우리 두 사람은 이 추정치가 지나치게 낮다고 본다.

동반 중독자에 대한 규정은 중독자나 중독 가정에서 자란 성인 아이에 대한 규정보다 폭이 넓다. 우리가 이미 이야기한 바와 같이 베그샤이더-크루즈 등은 동반 중독자를 부모나 조부모 중에 알코올 중독자가 있거나 알코올중독자나 다른 중독자와 결혼 및 애정 관계에 있는 사람, 또는 정서적으로 억압적인 가정에서 자라난 사람으로 정의한다. 미국에서는 동반 중독자가 전체 인구의 96퍼센트에 이르는 것으로 추정된 적도 있다.

이 정의를 보면 우리는 알코올중독 가정의 성인 아이가 모두 동반 중독자에 포함된다는 것을 알 수 있다. 그런데 역으로 모든 동반 중독자들이 반드시 알코올중독 가정에서 자랐다고 보기는 힘들다. 중독자는 중독 가정의 성인 아이들이거나 동반 중독자일 수 있지만, 그렇지 않을 수도 있다. 물론 대체로 대부분의 중독자들은 그 중독의 기저에 동반 중독이라는 질병을 갖고 있는 것으로 여겨진다. 그래서 많은 중독자들은 자신의 중독을 치유하다가 자연스레 그들이 지니고 있는 동반 중독증까지 직시해야만 본격적인 회복 과정에 돌입할 수 있다는 것을 알게 된다.

여기서 분명한 것은 중독 과정이 가정마다 대를 이어 전승된다는 점이다. 알코올중독 가정이나 다른 중독증을 보이는 가정에서 성장한 사람들이 아무런 상처 없이 그 영향력으로부터 벗어나기는 어렵다. 그들은 자신들이 가정에서 경험한 여러 특징들을 다른 인간관계나 또 다른 삶의 영역들로 갖고 들어가 일정한 영향을 미친다. 그리하여 이것은 특정한 세계관을 형성하며, 그 세계관은 결국 환각적인 현실을 만들어 낸다. 그들은 환각을 실제 현실로 착각한다.

이 분야의 수많은 저자들은 중독에 빠진 사람들이 엄청나게 많다는 것을 각종 통계 수치로 보여 주는데, 이는 우리 주변에 중독이 얼마나 널리 퍼져 있는지를 부분적으로 설명해 준다. 이것은 특히 섀프 같은 저자가 오늘날 중독이 전체 사회에서 일종의 규범이 되어 버렸다고 힘주어 말하는 이유이기도 하다. 중독자들은 결코 전체 사회로부터 유리된 채 고립적으로 존재하는 게 아니다. 오히려 그들의 행위 기준이나 행동 패턴들은 표준적인 사회규범으로 작용할 정도로 영향력이 막대하다.

여태껏 개인들이나 가족 내의 중독 과정들이 보이는 역학에는 상당히 많은 연구나 관심이 집중되어 왔다. 그럼에도 중독자나 중독 가정의 성인 아이, 동반 중독자들이 개인 생활이나 가정생활에서 학습한 행동 패턴들을 직장 등 일터에 나가서도 어떻게 반복하게 되는지에 대해선 별로 큰 주의를 기울이지 않았다.

일터에서의 알코올중독자

예를 들어 알코올중독자들은 자신들이 가정에서 보이는 행동 패턴을 일터에서도 그대로 반복하기 쉽고 실제로도 종종 그렇게 한다. 즉 그들은 쉽게 거짓말을 하고 주변 사람들을 위협하며 분별력이나 판단력이 떨어지고 중요한 일조차 잘 잊어 버린다. 우리가 앞에서도 살핀 바와 같이, 이들은 대체로 일터에서 주목을 받으며 특정 상황에서 일 처리를 혼란스럽게 하거나 사태를 복잡하게 만드는 능력이 탁월하다.

일터에서의 성인 아이

알코올중독 가정의 성인 아이들은 일터에서 유별나게 어려움을 겪는다. 로버트 골드버그는 거의 대부분의 성인 아이들이 일터에서 언젠가 직면하게 되는 문제들을 상세히 설명한 바 있다.[1] 우리는 그의 개념들을 차용하되 구체적인 사례들은 우리 자신의 경험과 관찰에서 끌어왔다.

완벽주의와 자기 비판

골드버그는 알코올중독 가정의 성인 아이들이 자기가 하는 일을 완벽하게 수행해야 한다고 느끼는 경향이 있다고 말한다. 그래서 이들은 아주 작은 실수를 저질러도 자기 자신을 심하게 꾸짖는다. 이들이 행하는 자기비판은 너무 과해 남들의 칭찬에도 흔들리지 않는다. 그들은 그런 칭찬이 진심이 아니라고 생각한다. 이들은 일이 제대로 진행되고 있는지 확인하기 위해 막대한 초과 노동도 기꺼이 감수한다. 일례로, 수동 타자기가 대세이던 시절, 우리가 알던 어떤 비서실의 타자수는 타이핑을 하다가 작은 실수를 하나라도 범하면

수정액을 쓸 수 있음에도 굳이 전체 문서를 몇 번이고 완벽할 때까지 다시 작성했다. 또, 우리가 아는 어떤 법학과 교수는 학생들에게 서술형 시험 문제를 풀 때 더도 말고 덜도 말고 꼭 1천 글자를 맞춰야 한다고 우겨 학생들은 시험을 보면서 내용 자체보다는 글자 수를 맞추는 일에 신경을 더 써야 했다. 바로 이런 것이 중독이라는 질병을 일터에서도 반복하는 구체적 사례이다.

일중독

알코올중독 가정의 성인 아이 대다수가 주로 선택하게 되는 중독은 과로, 즉 일중독이다. 많은 사람들이 불안감이나 열등감 때문에 일중독에 빠진다. 그들은 굳이 하지 않아도 될 일을 고집스레 하거나 동료나 상사가 요청하는 일에 대해 절대 '아니오'라고 말하지 못한다. 골드버그는 많은 성인 아이들이 자신에게 가장 익숙한 것에 집착하기 때문에 일중독자가 되기 쉬우며, 일반적인 대인관계보다 일터에서 훨씬 더 탁월한 모습을 보인다고 가정한다. 실제로 이들은 개인적 관계 형성에 두려움을 많이 느낀다. 어떤 면에서 이들 성인 아이들은 회사에서 가장 헌신적으로 일하는 노동자이다. 이들 중에 동작이 굼뜬 사람은 아주 드물다. 대부분의 기업 조직들은 이들의 헌신성이나 생산성을 매우 좋아한다. 그러나 이들은 탁월한 업무 성과를 보이는 동안 정서적으로는 죽어 간다.

경직된 사고

알코올중독 가정의 성인 아이들은 유연성이 부족하다. 그들의 사고방식은 대체로 이원론적이다. 그들은 흑백논리 식으로 사고하는 경향이 있으며 모든 것을 선악의 이분법으로만 판단한다. 이들이 보이는 경직성은 앞서 말한 완벽주의와 더불어 만사에 단 하나의 해법만 존재한다는 신념을 강화한다. 이들은 다양한 선택지가 가능하다는 사실에 눈을 감는다. 이들과 함께 일하다 보면 화가 날 때가 있는데, 무언가에 동의한다고 분명히 말을 했으면서도 막상 실천 과정에서는 자기 식대로 일을 처리하기 때문이다. "나는 내 식대로 할 거야!"가 그들의 구호이다. 어떤 저축은행의 부회장은 그의 직속 상관인 회장이 중요 안건에 대해 몇 시간 동안 회의를 하고도 실행 과정에서는 늘 그를 당황하게 만든다고 우리에게 고백한 적이 있다. 그 회장은 지점장들에게 자율적으로 일을 하라고 해놓고서는 결국에는 '자기 마음대로' 의사 결정을 하는 스타일이었다. 회장은 자신의 질병을 회사 조직에서 실행하고 있었다.

위기 대처 방식

알코올중독 가정의 성인 아이들은 위기 상황에서 아주 탁월한 재능을 보이는 경향이 있다. 실제로 이들은 위기가 발생하여 만사가 무너지려 할 때 극도로 냉정해진다. 어렸을 때 위기가 일상인 중독 가정에서 자라면서 예측 불가능한 상황을 너무나 많이 경험했기 때문일 것이다. 그들은 술이나 마약 등에 취한 부모 밑에 자라면서, 부모가 폭력을 행사할지, 상냥하게 대할지, 또는 그들로 인해 모든 걸 부정당할지, 그 어느 것도 예측할 수 없는 불안한 상황을 충분히 경험했다. 바로 이런 극단적인 조건 아래 이들은 무서울 정도로 냉정하게 있는 법을 학습했다. 만일 그 가정이 대단히 폭력적인 상황이었다면, 주변 상황에 흔들리지 않는 성향 덕분에 그들은 자기 목숨을 구할 수 있었을 것이다.

위기 상황에서 침착할 수 있는 능력은 일터에서 굉장히 칭송받는 자질이다. 그런데 불행하게도, 알코올중독 가정의 성인 아이들에게는 위기 지향적으로 행동하는 모습이 일종의 삶의 방식으로 굳어지기 쉽다. 그러다 보니 오히려 위기 없이 평온한 상태를 견디지 못하는 역설이 생긴다. 어느 회사의 공장장은 회사가 아무런 문제없이 조용하게 잘 돌아가는 동안에 오히려 자신은 생기를 잃는다고 털어놓았다. 그는 종종 활기를 얻기 위해 자기도 모르는 사이에 사소한 갈등이나 위기를 부채질하여 소란스럽게 만든다고 했다.

사실 많은 알코올중독 가정의 성인 아이들은 그들의 감정이나 느낌을 '동결한' 상태이기 때문에 이걸 해동하여 실제로 뭔가를 느끼려면 극단적인 계기가 있어야 한다. 그래서 이들은 자주 의도적으로 '빅 뱅'과 같은 큰일을 만들어 낸다. 그들은 평소에 일반적인 사람들이 고요한 상태에서 느끼는 미묘한 분위기나 감정을 잘 감지하지 못하기 때문에 상대적으로 큰 자극이나 소란이 필요하다.

팀워크

오늘날과 같이 기업에서 혁신적 팀들이 많이 필요한 시기에 중독 가정에서 자란 성인 아이들은 적응에 어려움을 겪는다. 일반적으로 그들은 홀로 작업하기를 좋아한다. 이들은 팀 플레이어가 아니다. 많은 중독 가정의 성인 아이들은 기존의 가족 단위에서 협동 작업에 필요한 기본적인 내용들을 배운 바가 없다. 가족은 한 단위로 움직인 적이 없고, 아이들은 그런 가정에서 고립되고 소외된 채 자랐다. 그런 가정에서 참여란, 사실상 고통이나 두려움의 원천이다. 오히려 홀로 남아 있는 것이 안전하다. 그래서 중독 가정에서 자란 이들 대부분은 함께 일할 수 있는 능력이나 경험이 거의 없는 상태에서 일터로 나가게 된다.

골드버그는 중독 가정에서 자란 이들이 팀워크에 재능이 없는 이유를 세 가지로 제시했다. 첫째, 그들은 경청하거나 소통하는 데 어려움이 있다. 둘째, 그들은 비판을 하거나 받는 것을 견디지 못한다. 셋째, 그들은 통제 욕구가 대단히 크다.[2) 앞서 말한 경직성이나 완벽주의가 이러한 고도의 통제 욕구와 결합하여 마침내 주도권에 집착하는 성격을 형성하기 쉽다. 그러다 보니 중독 가정에서 자란 이들은 자기가 주도권을 발휘하지 못하는 상황에서는 아예 발을 빼려고 한다. 당연히도 팀워크는 거의 불가능하다. 이들이 팀워크에 참여한다 해도 팀 안에서 어떤 식으로 행동할지 대단히 예측 불가능하다. 이들은 어떤 때는 과도한 책임감을 가지고 팀이 짊어져야 할 모든 부담을 자신이 지려 하지만, 또 다른 때는 완전히 무책임해지기도 한다. 팀 안에서 밀접한 인간관계를 맺다 보면 자신이 자라난 가정에서 미처 풀지 못했던 과거의 문제들과 마주치게 되는데, 이 때문에 이들은 혹시나 일이 잘못될까 봐 불안에 떨며, 종종 극단적인 행동의 양단을 왔다 갔다 한다.

중독 가정에서 자란 이들이 직장 내 관리직을 맡으면, 이들은 대체로 일을 완벽하게 하라고 몰아붙이는, 함께 일하기 힘든 까다로운 상사가 된다. 이들은 통제 욕구가 대단히 크기 때문에 자신의 권한이나 책임을 쉽게 위임하지 못한다. 다른 한편으로는 사람들에게 호감을 사려는 욕구도 크기 때문에 부하 직원들에게 헷갈리는 메시지를 던지기도 한다. 어떤 항공사의 직원은 자신의 관리자에 대해 이렇게 말한 바 있다. "그는 종종 내게 내 일이라며 지시를 하는데, 사실 나는 그것이 내 일이 아니라는 것을 잘 알아요. 또 그는 종종 '우리 아기'라며 나를 귀엽게 여기는 척 하지만, 그의 눈은 항상 내 어깨 너머를 보고 있지요." 중독 가정에서 자란 이들은 가족 안에서 부모에게 의지해 본 적이 없다. 그들의 부모는 늘 그들에게 실망만을 안겨 주었다. 바로 이것이 그들이 다른 직원들을 잘 믿지 못하고 통제력을 행사하는 이유인지 모른다.

전술한 바 있지만 중독 가정에서 자란 이들은 자신에 대해 대단히 높은 기대치를 갖고 있다. 그들은 완벽한 성과를 내기 위해 스스로를 밀어붙이는 유형의 사람이다. 이들은 또한 다른 사람들과의 관계에 있어서도 마찬가지의 에너지를 투입한다. 근본적으로 이들은 자기 내면의 느낌과 단절되어 있을 뿐 아니라 다른 사람의 감정이나 느낌도 잘 모르기 때문에 자기가 하는 요구들이 함께 일하는 이들에게 어떤 효과를 미칠지 인지하지 못한다.

직장 내 상사로서 이들은 업무 자체에서보다 사람과의 관계에서 더 많은 장애에 부딪힌다. 이들이 높은 관리자가 되면 종종 조직 내 사람들 사이에 적대감이나 분열을 조장해 자신뿐 아니라 다른 사람들까지도 비참하게 만든다. 이들은 직원들과의 관계를 성공적으로 이끌지 못했다는 느낌과 경험으로 말미암아 스스로를 고립시킨다.

그리하여 마침내 조직 관리 방식에 있어 대인 접촉을 피하고 비인격적인 규칙이나 규정 같은 것을 통해서만 관리하려 든다.

한편 중독 가정에서 자란 이들이 일반적인 조직 구성원이거나 직원일 경우, 이들은 높은 사람들의 권한에 대처하는 데 어려움을 겪는다. 관리자나 감독자 들이 이들에게는 일종의 대리 부모로 보이기 때문이다. 이들은 자신의 부모로부터 받지 못했던 것을 은연중에 관리자나 감독자 들에게 기대기도 한다. 게다가 가정에서 경험했던 온갖 분란이나 소동들이 현 직장의 감독자에게 반응하는 방식에 상당 정도 영향을 준다. 중독 가정에서 자란 이들은 부모가 어떤 식으로 행동할지 전혀 예측할 수 없었다. 그래서 만일 이들의 직장 상사가 얼굴을 좀 보자며 부르면 이들은 패닉에 빠지기도 한다.

중독 가정에서 자란 이들이 직장에서 상사들에게 기대하는 것들은 오늘날 기업 세계에서 결코 얻을 수 없는 것들이다. 그들은 관심과 격려, 일이 아닌 인격체로서 인정받기를 원한다. 상사들에게 자신이 과거 경험하지 못했던 완벽한 부모 역할을 기대하는 것이다. 만일 상사가 자신의 기대에 부응하지 못한다면 이들은 적대감이나 거부감을 드러낸다. 불행히도 중독 가정에서 자란 이들이 자신의 과거 경험을 제대로 이해하고 그 상처를 제대로 치유하지 못한다면 그들은 자신들의 직장 상사에게 과거 가정에서 해결하지 못했던 문제를 계속해서 투사할 것이다.

중독 가정에서 자란 이들은 직장 상사에 대해 이분법적으로 행동하는 경향이 있다. 즉, 극도로 숭배하거나 완전히 거부한다. 극도로 숭배하는 경우 이들은 상사에게 모든 권력을 부여하고 상사가 원하는 것은 모두 충족시키려 노력한다. 그리하여 상사에게 사랑받는 꼬마가 되기를 원한다. 반면 완전한 거부를 하는 경우, 이들은 조직에서 전혀 협력적인 모습을 보이지 않을 뿐 아니라 골칫덩어리가 되려 한다. 그리하여 중독 가정에서 자란 이들은 인간 조직체 안에서 '정상적'으로 받아들여질 수 있는 방식으로 행동하지 못한다. 정상적인 조직인이라면 이해되지 않는 일이 있을 때 서슴없이 질문을 던질 수 있어야 하고, 더 나은 방식이 있다면 거리낌 없이 자신의 견해를 말할 수 있어야 한다. 나아가 무슨 일을 하더라도 납득할 만한 수준에서 일정한 한계를 설정하는 것도 필요하다. 중독 가정에서 자란 이들의 문제는 자기 일을 하지 않는 데 있는 게 아니다. 그일을 과도하게 하는 게 문제이다. 인간관계나 자신의 시간과 에너지에 한계를 설정하는 문제는 그들에겐 늘 난제로 남는다.

다음으로는 동반 중독자에 초점을 맞출 것이다. 동반 중독자들이 그들의 역기능적인 시스템을 조직 안으로 가져오는 방식에 관심을 기울인다면, 우리는 그들이 많은 부분에서 중독 가정에서 자란 성인 아이들이 보이는 특성이나 고유한 행동 방식을 닮았다는 것을 알게 될 것이다.

일터에서의 동반 중독자

동반 중독자들은 가정에서 조력자 역할을 하는 배우자가 중독자와 관계 맺는 방식과 유사하게 조직 내 중독자와 관계를 맺는다. 동반 중독자들은 중독자를 보호하는 경향이 있어, 중독자의 실적이 떨어지거나 그가 약속을 어기는 경우에도 그를 위해 변명이나 합리화를 한다. 동반 중독자들은 중독 가정에서 자란 성인 아이들처럼 권위적인 인물 앞에서 불안한 모습을 보이지만, 성인 아이들이 주로 저항을 하거나 반항적인 태도를 취하는 데 비해, 동반 중독자들은 순응하거나 잘 보이려 애쓰는 경향이 있다. 달리 말해, 동반 중독자들은 무슨 수를 써서라도 갈등을 피하려고 한다. 이들은 갈등이 생겨도 되도록 어느 한 편에 서지 않는다. 갈등을 두려워한다고 보는 편이 정확할 것이다. 이런 면에서 동반 중독자들은 평화나 화해를 중재하는 일에 대단히 뛰어나다. 이들은 늘 모든 사람들이 함께할 수 있도록 토닥거리는 역할을 한다.

동반 중독자들은 웬만한 혼란이나 위기 상황도 잘 참아 낸다. 사실 이들에게 혼란이나 위기 상황이란 예외적이라기보다는 일상의 일부가 된 지 오래다. 이들에게 자신의 정체성이나 삶의 의미는 그런 고난들을 얼마나 무난히 극복하는가, 그리고 다른 사람들과의 갈등이나 긴장을 얼마나 부드럽게 해결하는가에 따라 달라진다. 이들은 자신의 가정 내 혼란이나 위기 상황을 정상이라 생각하고, 나아가 조직 안에서도 동일한 태도를 취한다.

우리는 다국적기업의 한 부서를 컨설팅하면서 동반 중독의 최고 사례를 경험한 적이 있다. 우리는 해당 부서의 부회장을 처음 만난 자리에서 무언가 불편한 느낌을 받았는데, 그와 이야기를 나누며 그 불편함의 원인을 알게 됐다. 그는 불과 10분 전에 우리에게 분명히 이야기한 내용조차 제대로 기억하지 못했다. 이처럼 심각한 기억상실에 시달리는 사람이 과연 자기가 약속한 바를 제대로 이행할 수 있을지, 더 나아가 자기가 무엇을 약속했는지 기억이나 할지 의심할 수밖에 없었다. 이런 상황이 그의 부하 직원들에게 무엇을 뜻하겠는가? 우리는 기억상실이 중독자의 특성 가운데 하나라는 것을 알고 있었기 때문에, 그 가능성을 염두에 두고 주의 깊게 일을 진행했다.

아니나 다를까 부회장의 사무실에서 시간을 보내면서 우리의 의심은 확신으로 굳어졌다. 실제로 우리가 그의 사무실을 방문할 때마다 그의 책상 위나 뒤쪽에는 술병들이 어지럽게 널려 있었다. 그 회사는 사무실에서 사교나 친교의 시간을 많이 보내는 성격의 조직이 결코 아니었다. 부회장은 알코올중독자인 게 분명했다. 우리는 알코올중독자를 컨설팅하고 있었다. 우리는 그의 동료나 부하 들에게 우리의 우려를 상세히 전달했다. 그런데 흥미롭게도 그의 동료나 부하 들은 우리의 이야기를 경청하기는커녕 즉각적으로 그들 내면의 동반 중독증을 발휘했다. 그들은 부회장이 사실은 대단히 훌륭한 인물이며 매우 좋은 사람이라고 애써 강조했다. (물론 우리 자신도 그들의 주장에 별 다른 이의를 제기하진 않았다.) 그러면서 그들은 부회장이 그동안 다른 사람들로부터 오해를 많이 받아왔다는 것, 그래서 이제는 그에게 자신의 역량을 보여 줄 수 있는 기회가 필요할 뿐이라는 것을 힘주어 말했다. 그런데 바로 이러한 동료들의 행동이야말로 우리에게 또 다른 실마리를 제공했다. 왜 그들은 부회장을 그토록 지켜주려고 했을까? 굳이 그럴 필요가 있었을까?

이는 알코올중독자나 중독적인 동반 중독자의 행동에서 종종 발견되는 특징이다. 이러한 동반 중독자들의 행위는 중독자의 행위와 유사한 진단을 받는다. 둘 다 중독 행위라는 것이다. 결과적으로 동료와 부하 직원 들이 부회장이 중독자라는 것을 부정하고 그를 옹호해 준 덕분에 부회장은 자기 부서 안에서 계속 승진할 수 있었다.

회사 동료들의 반응은 동반 중독이라는 질병의 가장 대표적인 사례이면서 동반 중독이 어떻게 중독 시스템을 은밀하게 뒷받침해 주는지를 잘 보여 준다. 우리가 부회장의 알코올중독 문제를 제기했을 때 동료들은 문제의 초점을 그의 병적인 상태로부터 그의 좋은 성품으로 전환시키고자 했다. 물론 부회장이 훌륭한 성품을 지녔다는 것을 부정하는 건 아니다. 실제로도 그는 좋은 사람이었다. 다만 그는 치유가 필요한 심각한 질병의 소유자였을 뿐이다. 〈익명의 알코올중독자 모임〉에서 말하듯이 "당신은 착해져야 할 나쁜 사람이 아니라, 회복이 필요한 아픈 사람일 뿐이다." 동료들은 이 문제를 직시하지 않고 초점을 그의 성품 문제로 돌림으로써 다음과 같은 몇 가지 잘못을 저질렀다.

첫째, 그들은 부정의 시스템에 제대로 빠져들었다. 그들은 자신의 코앞에서 일어나는 일들을 정직하게 보기를 거부함으로써 병든 시스템 속으로 스스로 걸어 들어갔다. 둘째, 그 결과 갈수록 진전되다 치명적이 될 수도 있는 부회장의 질병이 계속 진행되게 내버려두었다. 그들은 부회장을 보필한다는 미명하에 그의 잘못을 덮어 주었고, 그를 대신해 변명을 했다. 동료와 부하 직원 들은 부회장의 문제에 개입하는 건 "기독교도"다운 행동이 아니라고 주장했다. 그들에게 그것은 부회장을 제대로 보살피는 방식도 아니었다. 이들이 말하는 보살핌이란 그저 아이를 어르듯 '돌보는' 것이었다. 즉, 그들은 부회장으로 하여금 자신의 질병을 스스로 직면하게 하는 것이 그를 '보살피는' 방식일 수 있다는 걸 깨닫지 못하고 있었다. 그 질병이 부회장을 갈수록 무능력하게 만들고 있었음에도 말이다.

동반 중독자들은 보살핌에 대해 상당히 왜곡된 관점을 갖고 있다. 그들에게 보살핌이라는 건 진실을 보고 말하거나 중독자들을 따끔하게 비판하는 게 아니라 중독자를 죽음에 이르도록 방치하는 것이다. 궁극적으로 동반 중독자들은 되도록 모든 갈등을 회피하는 것으로 자신을 보호하려 드는 경향이 있다. 그래서 굳이 상사와 대면하여 얼굴을 붉히거나 어색해지는 일을 피한다.

동반 중독자와 관련된 또 다른 문제는 일정 시기가 되면 중독자들이 회복을 시작하고, 더 이상 그들의 '보호'를 필요로 하지 않게 된다는 것이다. 그렇게 되면 이들은 새로운 역할을 찾다가 마침내 눈을 자기 자신에게로 돌린다. 동반 중독이라는 질병을 어떻게 다루어야 할지, 그리고 지금껏 중독자에게 든든하고 대체 불가능한 존재가 되어 온 대가로 받은 보상을 상실하게 되는 상황을 어떻게 맞이해야 할지 고민하게 되는 것이다.

모든 동반 중독자들이 꼭 중독자 한 사람과 일대일로 대응해 행동하는 것은 아니다. 동반 중독자들은 그들의 행동을 받아 줄 중독자가 없는 상황에서도 가족 내 역기능적 행동 패턴이나 반응의 양식을 반복할 수 있다. 이것은 동반 중독의 행동 패턴이 당사자들에게는 역기능적으로나마 매우 기능적이기 때문이다. 그 패턴은 그들이 세상에 존재하는 방식, 곧 그들의 정체성이다.

우리는 어느 의료 기기 공급업체를 컨설팅하는 과정에서도 이러한 동반 중독 증상이 도처에 만연해 있다는 사실을 확인할 수 있었다. 우리는 회사 비서진을 대상으로 워크숍을 진행했다. 비서진들은 모두 여성들이었는데 그들 자신은 이미 스스로를 동반 중독자로 인지하고 있었다. 그래서 통상적인 동반 중독자들에게서 볼 수 있는 전형적인 부인의 태도는 여기서 발견할 수 없었다. 일부 비서들은 항상 모두에게 '친절하고 상냥하게' 보이는 일이 옳은 것이라 느끼고 있었다. 그들은 "나쁜 여자를 좋아하는 사람은 없지요"라는 말을 종종했다. 워크숍은 참여자를 12명 정도의 소집단으로 나눠 진행되었고, 컨설팅 팀이 각 소집단에서 조정자 역할을 맡았다.

그런데 한 그룹에서 작은 소동이 일어났다. 조정자 역할을 하던 컨설턴트 한 명이 앉아 있던 의자가 튼튼하지 못했던지 조임 띠가 풀리면서 쿠션이 서서히 아래쪽으로 떨어지려 할 때였다. 이걸 알아차린 컨설턴트가 팀원들에게 농담으로 "아이고, 제가 막 바닥으로 가라앉으려고 하네요"라고 말했다. 그런데 이 말이 끝나자마자 12명의 팀원 모두가 일제히 벌떡 일어나 방 안을 황급히 휘젓고 다니기 시작했다. 어떤 이들은 다른 의자를 찾으려고 긴 복도 끝으로 달려 나갔고, 또 다른 이들은 자기 의자를 권했다. 바로 그때 컨설턴트가 모두에게 '그만'이라고 외쳤다. 그러고선 자기가 무엇을 하고 있었는지 봐달라고 말했다. 그 부실한 의자 하나가 동반 중독 행위란 것이 무엇을 뜻하는지 가르쳐 주었다.

전형적인 동반 중독자가 그렇듯, 워크숍에 참여한 여성들도 일련의 추측에 근거해 행동했다. 그들은 조정자가 실제로 했던 말을 경청하지 않고 자기들 마음대로 조정자가 원하는 것이 무엇인지를 결정해 버렸다. 그들은 조정자가 의자를 원한다고 생각했다. 조정자의 말을 들은 사람도 벌떡 일어나 조정자를 위해 좋은 것이 무엇인지를 마음대로 추측했다. 그들은 훌륭한 동반 중독자였으므로, 당연히 조정자가 필요로 하는 것이 무엇인지를 조정자 본인이 말하기 전부터 알고 있었다. 마찬가지 논리로, 이들은 조정자를 기쁘게 해 줄 수 있을 거라 멋대로 추측한 것을 근거로 곧바로 행동에 들어갔다.(원래 동반 중독자들은 사랑받기를 좋아한다. 그래서 이들은 타인을 기쁘게 해 줄 수 있는 길을 찾으려고 애를 많이 쓴다.)

그런데 바로 이 모든 행위 과정에서 조정자가 진정 원하는 것이 무엇인가 하는 점은 전혀 고려되지 않았다. 실제로 어느 누구도 조정자에게 다른 의자를 원하는지, 또는 그 의자가 불편한지를 물어보지 않았다. 물어볼 생각도 없었다. '친절하고', '이타적이고', '타인을 배려' 한다는 구실로, 그들은 자신이 봉사하고자 하는 상대방을 사실상 무시했다. 즉, 상대방의 필요나 욕구를 존중하기보다, 좋은 사람으로 보이고 싶은 자신들의 입장을 일방적으로 관철하려 했다.

조정자는 자신은 다른 의자를 원했던 게 아니라 단지 의자의 상태를 관찰하고 있었을 뿐이라고 말했다. 그녀는 의자가 바로 무너질 거라 생각하지 않았다. 만일 다른 의자가 필요하다고 느꼈다면 그녀 스스로 다른 의자를 갖고 오든지, 아니면 다른 사람에게 갖다 달라고 부탁했을 터였다.

조정자가 의자를 원한 게 아니었다는 말에 팀원들은 충격을 받았다. 그리고 자신들 모두가 같은 반응을 보였다는 데 꽤 깊은 인상을 받은 것 같았다. 이를 계기로 그들은 평소에 다른 사람들이 말하는 것을 있는 그대로 듣지 않고 자기 맘대로 왜곡함으로써 얼마나 자주 타인들을 자기 방식으로 "접수했는지" 반성하기 시작했다. 나아가 그들은 평소에 직장 상사가 하는 말이나 행동에 대해 얼마나 많은 해석을 가했는지, 또 평소에 경영진이 원하는 게 뭔지에 대해 얼마나 많이 추측해 왔는지 성찰하기 시작했다. 그리고 사심이 없다는 구실로 자기중심성을 얼마나 강화해 왔는지도 조금씩 깨닫기 시작했다. 그중 일부는 자기들이 다른 팀원들에 비해 조정자를 더 많이 도와주려고 했는데, 그것은 조정자를 깊은 인상을 주고 비위를 맞춰 줘야 할 권위 있는 사람으로 보았기 때문이라고 고백했다. 이는 동반 중독자들이 다른 사람에게 베푸는 '봉사'가 겉보기와는 달리 이타적이라기보다 권위 있는 인물에게만 선별적으로 행해진다는 뜻이기도 하다.

이미 앞에서 우리는 로버트 서비의 아홉 가지 규칙, 즉 역기능적 중독 가족 시스템에서 관찰되는 여러 규칙들에 대해 이야기한 바 있다. 그런데 바로 이런 규칙들이 회사 조직에서도 자주 관찰된다.

① 문제점을 지적하는 것은 별로 바람직한 일이 아니다. ② 느낌이나 감정을 솔직하게 말하는 것은 금지된다. ③ 두 사람이 직접 소통하는 것보다 중간에 전달자를 거치는 간접 소통 방식이 최선이다. ④ 강하고, 착하고, 올바르고, 완벽해지려고 노력하라. ⑤ 우리를 자랑스럽게 만들어라. ⑥ 이기적으로 행동해서는 안 된다. ⑦ 내가 하는 대로 하지 말고 내가 말하는 대로 행하라. ⑧ 노는 것, 또는 놀기를 좋아하는 것은 바람직하지 않다. ⑨ 배 전체를 뒤흔드는 행동은 삼가하라.

실제로 우리는 미국 서부 해안가의 어느 정신건강 기관에서 이런 규칙들 중 일부가 작동하는 것을 본 적이 있다. 당시에 한 병동의 남성 부서장이 일부 여성 직원들과 환자들을 성희롱하면서 그들을 괴롭히고 있었다. 심지어 직원들에게 자기와 함께 잔다면 임금이나 인사 고과에서 편의를 봐 주겠다는 약속까지 했다. 만일 그의 '호의'를 거절하거나 이미 그와 관계를 맺은 단계에서 그 관계를 끊겠다고 하면 그는 해고를 들먹이며 위협했다. 참다못한 직원들 중 일부가 기관의 이사를 찾아가 자초지종을 이야기했지만, 그 이사는 지금은 기관에 매우 중요한 시기이니 이 문제로 부서장에게 소송을 걸지 않았으면 좋겠다는 말만 했다. 또한 앞으로 자신이 "부서장을 잘 돌볼 것"이며, 조금만 기다리면 부서장이 "알아서 나갈 것"이라며 여자 직원들을 달랬다. 그 와중에 이사는 직원들에게 이 '문제'를 직장 내에서 말하지 않겠다는 약속까지 받아 냈다.

이 단계에서 이미 서비가 말한 규칙 몇 가지를 명백하게 발견할 수 있다. 첫째로, 우리는 문제 상황이나 그로부터 발생하는 감정이나 느낌을 공개적으로 이야기하는 것 자체를 달가워하지 않는 조직 분위기를 감지할 수 있다. 의사소통 역시 제3자인 집행 이사가 당사자인 여성들과 부서장 사이를 매개하는 방식으로 간접적으로 이루어지고 있었다. 그 결과 문제의 부서장은 여성들이 자신의 행동에 대해 어떻게 생각하는지 전모를 파악할 수 없었다. 또한 여성들에게 소송을 제기하지 말라는 것은 다른 말로 착하고 올바르고 완벽한 동반 중독자가 되어 달라고 요청하는 것이나 다름없었다. 여성이나 개인으로서의 욕구나 필요보다 회사나 부서장의 명예를 더 중요하게 생각한 것이다. 이 경우 여성들은 조직의 규칙에 복종함으로써 자신들이 결코 이기적이 아니라는 것을 보여 주어야 했다. 그들은 회사라는 배를 뒤흔들지 않았고, 집행 이사는 그들의 자제력과 협조를 자랑스러워했다.

바로 여기서도 우리는 이런 식의 규칙과 함께 자라 온 사람들, 특히 동반 중독자들에게 이런 일이 얼마나 쉽게 벌어질 수 있는지를 볼 수 있다. 당사자인 여성들조차 집행 이사가 요청한 내용을 '올바른' 태도로 수용했다. 실제로 여성들은 그런 식의 규칙과 함께 성장한 사람들이었고, 그것이 정상이라고 생각했다. 그러나 불행히도 사태는 집행 이사에게 당혹스러운 방향으로 흘러갔다. 부서장이 쓴, 그의 범죄 사실을 증명하는 편지 몇 장이 공개된 것이다. 집행 이사는 기관을 상대로 소송이 일어날 것을 우려해 부서장을 즉각 해고시켰다.(그리고 이것은 아마도 병든 개인이나 조직이 보이는 위기 지향성을 여실히 보여 주는 대목이 아닌가 한다.)

이 사례에서도 분명히 드러나듯, 동반 중독자들이 실제로 벌어지는 일들을 정직하게 인지하고 적절히 대처하기를 거부하는 경우, 이들은 글자 그대로 사태를 위기 상황으로까지 몰고 간다. 여기서 집행 이사의 행동은 동반 중독자의 전형을 보여 주었다. 통제를 하다가 안 되면 포기하는 방식을 택한 것이다.

상황을 통제하려 한 집행 이사의 노력은 처절한 실패로 끝나고 말았다. 결과적으로 그는 자신의 책임을 내던진 채 위기만 넘겨 보려 했다. 그와 동시에 그는 위기를 핑계 삼아 더 이상 아무 일도 하지 않았다. 사실 그는 명백히 섹스 중독자였던 문제의 부서장에 대하여 의미 있는 개입을 할 시기를 이미 놓친 상황이었다. 게다가 성희롱 피해를 당한 직원이나 고객에게 적절한 보상조차 해 주지 않았다. 그런 상황에서 해당 부서장은 홀연히 사라졌다. 아마도 다른 곳에 가서 또 다른 사람들을 상대로 자신의 섹스 중독증을 채우려고 발버둥 치고 있을지 모른다.

한편, 병원의 모든 여성 직원들은 집행 이사를 더 이상 신임하지 않게 되었다. 전반적인 병원 시스템 역시 핵심적인 문제를 직면할 수 있는 기회, 즉 적절한 개입을 해서 사태를 바로 잡고, 중독 문제나 동반 중독 문제가 조직적 차원에 끼칠 수 있는 해악을 제대로 배울 수 있는 기회를 놓치고 말았다.

완벽한 동반 중독자일수록 무너지기 직전의 상황을 유지하거나 영속화하는 데 일가견이 있다. 알코올중독 가정에서 동반 중독자는 헌신적인 봉사자 역할을 수행하면서 중독자로 하여금 자신의 행동이 초래할 결과를 보지 못하게 한다. 즉 동반 중독자는 코앞의 잘못된 현실을 억지로 견딜 만한 일로 만든다. 물론 그 대가는 참혹하다. 모든 이를 희생시키기 때문이다.

일례로 우리는 워크숍을 위해 그야말로 완벽한 동반 중독자가 소유하고 운영하고 있는 바하마의 휴양 시설을 이용한 적이 있다. 우리의 선택은 실수였다. 그 휴양 시설은 '매력적'이라고 알려진 곳이었는데, 그곳에 도착하자마자 우리는 말 그대로 시설이 우리 앞에서 무너져 내리고 있다고 느꼈다. 그 휴양 센터는 여기저기 엉망이었고 심지어 회의실에는 쥐들이 돌아다니고 있을 정도였다. 몇몇 문들은 장석에서 빠져나와 덜렁거렸고 구석마다 먼지나 쓰레기투성이였다.

워크숍에 함께한 직원과 참가자 들은 화장실 휴지와 같은 기본적인 물품이나 몇 가지 기초 서비스를 제공해 달라고 부탁을 했다. 그러나 운영자는 진정한 동반 중독자의 사례를 보여 주기라도 하듯, 모든 요구에 친절히 답하고는 결국 아무 일도 하지 않았다.

동반 중독자들은 타인들의 요구에 '예'라고만 말하면 일단 사람들이 자신을 좋게 볼 것이며 더 이상 귀찮게 하지 않으리라 생각한다. '예'라고만 하면 약속한 것에 대해 더 이상 신경 쓰지 않아도 된다고 생각하는 것이다. 사실 이들은 종종 마음속에서 '아니오'라고 생각하더라도 말은 '예'라 한다. 동반 중독자들은 타인에게 사랑받기를 원하며 갈등을 피하려 하기 때문이다.

정상적인 시스템에서는 사람들이 실제 이행할 수 있는 것에 동의하며, 동의를 한 뒤에는 그것을 실행할 계획을 세우고, 마침내 그것을 약속대로 실행한다. 반면 동반 중독자들은 이러한 정상적인 시스템을 모른다. 동반 중독자들은 중독자들이 수백 가지의 약속을 하고 그 약속을 밥 먹듯이 어기는 것을 일상적으로 경험해 왔다. 즉 타인의 요청에 따를 의지도 없으면서 술하게 동의하는 과정은 동반 중독자들이 전형적으로 겪는 경험이다.

실제로 그 휴양 센터의 운영자는 우리 워크숍 참여자들의 요청 대부분을 충족시킬 역량 자체가 처음부터 없었다. 그럼에도 그는 우리 팀원들이 화를 낼까 봐 두려워 거짓말을 둘러대고서는 좀체 얼굴도 내밀지 않고 무책임하게 사라져 버리기 일쑤였다. 만일 그가 건강한 상태였다면 그는 우리의 요구들을 모두 들어주기 어렵다고 솔직하게 말했을 것이다. 그랬다면 우리 팀원들이 나름 다른 대안을 강구하여 문제를 해결하고 우리의 필요도 충족했을 것이다. 바로 이것이 동반 중독증이 보이는 개인적 차원의 문제들이다. 물론 이 이야기는 조직적 차원의 문제도 안고 있다.

나중에 밝혀졌지만 그 휴양 시설의 땅과 건물은 일곱 명이 공동 매입하기로 되어 있었고, 운영자는 그중 한 명이었다. 물론 그처럼 낡은 시설로 수익을 올릴 만큼 손님을 끌어들일 수 있다고 생각하는 것 자체가 터무니없었다. 투자 수익을 거두는 일도 가당찮아 보였다. 다른 투자자들은 더 이상 돈을 내려고 하지 않았다. 그런 상황에서 운영자는 억지로라도 사업을 운영하려고 혼자 악역을 떠맡았는데, 그것은 센터가 위치나 시설 면에서 나무랄 데 없이 '멋진' 곳이라고 거짓말을 하는 것이었다. 그 결과 그는 휴양 센터가 몰락하는 것을 막으면서 동시에 손님들의 정당한 요구에 일일이 반응을 하느라 스스로를 거의 죽이고 있었다. (그의 건강은 물론 재무 상황까지도 모두가 위험에 빠지고 말았다.)

이런 그의 행동은 다른 투자자들이 휴양 센터 운영의 참된 실태를 파악하지 못하게 가로막는 역할을 했다. 사실 현실의 벤처 사업들은 절름거리면서 억지로 지탱하기보다 깔끔하게 접는 것이 더 나은 경우가 많다. 이 휴양 센터의 경우도 명백히 그런 사례 중 하나였다. 그런데도 운영자가 억지로 사업을 계속해 나가려고 했던 데에는 나름의 보상이 있기 때문이었는데, 그것은 다른 투자 파트너들이 그를 일종의 순교자이자 멋진 친구, 나아가 결코 없어서는 안 될 존재라고 입에 침이 마르도록 칭찬을 해댔기 때문이다. 그는 그렇게 대체 불가능한 사람이 되어 갔다.

3년 정도 지나 휴양 센터가 있는 곳을 지나갈 일이 있었는데, 그 운영자는 매우 초췌해진 모습이었고 그 사이에 갑자기 너무 많이 늙어 버린 것 같았다. 그의 얼굴이 동반 중독자들의 인생이 어떻게 전개될지를 잘 보여 주고 있다고 생각했다.

우리는 또한 회사 내 핵심 경영자를 보호하려 했던 일련의 동반 중독자 집단의 사례를 경험한 적이 있다. 앞의 사례와 다른 점은, 결과가 전혀 딴판으로 전개되었다는 것이다. 이 기업은 국제 인력 서비스를 담당하는 조직이었다. 그 조직엔 부서장이 있었는데, 그는 갈수록 이상한 행동만 골라 했다. 그를 잘 아는 동료나 부하 직원들은 그가 집에서나 회사에서나 비슷하게 행동한다고 말했다. 부서장의 아내도 그가 이상하다고 생각하면서도 그저 참고 지낸다는 것이었다. 그러나 회사에서까지 그런 이상한 행동을 한다는 것은 결코 바람직한 일이 아니었다. 업무가 제대로 돌아갈 리 만무했다. 그런 식으로 일 년이 흐르는 동안에 비서가 네 차례나 교체됐다. 전 부서원들이 그의 행동에 대해 불평하는 것은 당연했다. (그러나 흥미롭게도 그와 직접 그 문제를 논의한 부서원은 한 명도 없었다.)

조직 분석을 하는 과정에서 부서장이 중독 과정에 완전히 빠져 있다는 게 명백해졌다. 조직 구성원들 대부분은 그가 자폭하는 일이 없도록 억지로 협심해서 그를 도와주고 있는 형편이었다. 이 회사 조직의 상황을 자세히 들여다보고 나서, 우리는 부서장의 위치가 그 조직 안에서 대단히 중요한 자리임을 알게 되었다. 외부 네트워크에서도 막강한 영향력을 행사하고 있었기에, 이상한 행동을 한다고 해서 일자리를 잃을 일은 없어 보였다. 실제로 조직 입장에서도 그를 다른 곳으로 이동시키거나 해고해 버릴 수 없었다. 그런 상황에서 부회장 자신은 개인적으로 대단히 불안정한 상태였다. 특히 그의 중독 행위에 대한 부인의 시스템은 지극히 탄탄했다. 그가 열린 마음으로 개인적인 태도 변화를 보이는 건 거의 불가능했다. 바로 이 지점에서 동반 중독자들의 역할이 중요했다.

우리는 부서장보다 부서원들에게 초점을 맞추기로 했다. 부서원들은 부서장의 문제로 많이 지친 상태였기 때문에 그 문제에서 그들이 어떤 역할을 수행해 왔는지를 마음을 열고 바라보았다. 그들은 자신들의 행동을 이해하기 시작했고 자신들의 행동 특성에 '동반 중독증'이라는 이름도 붙일 수 있게 되었다. 나아가 그들이 지탱해 온 부인의 시스템도 직시하게 되었다. 즉, 여태껏 부서장이 가진 질병을 존속시키는 과정에서 자신들이 해 온 역할을 비판적으로 살피게 된 것이다.

이러한 변화의 대표적인 예가 종합부가세 신고 기간에 일어났다. 원래 세금 신고 기간에는 모든 구성원들이 고도의 스트레스를 받는다. 특히 이 조직에서는 더 심했는데, 그것은 부서장의 횡포가 이 시기만 되면 유독 심해졌기 때문이다. 그는 비서진에게 가당찮은 요구들을 해대다 마음에 들지 않으면 격노한 상태에서 사무실을 뛰쳐나가기도 했다. 부하 직원들이 동반 중독증에 대한 인식이 전혀 없었을 때에는 그 부서장의 요구에 부응하기 위해 정신없이 허겁지겁 쫓아다니기 바빴다. 자연히 일은 늦어졌다. 일주일 전에 끝냈어야 하는 세금 신고 관련 일을 뒤늦게 처리하느라고 초과근무를 하기 일쑤였다. 그런 상황에서도 직원들은 결코 신세를 한탄하지 않았고 자신의 욕구를 표현할 수도 없었다. 모든 것이 억압되었던 것이다.

그런데 우리가 컨설팅을 시작한 뒤부터는 직원들의 행동에 변화가 생겼다. 부서장이 소리를 치기 시작하면 그들은 조용히 사무실을 빠져 나갔다. 초과근무가 필요할 때에는 미리 예고를 하라고 부서장에게 요구하기도 했다. 나아가 부서장이 초래하는 혼란에 휘말리기를 거부하기 시작했다. 그렇게 시간이 흐르다 보니 부서장도 더 이상 부하 직원들을 위협하거나 그들에게 억지로 일을 시킬 수 없다는 것을 알게 되었다. 그의 행동도 조금씩 수정되어 갔다.

비록 부서장의 중독적 행위나 이상 행동은 계속되고 있지만 시스템 일부는 상당히 건강해졌다. 나아가 부서장 주변의 사람들도 더 이상 동반 중독 행위를 하지 않게 되면서 기존 업무와 관련해 앓고 있던 질병들, 즉 우울증, 두통, 불면증, 스트레스 같은 것들로부터 자유로워지게 되었다. 아마도 앞으로는 부서장의 행동이 심각한 혼란을 일으킬 경우 그를 보호해 줄 집단을 찾기 어려울 것이다. 우리 컨설팅 팀은 부서장을 치유할 정도로 충분히 강력하게 개입하진 못했지만, 언젠가는 그를 치유할 수 있으리라고 본다. 그리고 그 가능성을 실현시키기 위해서라도 이 조직과 탐험을 계속할 것이다.

이제는 개인 차원을 넘어 제도화된 동반 중독증의 사례를 살펴보기로 하자. 우리는 전국 규모의 공공 서비스 조직을 컨설팅하며 이와 연관된 가장 훌륭한 사례를 만났다. 우리는 조직 전체 차원에서 일어나는 의사 결정 구조를 면밀히 살펴봐 달라는 요청을 받았다. 우리의 과업은 조직 내 의사 결정 과정이 모든 구성원들, 특히 여성이나 소수자 집단까지 포괄함으로써 다원주의를 증진하고 있는지,

아니면 오히려 그것이 불필요한 갈등을 유발하거나 특정 집단을 배제하는 건 아닌지 객관적으로 조사하고 연구하는 것이었다.

시간이 흘러 우리는 조직 내 의사 결정 과정이 우려한 대로 조직 내 구성원의 상당 부분을 배제하고 있으며 갈등을 조장하고 있다는 연구 결과를 제출했다. 이러한 결과는 일단은 잘 받아들여졌으나, 곧바로 서가에 꽂히고 말았다.

우리를 고용했던 특별위원회는 연구 결과에 그리 놀라지 않았다고 고백했다. 우리가 권고한 내용들도 충분히 이해할 만하며 대단히 합당할 뿐만 아니라 그 조직의 사명이나 공헌하려는 방향과도 일치한다고 말해 주었다. 그러나 딱 거기까지였다. 그들은 만일 우리가 권고한 방식대로 모든 사람들에게 의사 결정 참여를 보장하는 등 조직을 대대적으로 변화시킨다면 현재의 조직 시스템은 더 이상 버티지 못할 것이라는 점을 우려했다.

여기에서 나타나는 동반 중독의 요소는 의사 결정을 하는 지위에 있는 이들이 막강한 힘을 가진 경영진의 분노를 살까 봐 위험을 감수하려 하지 않는다는 점에 있다. 사실 그 조직이 원래의 사명이나 목적에 맞게 움직이려면 지금의 방식을 완전히 뜯어 고쳐야 할 판이었고, 그러다 보면 어느 지점에서 최고경영자들과 한 번쯤은 부딪쳤을 것이다. 우리의 조사 결과에 아무런 행동도 취하지 않기로 한 특별위원회의 결정은 대단히 흥미로웠는데, 그것은 우리가 연구를 마치고 최종 보고서를 제출할 바로 그 시점에, 조직 전체적으로 이미 전반적인 구조 변화를 진행하던 중이었기 때문이다.

곤란한 입장에 서는 것을 꺼리는 것은 동반 중독자들, 그중에서도 의사 결정자 위치에 있는 동반 중독자들이 보이는 특성이다. 설사 조직의 경영 철학이 든든하게 뒷받침해 주고 있다고 하더라도, 그들은 다른 사람들이 자신들을 비난하거나 중대한 변화가 갈등을 불러올까 봐 두려워한다. 반면 중독 시스템에서 회복 중이거나 건강한 기업 조직에서는 전혀 다른 그림이 나온다. 의사 결정자 위치에 있는 사람들은 설사 인기 없는 선택이라 할지라도 효과적인 결정을 내리려고 한다. 그들이 느끼는 자기 가치에 대한 감각은 단순히 타인에게 호감을 사는 데서 오는 것이 아니라 자신이 옳다고 생각하는 일을 실행하는 데에서 오기 때문이다.

일터에서 가족의 규칙이 작동하는 것을 볼 수 있는 가장 쉽고 명백한 사례는 가족 기업, 즉 가족들에 의해 운영되는 소기업에서 만날 수 있다. 이런 식의 기업 조직을 자세히 보면 지금까지 말한 중독 조직의 논리나 동학이 훨씬 더 강렬하게 드러난다.

우리는 미국 북동부에 가족이 소유하고 운영하는 작은 하드웨어 체인점을 잘 알고 있는데, 이 기업의 이사회 대부분은 가족 구성원이었다. 그런데 이 가족은 지난 수년 동안 역기능적인 모습을 보여 왔으며, 일상에서 발생하는 다양한 문제들에 대해 협상하는 능력이 부족했다. 그들은 회사 안에서도 가족 시스템에서 수행했던 역할을 그대로 반복했다. 즉 그들은 그 모든 가족 내 역기능들을 회사나 이사회와 같은 또 다른 차원에 옮겨다 놓고 있었다.

우리 팀원 중 한 명은 그들의 이사회 회의를 한 차례 지켜본 후에 그가 이사회에 참여하고 있었는지 아니면 떠들썩한 파티에 참석했던 것인지 모르겠다고 토로했다. 내용과 맥락은 달라도 그 과정은 동일했다. 심지어 구성원들이 보인 역할들까지 동일한 모습을 보여주었다.

이 가족 기업의 경우, 일반적으로 중독 시스템이 보이는 거창한 약속의 과정이 대단히 두드러지게 나타났다. 애초에 가족 기업을 만들자는 결정 자체가 이미 화려한 약속의 과정이었다. 그들은 자신들의 가족에 문제가 많다는 걸 이미 잘 알고 있었다. 그럼에도 그들은 새로운 프로젝트를 통해 합심해서 모두 "성공할 수 있을" 거라 믿었다. 그래서 그들은 기업을 다른 방식으로 운영하는 것으로 문제를 해결하려 했다. 그들은 과거의 실패에 대해 스스로 보상받고 싶었다. 이는 우리에게 매우 친숙한 이야기이다. 사실 모든 중독자들은 "내일은 모든 일이 달라질 것"이라고 말하지 않던가?

그들이 가진 첫 번째 문제는 새로운 사업을 시작하면서 생긴 흥분으로 인해 그들 자신의 역기능적 행동 방식이 가진 문제를 제대로 볼 수 없었다는 데 있다. 사업에 대한 흥분에 도취되어 그들 모두는 막연한 낙관주의에 젖어 있었다. 하지만 초기 단계의 흥분이 사라지고 냉혹한 사업의 과정에 들어서면서 문제가 불거졌다. 가족 안에서 해결되지 못했던 고질적인 역기능적 행동 패턴들이 되살아난 것이다. 불행히도 사업에 걸린 판돈은 너무 커져 버린 상황이었다. 모든 가족 구성원이 이 사업에 상당한 액수의 돈을 투자했기 때문이었다. 기업은 그 자체로 가족의 모습을 그대로 비추는 거울이 되어버렸다. 그들이 우리 컨설팅 팀을 간절하게 불렀을 때는 이미 엄청난 어려움에 직면하고 있던 때였다.

우리는 이 사례를 통해 행동 패턴이 바뀌기를 바라는 것만으로는 충분하지 않다는 것을 알 수 있었다. 가족 내 역기능적 행동 패턴은 이미 중독 시스템이 가진 질병의 일부이다. 이런 부분들은 우리가 단지 소망하거나 선의를 가진다고 해서 저절로 사라지지 않는다.

여기서 또 다른 가족 기업 사례를 보자. 이 가족 기업은 2대째 이어져 온 기업인데, 이 기업의 특징 중 하나는, 모든 남성 구성원들에게는 중요한 역할을 부여했지만 모든 여성들은 체계적으로 배제되어 왔다는 것이다. 그렇게 두 세대가 흘러온 결과 이 가족 기업과 관련해 일하는 여성은 단 한 명밖에 남지 않았다. 이 유일한 여성조차 직접 일을 하기보다는 상당한 양의 주식을 보유하고 있을 뿐이었고, 여태껏 주주 회의에 오라는 통보를 받은 적이 한 번도 없었다. 남자 형제들은 회사 일이 생길 때마다 그 여자 형제와 문제를 해결하려 하기보다 여자 형제의 남편에게 연락을 취했다. 최근에 주식을 가진 가족 내 유일한 여성이 주주 회의에 불쑥 나타났다. 물론 다른 사람들은 이 여성이 참여하리라고는 전혀 생각지 않고 있던 터였다. 그 여성의 남자 형제들이나 심지어 아버지조차 극도로 불편해하는 기색이 역력했다. 그들은 결국 그 여성에게 새로운 프로젝트를 멋지게 꾸미는 일을 맡겼다.

이 사례는 역기능적으로 작동하는 가족 시스템이 심지어 성차별적이기까지 한 경우를 잘 보여 준다. 이 가족의 경우 기업의 실천이 세대를 걸쳐 전승되어 온 가족의 역기능에 뿌리박혀 있으면서, 역으로 그것이 다시 가족 시스템에 영향을 미치고 있었다. 그 결과 가족 관계는 파편화되었고, 불행으로 치닫고 있었다.

이 두 사례를 찬찬히 살펴보면 우리는 어떻게 해서 가족 기업 컨설팅이라는 새로운 분야가 탄생하게 되었는지를 이해할 수 있다. 가족 기업을 컨설팅할 때는 앞서 말한 역기능적 가족 패턴들이 사업에서도 반복적으로 재현되고 있는 건 아닌지를 살피는 일이 결정적으로 중요하다. 현실에서 역기능적인 가족들이 굉장히 많다는 점을 감안한다면 우리는 이런 행동 패턴들을 늘 경계해야 한다. 중독이라는 질병의 과정이 그대로 작업장에서도 반복될 수 있다고 이야기할 때, 어쩌면 가족 기업은 그것의 가장 전형적인 사례로 거론될 수 있을 것이다. 자신이 가진 중독적 패턴으로부터 적극적으로 회복되는 과정에 있지 않다면, 누구나 어디에서건 그 중독적 패턴을 자기도 모르는 사이에 반복하고 만다.

한편 경우에 따라서는 조직 자체가 중독적 패턴을 만들어 내기도 한다. 그리고 그러한 중독 패턴이 반대로 가족 안으로 들어가 반복 재현되기도 한다. 우리는 비교적 최근에 그런 사례를 본 적이 있다. 대단히 저명한 기업가와 그 아내가 결혼한 지 채 일 년도 안 된 시점에 이혼을 했다. 새 신부는 다소곳하며 남편의 곁에서 언제나 행복한 표정을 짓는 전통적인 아내 상을 단호하게 거부했다. 반면에 새 신랑인 기업가는 늘 아랫사람들에게 명령을 내리고 '주인장' 노릇을 하는 것에 매우 익숙해진 상태였다. 그는 아내의 태도나 행동을 못마땅해했다.

결국 그는 사전에 아무런 말도 없이 갑자기 아내에게 이혼 서류를 들이밀었다. 그는 회사를 경영하는 방식대로 결혼 생활을 운영할 수 있다고 믿는 남자였다. 그 가족의 친구는 "만약 당신이 의식 있는 부인과 진정 자유롭게 살고자 한다면, 마치 생산라인에서 조립 노동을 수행하는 사람들을 대하듯이 아내에게 지시하거나 명령해서는 안 되죠"라고 말했다. 그는 "그 남편의 핵심 문제는 아내를 동반자가 아니라 종업원처럼 취급하려고 했던 것"이라고도 했다.

사실 중독 시스템은 도처에 있기 때문에 우리는 어느 누구 할 것 없이 너무나 쉽게 그 시스템 속으로 빨려 들어가 중독 행위를 한다. 가족 시스템이건, 회사 시스템이건 일단 그 안에 들어가면 그 시스템의 패턴을 반복하기 쉽다. 물론 이런 중독적 행동 패턴들은 일방적이라기보다는 상호작용적이다. 어떤 이는 회사 조직 생활에 영향을 더 많이 받아서 그 패턴을 가족 안으로 끌고 들어가기도 하지만, 또 다른 이들은 가족생활의 영향을 더 많이 받아서 그 패턴을 일터 속으로 끌고 들어간다. 그런 식으로 한쪽의 패턴을 다른 쪽으로 전이시키는 것이다.

이러한 상호작용은 우리가 실제로 회사 조직이나 개인 들을 컨설팅할 때 대단히 중요한 실마리를 제공해 주었다. 섀프는 수 년 전에 대단히 큰 심리 치료 센터를 운영하면서 당시에 만났던 대부분의 남녀 동반자가 겪는 문제의 핵심은 남성들이 결혼 생활에서도 회사에서 성공적으로 판명된 방식을 그대로 적용하려고 하는 데 있다고 지적한 바 있다. 당연히도 그런 시도들은 정상적인 결혼 생활에 참담한 결과를 초래했다.

여성들조차 일단 기업 조직 안으로 들어가면 앞서 섀프가 이야기한 바와 같은 남성의 모습, 즉 회사에서 통용되는 행동 패턴을 그대로 가족관계에 가지고 들어오는 모습을 쉽게 볼 수 있다. 우리가 고찰한 모든 내용들은 결코 특정 성에서만 나타나는 문제들이 아니다.

남성이든, 여성이든 중독 조직에서 배운 기술을 사용하려는 이들은 같은 기술을 가족생활이나 개인적 인간관계에 적용하려는 순간 역효과를 낳는다는 것을 발견한다.

솔직히 우리 두 사람은 우리가 관찰하고 있는 문제가 남녀 관계에 특징적인 것이고, 커플 치료의 문제라고 오랫동안 생각해 왔다. 그러다가 중독 조직의 개념을 확실히 인식한 뒤로는 문제를 전체적으로 조망할 수 있는 시각을 갖게 되었다. 그리고 이들이 겪는 어려움이 단지 이들만의 문제가 아니라, 가정에서 회사로, 또 회사에서 가정으로 상호 영향을 미치며, 서로가 서로를 반영하는 문제임을 알게 되었다.

3장

중독물로서의 조직

우리 두 사람은 조직 내에 중독 과정이 존재한다는 사실을 깨달은 뒤로 우리가 여는 워크숍이나 트레이닝에 참여하는 사람들과 그 관찰 내용을 폭넓게 공유하기 시작했다. 이러한 공유 과정은 늘 흥미진진했다.

물론 그 과정에서 종종 미묘한 침묵이 사람들을 휘감기도 했다. 특히 우리가 중독자나 중독 가정에서 자란 성인 아이들, 동반 중독자 등이 직장에서 드러내는 다양한 특징들을 구체적으로 묘사할 때 더욱 그러했다. 그들의 번쩍 뜬 눈으로 고개를 연신 끄덕거렸다. 그러면서 속으로 '맞아'라고 외치는 게 얼굴에 역력히 드러났다. 모임이 끝날 무렵이 되면 사람들은 으레 이렇게 말했다. "당신의 이야기는 모두 내가 일하는 조직을 말하고 있는 것 같아요." 또는 "마치 당신이 저랑 같은 곳에서 일해 온 것처럼 느껴지네요." 우리 역시 이런 모임을 통해 많은 걸 배울 수 있었다. 참여자들 대부분이 자신의 생생한 사례들을 자발적으로 이야기해 주었고, 우리가 제시한 여러 개념들을 자신의 조직 생활 경험에 비추어 더 풍부하게 만들어 주었기 때문이다.

한동안 우리는 조직이란 중독 행위가 일어나는 또 다른 상황적 맥락일 뿐이라고 믿으며 중독적 특성들을 설명했다. 우리는 자세히 관찰하기 시작했고 관련 문헌들을 찾아보았으며, 함께 모여 앉아 공부하고 토론하기도 했다. 또 다양한 사람들을 만나는 가운데 중독이 개인이나 가족들에게 미치는 영향을 실제로 체감하기도 했다. 그 가운데 우리는 조직이란 사람들이 그들의 질병을 드러내고 그들 자신의 질병과 다른 사람들의 질병에 연루되는 또 다른 상황적 맥락이라는 점을 더욱 확신하게 되었다.

그러나 최근 들어 우리는 조직이 단순히 중독 행위를 가능하게 하는 상황적 맥락을 제공하는 것을 넘어 다른 역할도 한다는 것을 알게 되었다. 그것은 많은 경우에 조직이 그 자체로 중독물로 기능한다는 것이다. 조직은 중독이 일어나는 환경setting임과 동시에 물질substance이었다. 이런 깨달음은 중독 조직과 관련하여 우리에게 완전히 새로운 시각을 제공해 주었다. 그 결과 우리는 중독에 대해서는 물론 조직에 대해서도 또 다른 차원에서 이해할 수 있게 되었다. 그래서 이 장에서 우리는 조직이 어떤 방식으로 중독물로 기능하는지를 서술하고자 한다. 이 과정에서 우리는 일중독을 그 핵심 사례로 보여 줄 것이다.

사실 세상 어느 것도 그 자체로 중독적인 것은 없다. 그러나 만일 어떤 물질이나 과정이 누군가의 삶에서 중심적 위치를 차지해서 그

것 없이는 그의 삶이 불가능하다고 느끼게 되는 경우 그 물질이나 과정은 무엇이건 중독적이 될 수 있다.

같은 맥락에서 조직 역시 많은 사람들의 삶에서 중독물로 기능할 수 있다. 우리는 상당히 많은 사람들에게 일터나 직업, 그리고 조직이 삶의 중심을 차지하고 있다는 걸 비교적 오랫동안 관찰해 왔다. 이들은 자기 삶에서 조직을 최우선 순위에 놓고 그들 스스로도 조직에 완전히 매몰되어, 자기 삶의 다른 측면들에 대한 감각을 잃어버리기 시작한다. 그리고 자신이 알고 느끼고 믿어 온 것들을 서서히 포기하게 된다.

1960년대만 하더라도 이른바 '회사 인간'이란 말이 유행했는데, 이는 자신과 회사를 완전히 동일시하는 (대부분) 남성들을 일컫는 용어였다. 사실 이런 현상은 어제 오늘의 문제가 아니다. 그러나 도대체 어떻게 해서 조직이란 것이 그 자체로 구성원들의 삶에 중독물로 기능하게 되는가 하는 문제는 제대로 해명된 적이 없다. 그래서 우리는 기존의 '회사 인간' 개념에서 최소한 한 걸음 더 나아가 이 현상을 좀 더 새롭게 보고자 했다. 이 장에서 우리는 조직이 적어도 다섯 가지 측면에서 사람들에게 중독물로 기능한다는 점을 설명하고자 한다.

조직의 약속

조직이 중독물로 기능하는 가장 중요한 방식은 조직이 모든 구성원들에게 내거는 약속을 통해 이루어진다. 중독 시스템 안에서 이뤄지는 약속들의 근본 목적이 사람들을 '지금 여기'에서 떼어 놓는 데 있음을 기억하자. 그 결과 사람들은 그가 알거나 느끼는 것들로부터 분리되어 어떤 문제에 대한 해답이나 안정감, 가치에 대한 감각 등을 자기 외부에서 찾게 된다.

실제로 현실의 다양한 조직들은 수많은 약속을 한다. 가장 대표적인 것이 승진을 시켜 줄 것이란 약속이다. 나아가 조직은 당신에게 권력을, 돈을, 그리고 명성을 약속한다. 조직은 당신이 특정한 성과를 내면 당신을 아주 멋진 사람으로 만들어 주겠다고 약속한다. 회사가 명령하는 바를 충실히 따르기만 한다면 당신은 조직으로부터 사랑을 받을 것이며 조직에 제대로 '속하게' 될 것이다.

조직의 약속 대부분은 사실상 사회가 우리에게 하는 약속들과 연결되어 있다. 회사나 사회나 비슷한 것들을 약속한다. 권력, 명성, 재물 등이 바로 그것이다. 대중문화나 광고는 이런 것들을 '좋은 삶'이라 말한다. 실제로도 대단히 매혹적인 것들이다.

좋은 삶이라는 약속은 현재의 삶이 비록 시궁창이어도 언젠가는 좋아질 것이라는 믿음을 갖게 함으로써 계속해서 미래에 초점을 맞추게 한다. 이처럼 미래에 정향된 조직의 약속은 현실에서 시스템이 작동하는 방식이나 중독적 현상을 있는 그대로 바라보지 못하게 한다. 요컨대 우리 대부분은 중독 시스템 안에서 중독적 행위를 하면서도 그 중독 과정을 정직하게 대면하지 못한다. 바로 이것이 중독 조직이요, 중독 행위이다.

때때로 사람들은 조직 생활을 하면서 자신이 자가당착에 빠져 있다는 느낌을 받는다. 그럴 때마다 사람들은 그 느낌을 있는 그대로 인정하고 사태를 풀어나가려 하기보다는, 현재는 힘들더라도 주말에, 아니면 휴가 때, 심하게는 퇴직 이후에는 나아질 거라며 문제의 해결을 미래로 떠넘긴다. 그런 식으로 조직이 사람들에게 미래의 약속을 지속적으로 선물하는 가운데 조직은 어느새 우리 삶의 중심을 차지하게 된다. 그리하여 미래의 약속이 현재의 삶을 통제한다. 부단히 미래를 약속하는 조직은 그 구성원들을 중독 관계 안에 단단히 '엮는다.'

어떤 조직들은 사람들이 가족에게 기대했으나 결코 얻지 못했던 것을 줄 수 있다고 약속하기도 한다. 인정, 긍정, 친밀감, 보살핌 같은 것들이 대표적이다. 어느 소프트웨어 회사의 대표 이사는 "우리 회사는 하나의 커다란 가족, 행복한 가족입니다"라고 말했다. 그는 이어서 "금요일 밤마다 우리는 사교 시간을 갖습니다. 우리는 같이 공을 차거나, 직원의 배우자까지 서로 잘 알고 지낼 정도로 친하게 지냅니다. 회사 밖에서도 서로 도우며 살지요"라고 자랑했다. 그 말에 우리가 "그렇군요. 그런데 만일 누군가가 살갑게 지내는 데 관심이 없고 거리를 두고 싶어한다면 어쩌죠?" 하고 물었다. 대표 이사는 "그런 사람들은 우리 회사에 오래 있지 못하죠"라고 답했다.

이 경우 그 조직에는 조직 문화에 가장 잘 적응한 직원들만 남게 되는데, 따지고 보면 이들은 대체로 역기능적 가정에서 자라난 사람들로, 회사를 기꺼이 가족으로 받아들이는 이들이다. 한편 성장 과정에서 가족과 별다른 관계를 맺어본 적 없는 사람들은 회사가 가족처럼 움직이다 보니, 가족도 회사 안에서 권장되는 다양한 활동들로 구성된다고 믿는다. 그리하여 이들은 회사 모델을 자신의 현재 가정 안으로 끌어들인다.

그런데 그런 회사의 넓은 품속으로 들어가는 것을 그다지 편하게 느끼지 못하는 사람들, 특히 배우자나 아이들이 회사에서 조직한 가족 소풍이나 야유회, 또는 회사가 만들어 나눠준 회사 마크가 새겨진 티셔츠 같은 것을 별로 좋아하지 않는 사람들의 경우, 그러한 문화들을 속으로 불편하게 느낀다. 이들은 회사에서 쉽게 승진하지 못하며, 아예 회사를 떠나는 걸 택하기도 한다.

조직적 통제

회사에 기대를 걸고 회사가 가족이라고 믿는 사람들은 회사가 말하는 그 매혹적인 약속들에 낚이고 만다. 그렇다면 대체 조직이란 어떤 종류의 가족이 될 수 있는가?

회사 가족 안에서 구성원들은 경직된 규칙에 의존하며, 이미 제도적으로 만들어진 규범에 따라 행동한다. 회사 '가족'이 작동하는 주된 방식은 통제이다. 그래서 가족 구성원으로 수용되는지 여부는 해야 할 일을 제대로 배우는지, 그리고 그것을 실제로도 제대로 이행하는지에 달렸다. 이것은 우리가 중독 가정에서 관찰할 수 있는 바와 동일하다.

조직의 약속으로부터 가족에 대해 배울 수 있는 가장 중요한 점은 자기 삶의 주체가 되거나 자기만의 독자적인 길을 가려는 사람들에게는 가족 구성원이 될 자격이 주어지지 않는다는 사실이다. 나아가 우리는 또 다른 사실을 하나 배울 수 있는데, 회사 가족의 구성원으로 살아남으려면, 즉 회사나 상사의 마음에 들고 그 인정을 받고자 한다면, 자신의 필요나 느낌을 부단히 경계하며 외부의 요구에 자신을 맞춰 나가야 한다는 것이다. 이처럼 조직이 사람들에게 가족이 되어 주겠다는 약속이란 솔직히 말해 통제에 기초한 약속에 불과하다. 즉, 이때 회사 조직은 중독 가족 내지 역기능적 가족과 본질적으로 다를 바 없다.

조직의 사명과 목표

조직의 사명과 목표 역시 조직의 약속이 작동하는 또 다른 영역이다. 모든 조직들은 나름의 사명을 갖는다. 조직의 사명은 조직의 존재 이유를 밝히는 선언문이다. 모든 조직의 구성원들은 조직의 사명과 목표를 달성하기 위해 노력할 것으로 간주된다. 명확하지 않은 사명을 가진 조직들은 무기력하게 허우적거리다 쓰러지고 만다. 그들 자신이 왜 존재해야 하는지, 그들의 일이나 활동이 갖는 의미가 무엇인지조차 모르고 있기 때문이다.

우리는 오랫동안 다양한 조직들을 컨설팅하면서 병원이나 학교, 중개업소, 교회, 그리고 공동체 조직처럼 남들을 '돕는' 직업에 종사하는 사람들이 조직의 사명이 내세우는 약속과 관련해 어려움을 겪는 것을 봐 왔다. 사람들이 이러한 직업 분야에 상대적으로 몰리는 까닭은 그런 조직이 내세우는 가치나 신념, 사명과 목표에 공감하고 동일시하기 때문이다. 그렇지만 실제 현실에서 이들이 경험하는 것은 기대와는 딴판인 경우가 너무나 많다.

그 대표적인 사례로 예전에 우리가 컨설팅했던 대도시 종합병원의 간호사 집단을 들 수 있다. 그들과 일을 진행하다가 우리는 그들이 노동 과정에서 대단히 혼란스러워하며 화가 잔뜩 나 있다는 것을 알게 되었다. 그들이 겪는 혼란이나 울화는, 그들이 병원에서 마땅히 실행하도록 되어 있는 일과 실제로 해야 하는 일의 격차에서 오는 것 같았다. 당위와 현실의 차이였다. 그래서 우리는 한 가지 실험을 해보기로 했다. 우리는 그들에게 병원이 선언하는 목표들을 쭉 나열해 보라고 요청했다. 그들이 적어 낸 목표들은 대체로 건강과 행복을 증진하고, 사람들의 필요나 욕구에 적절히 반응하는 것, 그리고 높은 수준의 보건 서비스를 제공하는 것, 나아가 새로운 형태의 치료 방법을 개발하는 것 등이었다. 그들은 모두 이러한 목표에는 아무런 이의를 제기하지 않았고 평온해 보였다. 그 다음에 우리는 병원 측이 말로는 하지 않으나 실제로 목표로 삼고 있는 게 무엇인지 솔직히 적어 보라고 했다. 간호사들은 예산을 절감하는 것, 병원 경영진이 정치적으로 성공할 수 있도록 교량 역할을 하는 것, 병원의 명성을 지속적으로 유지하는 것, 그리고 연방 정부의 지원금을 더 많이 받아오는 것 등을 적어 내렸다. 간호사 집단은 이러한 비명시적 목표들을 달성하기 위해 대부분의 시간을 쓰고 있었다.

간호사들이 병원에서 일을 하기로 마음 먹은 것은 병원이 내세우는 공식적인 목표에 공감해서였다. 그러나 현실에서 그들은 대부분의 시간을 비명시적인 목표를 위해 일했다. 그러니 그들이 업무 수행 과정에서 혼란과 좌절감을 느끼고 분노하는 것은 결코 놀라운 일이 아니었다. 그들은 자신들이 잘못된 곳으로 끌려가고 있으며 일종의 소모품처럼 이용만 당한다고 생각했다. 병원이 그들에게 약속한 것은 '사기'로 판명 났다. 조직의 약속이 가진 위력은 사람들을 낚을 만큼 그것이 충분히 실현 가능한 것처럼 보인다는 데 있었다.

앞에서도 언급한 공공 서비스 조직에서도 이런 식의 '사기'를 볼 수 있었다. 이 조직의 공식적인 목표는 모든 조직 구성원들을 의사 결정 과정에 참여시키는 것이었다. 그러나 실제로 그 조직이 추구하는 목표는 조직 전체의 평온을 깨뜨리지 말 것, 시스템에 너무 큰 변화를 시도하지 말 것, 공식적으로 선언된 원칙인 다양성 내지 다원주의에 걸맞은 방식으로 운영할 것을 요구하지 말 것 등이었다.

이런 부분을 생각할 때, 서비스 조직들, 특히 남을 돕는 직업에 종사하는 사람들이 흔히들 쉽게 소진되고 우울해하는 것도 별로 놀랄 일은 아닌 셈이다. 이들은 뜻 깊은 일을 할 수 있을 거란 생각에 그러한 직업을 가졌지만 실제로는 하루 종일 영 엉뚱한 일을 해야 한다. 앞선 사례에서도 보았듯이 그들은 종종 그들이 애초에 조력자가 되길 원했던 이유와 전혀 걸맞지 않는 일들을 하게 된다.

구성원들이 '사명'이라는 조직의 약속에 낚여서 실제로 시스템이 어떻게 돌아가고 있는지를 바라보지 않으려 할 때, 그 조직은 구성원들에게 중독물이 되고 만다. 또 조직이 좋지 않은 행동에 대한 변명으로 자신들의 고상한 사명을 내세울수록 그 조직은 구성원들에게 중독물로 기능할 가능성이 크다.

흥미롭게도 우리는 조직이 내세우는 사명이 고상할수록 실제 행동은 표리부동할 확률이 높다는 점을 발견했다. 여기서 표리부동은 명시적 목표와 비명시적 목표가 일치하지 않을 때 발생한다. 두 목표가 일치하지 않을 때, 조직은 경직된 부인의 시스템으로 들어갈 가능성이 높다. 그런 행동에는 꼭 과장된 허장성세가 뒤따른다.

섀프는 허장성세를 중독 시스템의 특징 가운데 하나로 꼽았다. 허장성세는 스스로를 실제의 모습보다 더 훌륭하게 꾸미거나 혹은 실제와는 전혀 다른 무엇으로 치장하는 것을 뜻한다. 그것은 지독한 자만심과 같다. 허장성세는 조직의 사명을 고상하게 유지하고 때로는 그 사명을 달성하기 어렵게 만든다. 우리는 수많은 서비스 조직들이 자신들의 사명이나 목적을 일부러 현실적으로 만들려고 하지 않는 모습을 많이 봐 왔다. 이는 부분적으로는 실제 변화가 극히 예외적으로만 일어나는 현실에서 조직 구성원이 느끼는 고통과 좌절감을 다룰 수 있는 역량이 조직에 없기 때문이다. 또는 조직 구성원들이 원하는 개선은 본질적으로 조금씩 이루어질 수밖에 없다는 게 이유일 수도 있다. 무엇보다 그들은 사람을 상대하는 일을 하기 때문이다.

사명이라는 이름의 허장성세는 일종의 마약과 같다. 사명감은 우리가 중요한 사람이며, 중요한 일을 하고 있다고 착각하게 한다. 이러한 착각이 조직이 내세우는 사명이나 목표의 본질적 목적이다.

우리는 빈민층의 건강을 보살피는 것을 사명으로 삼는 보건 기관을 알고 있다. 그 기관은 실적이 별로 좋지 않아 여기저기서 압박을 많이 받았다. 그러자 경영진은 자신들의 사명은 물질적으로 가난한 사람들을 위한 것이 아니라 정신적으로 빈곤한 사람들을 위한 것이라고 자기 합리화를 했다. 이것은 즉석에서 만들어 낸 답변으로 임기응변식 사고방식의 일단을 보여 준다. 이 자기기만적인 발언은 일종의 사기다. 따지고 보면 중독자들은 완벽한 사기꾼이다. 처음에는 다른 이들에게 그럴 듯하게 보이려고 사기를 치다가 나중에는 불행히도 그들 자신까지 속이는 결과를 낳는다.

앞서 누누이 설명한 조직의 사명과 같은 약속들도 마찬가지의 과정에 불과하다. 기업 조직들이 나름의 목표와 사명을 '갖고 있다는' 사실만으로도 직원들에게 조직 내에서 모든 게 제대로 돌아가고 있다는 믿음을 주기에 충분하다. 조직이 내세우는 사명은 마치 집안에 모셔 놓은 신과도 같다. 그것이 신전 안에 잘 모셔지고 있는 한, 조직은 잘 보호될 것이다. 비록 조직이 실제로 하고 있는 일이 공식적으로 선포된 사명이나 목표와 별 상관이 없을지라도 말이다.

이런 식으로 조직의 사명으로 표현되는 공식 약속이 조직 구성원과 조직 현실 사이에 일종의 완충재 역할을 하기 시작하면, 그 조직에는 중독 과정이 번창하게 된다. 그리고 직원들에게 상당한 자부심과 일관성을 제공할 수 있는 유용한 도구였던 것이 중독물로 변해 버리고 만다. 조직 구성원들은 그들의 인지 구조나 사고방식을 바꾸는 것으로 이러한 중독 과정에 반응한다. 그들은 자기 자신을 속인다. 노동 과정에서 보고 느끼는 것과 조직이 공식적으로 내세우는 사명이 확연히 다름에도 둘이 일치한다고 믿는 것이다.

조직 자체가 사람들에게 일종의 중독물로 기능하는 경우, 조직의 사명이나 비전을 계속 강조하는 일은 그 조직의 유지에 매우 중요하다. 직원들이 조직의 전망에 눈이 멀어 있는 한, 현실에 존재하는 괴리를 깨닫지 못하기 때문이다. 혹시 구성원이 눈치를 챈다 할지라도 그들은 조직 내에 별 탈 없이 머물기 위해 아마도 침묵하는 편을 선택할 것이다. 조직의 사명은 조직 구성원들에게 일체감을 부여하는 강력한 원천이다. 그것은 구성원들의 가치관에 호소하는 일종의 철학적 지향이기도 하다. 조직의 사명을 통해 구성원들은 자신과 조직이 연결되어 있음을 느낀다.

조직적 충성, 그리고 충성의 혜택

조직의 사명 외에도 조직 구성원들을 회사 조직 안으로 단단히 묶어 놓는 구체적 과정들이 더 있다. 앞서도 말한 바, 이런 것들은 조직이 구성원들의 삶 속에 중심적 위치를 차지하도록 만드는 역할을 한다. 여기서는 충성심과 그 충성의 결과 누리게 되는 온갖 혜택들을 살펴보기로 하자. 이것 역시 조직이 중독물 또는 '마약' 처럼 기능하는 데 일조한다.

물론 조직에 충성한다거나 헌신적인 구성원이 된다는 것이 본원적으로 나쁜 건 아니다. 오히려 충성과 헌신은 일터에서 좋은 관계를 형성하는 데 매우 중요하다. 그러나 조직 내 개인들이 조직 자체를 유지하는 데 집착할 경우 이야기는 달라진다. 이때는 조직에 대한 충성심이 일종의 마약이 된다. 조직에 대한 충성심이 도를 넘어 자기 삶을 완전히 대체할 때, 회사는 자발적으로 선택하는 중독물로 변한다. 조직은 부가급부, 보너스, 정년 보장, 그리고 각종 보상을 통해 노동자들의 삶에서 자신의 중심적 위치를 강화하기도 한다.

그렇다고 우리 두 사람이 기업이 노동자에게 제공하는 수당이나 퇴직연금에 반대하는 건 아니다. 오히려 우리는 그러한 부가급부가 노동자들에게 매우 중요하고 또 필요하다고 믿는다. 실제로 너무나 적은 수의 노동자들만 충분한 부가급부 혜택을 보고 있다. 문제는 부가급부 자체가 아니라 조직이나 구성원 들이 그것을 이용하는 방식에 있다. 다시 말해 조직이나 개인 들이 노동자의 삶에서 조직이 중심적 위치를 차지하도록 그러한 혜택들을 '이용'하고 있는 것이 문제다. 그로 인해 사람들은 앞으로 나아가지도 못하고 자신의 필요나 욕구에 걸맞게 움직이지도 못한다. 이런 식으로 부가급부가 사람들의 삶을 통제하는 요인으로 작용할 때, 조직은 중독을 매개한다. 즉 조직이 노동자들에게 더 많은 충성심을 얻고 더 많은 창의력을 이끌어 내기 위해 다른 일터와 경쟁하지 않고 노동자들의 (혜택에 대한) 의존성만을 십분 활용할 경우, 그 조직은 중독 중개인으로 기능하게 된다.

우리는 이러한 혜택들이 어떤 방식으로 중독성을 갖는지를 잘 보여 주는 사례를 워크숍에서 만난 한 남성에게서 발견했다. 그 워크숍은 남성들로만 이루어져 있었다. 다른 남성 참여자들은 "나는 지금 직장을 충분히 오래 다녔기 때문에 다른 곳으로 옮기고 싶다", "지금 하는 일이 지겹기도 하고 아무런 자극도 주지 않아 다른 직종을 알아보는 중이다", "나와 내 가족은 지금 살고 있는 곳을 떠나 완전히 낯선 곳에서 새로운 인생을 시작해야 할 시기가 아닌가 하는 생각을 하고 있다" 등의 이야기를 하고 있었다. 거의 평생을 주요 산업도시에서 살아온 그 남성은 다른 참여자들의 이야기를 듣고 충격을 받았다. 그는 자신이 살고 있는 도시에서 만난 그 어떤 집단에서도 그런 식으로 직장을 바꾸고 싶다는 말을 들어본 적이 없었다고 했다. 그는 이제껏 자기가 만난 사람들은 평생 같은 직장에서 일하다 퇴직하고도 그 도시에서 그대로 살고 있다고 했다. 그런데 그 이유가 흥미로웠다. 한 직장에서 일할 경우 받게 되는 혜택을 잃고 싶지 않아서라는 것이다. 업무 수행 과정에서 자신이 얼마나 행복한지, 또는 자신의 업무와 관련해 좋은 느낌을 갖고 있는지 여부는 그들이 직장에 계속 남을지 말지를 판단하는 기준이 아니었다. 그들은 부가급부가 필요했고, 그것이 그들이 사는 목적이 되어 버렸다. 회사를 그만둔다는 건 그런 혜택을 잃는다는 걸 의미하기에 그들은 결코 회사를 떠날 수 없었다. 당연하게도 그들은 중년 무렵에 자신의 경력을 바꿔 본다든지 아니면 자신이 진정 원하는 일에 새롭게 도전해 보는 건 상상조차 할 수 없었다.

우리가 직접 노동 현장에서 인터뷰를 했던 많은 사람들은 거의 대부분 극도로 지쳐 있었다. 그들은 아프기도 하고, 나이가 들기도 했으며, 더 이상 자기 분야에서 창의적으로 일을 하기 어려운 상태였다. 대부분은 이제부터라도 뭔가 다른 것을 하고 싶어했지만 막상 우리가 다른 기회들을 탐색해 보라고 제안하면 능력이 안 되어서 할수 없다고 대답했다. 이런 상황이 던지는 참된 메시지는 무언가에 중독된 사람들에겐 위험이나 난관을 무릅쓰고서라도 자신의 삶을 온전히 살아보겠다는 의지와 용기가 부족하다는 것이다.

조직이 제공하는 각종 부가급부는 의존성을 조장한다. 한편으로 노동자들이 회사를 떠나는 경우에 모든 혜택을 잃게 되는 구조라면, 회사 입장에서도 결코 좋을 일이 아니다. 회사가 마음에 들지 않아 생산적으로 일하지 않거나 오히려 해를 끼치는 노동자들조차 그 혜택을 잃을 게 두려워 마치 젖은 낙엽처럼 회사에 찰싹 달라붙어 떠나려 하지 않을 것이기 때문이다. 그렇게 회사에 살아남으려는 이들은 죽은 것도 아니고 산 것도 아닌 상태, 한마디로 좀비가 된다. 이런 식으로 조직은 중독의 중개인이 된다.

다른 중독들과 마찬가지로 조직이 제공하는 부가급부나 보너스 같은 제도들도 직원들의 삶을 통제하는 요인이 된다. 그들에게 '마약 하나 얻는 것'이 삶의 최우선 과제가 되는 것이다. 우리는 복사기 분야에서 대단히 능력 있는 영업자 한 명을 알고 있다. 그의 팀은 달마다 전체 목표치를 정하는데, 그와 별개로 그는 자신만의 매출 목표를 따로 설정한다. 개인이나 팀 차원에서 모두 더 높은 매출을 올리기 위해서이다. 목표치를 달성하면 보너스나 파티, 휴가 등의 형태로 다양한 실질적 보상이 주어진다. 이런 보상의 목적은 영업자들이 더 많은 제품을 팔도록 그들에게 동기를 부여하는 것이다.

그러다 보니 그는 종종 자신이나 팀이 설정한 목표치를 채우기 위해 고객들에게 딱히 필요하지 않은 물품을 판 적도 있다고 웃으며 말했다. 우리가 알다시피 중독자들은 마약을 얻기 위해서라면 어떤 일도 서슴지 않는다. 그들의 행동은 갈수록 자기중심적으로 변하며 인간적으로 부도덕한 모습을 보인다. 앞서 말한 보너스나 보상 등의 혜택도 같은 방식으로 작동한다. '마약' 또는 보상이 삶에서 최우선

순위를 차지하면 개인의 윤리는 퇴보한다. 중독이 깊어질수록 개인은 자신의 도덕성이나 영성과 멀어지게 되는 것이다. 그리고 바로 이것이 〈익명의 알코올중독자 모임〉에서 말하는 도덕적 퇴행이 의미하는 바다. 요컨대 조직들이 나름의 부가급부나 보너스, 정년 보장 등의 구조를 통해 그 구성원들의 삶에 필수불가결한 존재가 될수록 역설적으로 그 조직들은 도덕적 퇴행의 원천이 되어버리고 만다. 이런 식으로 조직은 그 자체가 중독물이 된다.

조직이 중독물로 기능하는 것에 숨은 함의를 찾기 위해 고심하고 있을 때, 우리는 우연히 거대 공기업에서 "직원 상담 프로그램(EAP)"의 일원으로 일을 한 적이 있는 여성을 만나게 되었다. 우리는 그녀에게 조직이 얼마든지 중독물로 기능할 수 있지 않느냐고 물었다. 그녀도 기업에서 상담을 하며 상당히 많은 중독자들의 회복을 도와준 경험이 있기 때문에 우리의 생각이 그녀의 회사에 어떤 함의를 가질지 궁금했던 것이다.

"맞아요." 그녀가 대답했다. "제가 일했던 회사에서도 당신이 이야기한 그 모든 문제들이 있었어요. 아니, 그 회사는 더 했죠." 우리는 그녀에게 좀 더 자세히 말해보라고 했다. 어느 날 그녀는 두통에 시달리며 출근을 했다. 기분도 처진 상태였다. 그녀는 자신의 상사에게 아스피린이 있냐고 물었고, 상사는 아스피린은 없지만 다른 게 있다며 '그리니스greenies'라 불리는 알약을 하나 주었다. 약은 즉시 효과를 발휘했다. 사실 그 효과는 너무 컸다. 그녀는 마치 마약에 취한 듯한 기분이 들었다.

나중에 자세히 알아보니 그 회사의 모든 상사들이 '그리니스'를 갖고 있었고 직원들 중에 누군가 심신에 문제를 느낀다면 즉시 그것을 건네주도록 지시를 받은 상태였다. '그리니스'는 암페타민 류의 마약이었다. 우연의 일치겠지만, 그녀는 당시에 하필이면 알코올중독 및 탐식증에서 회복 중인 상태였다. 그나마 다행이었던 건, 그녀가 약물중독은 아니었다는 것이다. 만약 약물중독에서 회복 중인 상태로 '그리니스'를 복용했다면, 그것은 그녀의 회복을 더 어렵게 했을 것이다. 그녀는 회사 정책으로 인해 다른 곳도 아니고 바로 일터에서 마약에 엮일 뻔했다.

이 사례에서 우리는 조직이 그 자체로 중독물이 될 뿐 아니라 직원들의 기분을 좋게 만들기 위해 중독물을 부단히 제공하는 주체이기도 하다는 것을 알 수 있다. 중독물로 인해 감각이 무뎌진 사람들은 갈수록 사물에 대한 분별력이나 비판적 힘을 잃어버리고 상황을 제대로 파악하지도 못하고 주의력도 떨어진다. 우리는 기분이 우울하거나 두통을 느낄 때면 자신이 왜 그런 상태인지를 스스로에게 묻는다. 하지만 그런 기분을 약물로 누그러뜨리면 애당초 그런 질문을 던질 필요가 없어진다. 실제로 이러한 질병은 자세히 들여다보면 충격적일 정도로 현실의 조직들에 워낙 만연해 있다. 직원들에게 좋은 노동 습관을 형성하도록 사실상의 마약을 나눠주는 조직들은 상상 이상으로 많다. 그리고 직원 가운데 일부는 이미 약물중독자일 확률도 높다.

조직은 때로 당신 삶에 일차적으로 중요한 것, 즉 일자리 또는 조직에의 소속감을 계속 유지하도록 만들기 위해 이차적으로 약물을 쓰기도 한다. 이것은 위 사례에서도 분명히 드러나는 교훈이다. 이 사례를 통해 우리는 조직 안에 중독 시스템이 존재하며 나아가 그 시스템이 광범위하게 수용되고 있음을 새롭게 인식할 수 있었다.

일중독

이제 우리는 조직이 사람들의 삶에서 중독물로 작용하는 가장 중요한 메커니즘에 대해 자세히 살펴보려고 한다. 일은 두말할 나위 없이 사람과 조직을 연결하는 가장 일차적인 고리이다. 그런데 이 일이 중독 조직 안에서는 치명적인 모습을 띠는데 그것이 바로 일중독이다. 우리는 일중독으로부터 대단히 중요한 통찰을 얻었다. 일중독은 중독이라는 교묘한 질병을 둘러싸고 부정否定이 얼마나 심하게 작동하는지를 잘 보여 준다.

우리는 인간관계 훈련 세미나에서 한 여성을 만났는데, 그녀의 사례에서 일중독에 대한 의도적인 무지를 발견했다. 그 여성은 한창 회복 과정에 있는 알코올중독자였고, 가족들에게도 그 사실을 공공연히 말했다. 그 여성은 자신의 알코올중독이 어떤 뿌리에서 나왔는지 알고 싶은 마음에 원가족에 대해 좀 더 알아보려고 했다. 그녀는 어머니에게 "제가 우리 가족 중에서 유일한 알코올중독자였나요?" 하고 물었다. 어머니는 "물론 그렇지. 나머지 다른 가족들은 모두 열심히 일하잖아"라고 답했다. 그녀는 분명 유일한 알코올중독자였다. 하지만 유일한 중독자는 아니었다. 다른 가족들이 모두 일중독자였기 때문이다.

일중독을 이해하려면 우리는 침투 불가능해 보이는 단단한 부정의 벽을 뚫고 들어가야 한다. 일중독에 대한 지식이나 정보를 얻기 위해 여러 가지 자료를 찾는 과정에서 우리는 스트레스 및 소진 burn-out에 관해선 이미 수천 편의 논문들이 나와 있음을 알게 되었다. 그 논문들은 주로 스트레스를 감소할 수 있는 방법을 이야기하며, 운동, 다이어트, 생활방식 등의 변화를 이야기했다.

우리는 인터넷을 통해 몇몇 대학 도서관의 자료를 검색해 봤는데 일중독에 관한 책은 그 당시 열 권 남짓한 정도였다. 그중에서도 일중독을 정말 진지하게 다루고 있는 책은 단 두 권밖에 없었다. 믿기 어려운 일이었다. 이미 대중문화의 일부가 되었고 모두가 알고 있는 문제에 관한 연구나 조사가 너무 미비했던 것이다. 또한 이미 이루어진 연구들 역시 일중독의 증상만을 다루고 있을 뿐 그 기저에 깔린 질병의 과정 자체는 하나도 건드리지 못하고 있었다.

우리는 우리의 문화가 일중독을 지지하고 조장하고 있다는 증거들을 더 많이 발견했다. 예컨대 우리는 『워킹우먼Working Women』이나 『사비Savvy』 같은 일하는 여성들을 위한 잡지들이 일중독에 빠진 여성들을 은근히 미화하고 있다고 느꼈다. 일례로 서른 살이 되기 전에 백만 달러를 모은 여성에 대한 기사에서 그 여성은 슈퍼우먼처럼 묘사되고 있었다. 그녀는 자기 회사를 만들었고 매일같이 조깅과 수영을 했다. 회사에서 일주일에 60시간이나 일하면서도 가정과 아이들에게도 충실했다. 일이 많으면 일거리를 집으로 가지고 가 저녁 시간이나 때로는 주말에도 일을 했다. 이런 식의 이야기는 조금씩 변형이 되기는 하지만 기본적인 메시지는 동일하다. "이렇게 일하면 당신도 성공할 것이다"라는 것이다.

흥미롭게도 잡지에 나오는 여성들은 너도나도 "저는 일중독자예요. 일을 사랑한답니다"라고 말한다. 다른 중독이었더라도 그렇게 말할 수 있었을까? 옷을 멋지게 차려입은 어떤 대표 이사가 "저는 현재 알코올중독 상태이며, 알코올을 사랑합니다"라고 말하는 것을 한번 상상해 보라. 또 과식증이나 거식증 환자가 "하루에 열 번 정도 토하고 나면 기분이 참 좋아요. 여러분에게도 추천합니다"라고 말하는 것을 상상해 보라. 일중독이라는 질병의 효과를 의도적으로 숨기는 시스템, 즉 그것이 질병이라는 사실을 완벽하게 부인하는 시스템만이 일중독을 권장할 만한 것으로 선전할 수 있다.

우리 두 사람은 일중독을 중독 과정의 하나로 이해한다. 이 중독 과정에서 중독의 중개인은 당연히 일 그 자체이다. 일중독자는 업무 과정에 중독되는데, 그는 일을 일종의 마약처럼 활용해 조직에서 남들보다 성공하고자 한다. 그런데 일중독은 그로 하여금 제대로 느끼지도, 그리고 궁극적으로는 제대로 살지도 못하게 한다. 다른 모든 중독과 마찬가지로, 일중독은 가정은 물론 일터에서 가족관계나 개인적 인간관계에 해로운 영향을 끼친다. 일중독은 치료하지 않고 그대로 두면 죽음에까지 이를 수 있는 진행성 질환이다. 일중독이 초래하는 스트레스의 부작용은 알코올중독이 신체에 미치는 해악보다 더 심할 수 있다. 실제로 어떤 일중독자들은 알코올중독자에 비해 훨씬 빨리 죽는다.

일중독이란 다루기가 대단히 까다로운 중독이다. 일중독자들은 설사 그 질병이 그들을 죽음으로 이끈다 할지라도 일중독에 빠져 있을 때라야 비로소 살아 있음을 느끼기 때문이다.

우리는 상당수의 일중독자들을 인터뷰하면서 일 자체보다는 일을 할 때 솟구치는 아드레날린이 마약 같은 역할을 한다는 것을 알게 되었다. 일중독자들은 일을 할 때 에너지가 샘솟는다고 느낀다. 그리고 이러한 에너지를 "열정적으로 살아 있는 느낌"이라 여긴다. 가족과 함께 휴가를 떠나거나 친구들과 밤새 놀 때는 이런 에너지를 갖지 못한다. 즉, 일중독자들은 일을 하고 있지 않거나 일을 생각하고 있지 않을 때는 사실상 기분이 완전히 가라앉거나 우울해진다.

일중독에 빠져 있지 않은 사람들에게는 프로젝트와 프로젝트 사이에 작은 성취를 축하하며 사랑하는 사람들과 시간을 함께 보내는 일종의 휴식 시간이 있다. 그러나 일중독자들에게는 그런 휴식의 시간이 끔찍한 일로 여겨진다. 그들은 휴식과 고요함을 경험해 본 적이 없다. 오히려 그런 시간들은 중독 물질의 '마약' 작용에서 단절된 기간에 불과하고 노동 과정에 의해 통제될 수 없는 시간일 뿐이다.

스트레스 연구자들은 인간의 몸은 지속적으로 분비되는 아드레날린을 견딜 수 없게 설계되어 있기 때문에 스트레스가 때로는 생명을 위협할 수도 있다고 말한다. 아드레날린은 심각한 위기 상황에서 평소에는 불가능한 신체적 능력을 발휘하게 도와주는 물질이다. 스트레스 연구자들은 현대적 삶이 생산력을 높이기 위해 사람들의 몸을 '속여서' 위기가 지속되고 있다고 믿게 만든다고 말한다. 그 결과 우리는 일상적으로 어마어마한 양의 아드레날린을 생산해 낸다.

스트레스 연구는 일중독과 관련하여 우리에게도 상당히 흥미로운 관점을 제공한다. 많은 일중독자들은 스트레스 연구자들이 해법으로 제시한 권고 사항들을 받아들인다. 이들은 매일 운동도 많이 하고 식사도 적절히 조절한다. 그런데 역설적이게도 이러한 '건강한 몸 관리'를 통해 일중독자들은 더욱 열심히 일할 수 있게 된다. 잘못된 인식과 실천이 이들의 일중독을 오히려 존속시키는 것이다. 이는 술을 얻을 수만 있다면 무슨 일이라도 하겠다는 알코올중독자들의 행동과도 유사하다.

일중독자들이 스트레스를 줄이기 위해 벌이는 활동이 겉으로는 건강을 증진하는 것 같지만 사실은 일중독이라는 질병을 더욱 오래 존속시키는 결과를 초래한다는 사실은 참으로 고약하기 짝이 없다. 그런 활동들은 중독이라는 질병으로부터 시선을 돌려 사실상 중독을 지원하고, 중독자 자신이나 타인을 속이는 결과를 낳는다. 스트레스 연구나 스트레스 예방 워크숍 같은 것들이 실제로는 중독 시스템을 영속화하는 데 이바지하는지도 모른다.

일중독은 또한 가족관계나 일반적 인간관계에도 대단히 파괴적인 영향을 미친다. 일중독 가정에서 자라난 사람들의 이야기를 들어보면 알코올중독 가정에서 자라난 사람들의 경우와 매우 흡사하다는 생각을 하게 된다. 일례로 그런 가정에서 자란 어떤 여성의 사례를 살펴보자.

가정의 모든 일은 아버지 일을 중심으로 돌아갔어요. 우리가 너무 많이 놀거나 시끄러운 소리를 내면 엄마는 우리더러 조용히 하라고 했어요. 아빠가 일하는 중이거나 아니면 피곤해서 주무시고 계셨거든요. 아빠는 일이 잘 진척이 안 되면 기분이 좋지 않거나 화를 내기도 하고, 때로는 무언가를 막 집어던지기도 했지요. 물론 일이 잘 풀린다 싶으면 아빠의 기분은 한없이 좋아졌어요. 그래서 우리는 날마다 아빠의 눈치를 잘 살펴야 했는데, 아빠가 그날 하루를 어떻게 보냈는가에 따라 우리가 어떤 식으로 대처해야 할지가 달라졌기 때문이죠. 사실은 아빠 얼굴을 볼 수 있는 시간도 별로 없었어요. 때때로 아빠는 시내 한복판에서 밤을 지새우며 놀거나 아니면 큰 프로젝트를 하느라 엄청 바빴죠. 물론 가끔은 몇 주일 동안 먼 곳으로 떠나기도 했어요. 하지만 아빠의 일을 이길 수 있는 건 아무것도 없었어요. 심지어 가족 생일파티라든지 아니면 특별한 가족 여행이나 휴가 계획 같은 것도 아빠 일이 바쁘다 하면 모두 취소되고 말았어요. 아니면 아빠 없이 우리끼리 하든가. 그러니 제대로 믿을 수 있는 게 하나도 없었어요. 아빠는 자기 일과 결혼한 거나 다름없었는 걸요. 아빠는 일만 보면 마치 사랑하는 여인을 만난 듯 흥분했지요. 엄마나 우리 가족은 아빠의 삶에서 두 번째 자리도 차지하지 못했어요. 아빠에게 우리는 존재하지 않는 것이나 마찬가지였으니까요. 자라면서 아빠가 도대체 왜 저럴까 숱하게 생각해 봤어요. 물론 아무리 생각해도 도무지 아빠에 대해 알 수가 없었어요. 지금은 아빠가 밉기도 하고 그립기도 해요.

여기서 주의해야 할 것은 돈을 많이 버는 것이 일중독의 목적이 아니란 점이다. 마약 역할을 하는 것은 실제로 이뤄지는 '일하는 과정' 그 자체이지 일의 결과가 아니기 때문이다. 다른 중독들과 마찬가지로 일도 사람들의 삶을 통째로 앗아간다. 일이 삶의 최우선 순위를 차지하게 됨으로써 삶의 다른 측면들은 상실된다. 중독 과정이 자신만의 현실성을 갖게 되기 때문이다. 중독 과정은 일종의 폐쇄적 시스템이다. 한편 조직은 일중독을 촉진함으로써 상당한 이득을 얻는다. 가장 두드러진 효과는 조직 내 핵심 집단이 일중독에 빠져 회사를 위해 심신을 바치는 경우에서 확실히 드러난다.

최근에 우리는 어느 일류 패션 디자인 회사에서 새로 일하기 시작한 젊은 친구를 만나 같이 식사를 한 적이 있다. 우리와 함께 시간을 보내는 동안 그는 모처럼 느긋해 보였다. 우리가 그에게 일이 어떠냐고 물었을 때 그는 한마디로 '정신이 없다'고 말할 수밖에 없다고 했다. 말인즉슨, 우선은 노동시간이 너무 길며, 업무 성과에 대한 압박이 심하다는 것이다. 그 회사에선 누구도 점심시간을 가질 수 없는데, 인사 관리 규정상으로는 당연히 점심시간이 별도로 주어지지만 단 30분이라도 한가하게 점심을 즐기면 당장에 게으르다거나 경력을 쌓는 일에 관심이 없는 사람으로 낙인이 찍힌다는 것이었다. 이 회사에서 새파랗게 젊은 디자이너가 나름의 인정을 받는 유일한 길은 아예 점심을 먹으러 가지 않거나 일하는 가운데 틈틈이 숨을 돌리는 식으로 행동하는 것이었다. 요컨대, 일중독이 조직 안에 들어가는 입장권인 셈이다.

우리는 일중독자들이 자주 여러 가지 중독을 동시에 갖고 있다는 점을 발견했다. 당연히 최우선적인 중독은 일중독이지만 이차, 삼차 중독도 많다. 대표적인 것이 알코올중독, 탐식증, 약물중독, 그리고 그 밖에 앞서 말한 여러 물질 중독 또는 과정 중독 들이 있다.

일중독자가 그의 중독을 유지하는 가장 기본적인 방법은 일중독이라는 일차 질병으로부터 시선을 돌리는 것이다. 알코올중독 같은 이차 중독은 일차 중독을 부인하는 시스템이 온전히 유지되게 도와 줌으로써 목발이나 연막 같은 역할을 한다. 이런 식으로 중독자는 자신의 핵심 문제에서 벗어난다. 또한 일중독자는 자기 일을 성공적으로 수행하기 위해 의식적으로 각성되어 있어야 한다. 이차 중독의 역할은 이러한 집중을 가능하게 하면서도 일에 따르는 신체적이고 정신적인 고통을 알아채지 못할 만큼만 중독자의 감수성을 저하시키는 것이다.

일례로 우리가 만난 일중독자 남자 교사는 이러한 중독의 전형을 보여 주었다. 그는 평일에 너무나 열심히 일한 나머지 주말이면 완전히 소진됐다. 사실 그는 학교에서 일어나는 여러 가지 활동에 과도할 정도로 몰입하는 편이었다. 그는 주말에 스스로에게 이런 질문을 던져 볼 수 있었을 것이다. 왜 나는 학교 시스템을 위해 그토록 열심히 일을 할까? 왜 나의 교육 철학은 교장이나 교감들과 계속 충돌을 하는 걸까? 도대체 교육은 어떤 식으로 진행되는 게 바람직할까? 등등. 사실 이런 질문들은 이 교사만이 아니라 학교 시스템 전반을 위해서도 중요한 질문이다.

그러나 그는 주말에 가만히 앉아 자신의 내면에서 일어나는 동요를 직시하는 시간을 가져 본 적이 없으며 동료들과 고민을 나누려 하지도 않았다. 그는 그냥 술을 마시러 갔다. 그는 '불금'을 즐겼고, 불금 이후 대부분의 주말을 가벼운 마비 상태로 보냈다. 그리고 월요일이 되면 다시 학교로 가서 혼신을 다해 바삐 일했다. 그의 내면에서 솟아나는 질문들은 체계적으로 정리되지 못하고 늘 압살당했다. 이런 패턴이 매주 반복됐다.

어떤 면에서 이러한 패턴은 노동자들이 톱니바퀴처럼 부지런히 일하길 바라는 조직에는 굉장히 이상적이다. 이 교사도 학교 시스템을 위해 슈퍼맨 같은 노력을 쏟아 부으면서도 조직이 불편하게 생각하거나 조직에 도전하는 것처럼 비춰질 수 있는 문제는 결코 제기하지 않았다. 건강한 조직이라면 구성원들의 다양한 아이디어를 존중하며, 사소한 갈등이나 그에 대한 대응들조차 지속적인 변화를 위한 풍부한 자원이라고 여긴다. 이 경우에 교사는 건강한 조직을 만들기 위해 아무런 기여를 하지 않았으며, 그의 외곬수와 같은 헌신이 오히려 그 자신이나 시스템에 생긴 문제를 규명하는 일을 가로막았다. 나아가 알코올중독이라는 그의 이차 중독은 그의 일중독을 은폐했다. 그의 일차 중독인 일중독은 사회적으로 널리 용인되었기에 그 시스템 안에 있는 누구도 그의 진짜 모습(중독자, 괴로워하는 사람, 진행성의 치명적인 질병을 앓고 있는 이)을 알아차리지 못했다.

우리는 수많은 일중독자를 인터뷰하고 조직 안에서 그들을 만나며 중독 조직이 일중독을 필요로 하고, 따라서 일중독에 보상을 한다는 결론을 내렸다. 또한 우리는 일중독이 사회경제적으로 매우 생산적이기에 모든 중독 가운데 사회적으로 가장 잘 수용된다는 결론도 내렸다. 실제로 일중독은 사회적으로 생산적이다. 우리가 일중독 문제를 상세히 설명할 때마다 많은 사람들이 "일중독하고 알코올중독은 완전히 다르지요. 알코올중독은 자기 자신이나 사랑하는 가족을 파괴하지만 일중독자들은 우리 사회에서 굉장히 생산적인 사람들이잖아요"라는 식으로 반응했다. 우리는 사회에 유용한 것을 생산하기 위해서라면 자신의 삶이나 사랑하는 이들의 삶을 희생시킬 수 있다고 생각하는 조직이나 사람 들이 있다는 걸 알아야 한다. 일중독자들이 바로 이렇게 행동한다.

중독 시스템 안에서는 어떤 개인이나 아이디어에서 무언가 잘못된 점을 발견할 경우, 그 사람이나 아이디어가 완전히 폐기 처분되기도 한다. 그 역도 성립하는데, 한 가지만 좋으면 모두 좋은 것처럼 평가하는 것이다. 따라서 만일 일중독에서 뭔가 한 가지라도 좋은 게 발견되면, 그 전체 과정이 '좋은' 것으로 받아들여진다.

우리 두 사람은 여태껏 수많은 교회 조직을 컨설팅하면서 교회 조직이 많은 경우에 일중독을 실질적으로 촉진해 왔다는 사실을 발견했다. 신학적으로나 실천적으로나 교회는 사람들에게 훌륭한 기독교인 상을 제시하는데, 그 훌륭한 기독교인이란 대체로 노동을 신성시하고, 그래서 지나칠 정도로 열심히 일하는 사람들, 즉 일중독자들이다. 같은 맥락에서 훌륭한 순교자란 일종의 전형적인 동반 중독자라 할 수 있는데, 이들은 다른 사람들을 위해서 희생적으로 일하는 사람들, 다른 말로 자기 자신의 필요나 욕구는 별로 거들떠보지 않는 사람들이다. 우리는 '합성 마약designer drug' ▪이라는 말을 들어본 적이 있는데, 일중독이야말로 교회나 기업 조직을 위한 합성 마약이 아닐까 생각했다.

일중독의 밑바탕에는 누구도 인정하고 싶지 않은 애착이 자리하

▪ 법망을 피하려는 의도에서 기존 마약류의 성분을 재조합해 만든 합성 물질로, 마약과 유사한 효과와 부작용을 갖지만 마약류로 지정되지 않은 틈을 타 광범위하게 유통된다.

고 있기에 일중독을 부정하거나 숨기는 일이 그만큼 어렵다. 그 애착이란 다름아닌 경제에 기반한 시스템, 즉 자본주의이며 그 시스템을 뒷받침하는 사회구조이다. 그리고 프로테스탄트 노동 윤리와 기독교가 이 둘을 모두 지탱한다.

우리는 일반적인 사회나 회사 조직이 영성적 가치를 잃어버리는 데 일중독이 얼마나 큰 역할을 하는지 알고 나서는 상당한 충격을 받았다. 중독은 영성의 상실을 초래함과 동시에 자기 자신의 도덕성과의 접촉도 차단한다.

우리는 많은 일중독자들이 일에 몰입할 때 일종의 의식 변화를 겪는다고 설명하는 걸 들으며 흥미로웠다. 이는 마약 중독자들의 경험과 유사했기 때문이다. 얼마 지나지 않아 우리는 일에 흠뻑 몰두함으로써 느끼게 되는 바로 그런 변화된 기분이란 것이 사실은 아드레날린 황홀경이라는 점을 알게 되었다. 연구가 진행될수록 일을 하며 경험하는 변화된 상태란 향정신성 약물 같은 작용을 한다는 것이 명백해졌다. 일중독은 그렇게 당사자로 하여금 코앞의 현실로부터 멀어지게 만들고 마침내 뭔가 초월한 듯한 느낌을 갖게 한다.

이것은 일종의 망상 내지 기만으로, 당사자로 하여금 중독 과정에 계속 머물도록 만드는 기능, 나아가 더 많은 중독물을 갈망하게 하는 기능을 한다. 안타깝게도 바로 그 초월의 느낌은 사실상 영성의 상실을 초래하면서 마치 그 망상이 영성인 듯한 착각을 낳는다.

중독 조직은 이러한 일중독을 촉진한다. 중독 조직은 일중독이야말로 모든 중독 중에서 '가장 깨끗한' 것이라며 좋아한다. 약물이나 알코올에 중독된 사람들과 달리 일중독자들은 회사에 하루도 빠지지 않고 출근한다.(물론 어느 날 갑자기 쓰러져 죽는 일은 있다.) 나아가 마치 알코올중독 가정에서 자란 성인 아이 및 동반 중독자처럼 일중독자들은 조직이 요구하는 것보다 훨씬 더 많은 추가 작업을 하는 경향이 있다. 일중독자들은 결코 당신을 실망시키지 않는다.

앞서 우리가 나열한 모든 경험들(예컨대, 조직의 약속들, 사명, 부가급부들, 직원들에게 중독물을 나눠주는 것, 일중독의 조장 등)은 한결같이 조직이 자신을 사람들의 삶에 중심적 위치를 차지하도록, 그리하여 조직 스스로가 일종의 중독물 또는 중독의 중개인이 되도록 만드는 구체적 방식들이다. 각각의 경우에 우리가 확인할 수 있었던 것은, 그런 조직의 매개 작용들로 인해 사람들이 갈수록 조직에 의존적인 존재로 변하고, 그리하여 나중엔 조직 없이는 더 이상 살아가기 힘들다고 믿게 된다는 점이다. 이런 문제들을 확인하면서 우리는 조직 자체가 일종의 중독물로 기능하고 있다는 사실을 깨닫게 되었다.

4장

중독자로서의 조직

중독이라는 질병이 조직의 틀 안에 작동하는 네 번째 방식도 사실은 대단히 널리 퍼져 있으며 상당히 많은 의미를 내포한다. 우리는 **조직 자체가 중독자**라는 사실을 제대로 인식해야 한다. 조직은 법인으로서 개인 중독자와 같은 방식으로 기능한다. 우리는 우리가 중독자에 대해 알고 있는 게 무엇인지를 스스로에게 묻는 과정에서 이 새로운 인식에 도달했다.

우리는 이미 앞에서 중독자들이 가진 특징들이나 그들이 만들어 내는 과정들을 설명했다. 그에 보태어 중독자들이 보이는 또 다른 특성들을 열거하면 다음과 같다.

첫째, 삶을 통제할 수 없고 자신의 중독 행위에 무기력해진다.

둘째, 중독자들은 갈수록 중독 과정에 빨려 들어간다.

셋째, 중독자들의 삶은 자기 자신의 중독에 의해 지배당하며, 마침내 자신의 존재 가치나 인간적 도덕성까지 상실하게 된다.

넷째, 중독자들은 무엇보다 자기중심성, 통제 환상, 부정직, 그리고 흑백논리 내지 이분법과 같은 특성들에 의거해서 행동한다.

다섯째, 중독자들은 사회나 가족, 나아가 친구들과의 관계를 단절하고 스스로를 고립시킨다.

여섯째, 중독자들은 내면의 혼란을 겪으면서 자신이 의존하고 있는 사람들이나 주변 사람들에게 더 많은 통제력을 행사하려고 한다.

일곱째, 중독자들은 질서정연하지 못하며, 집착이 강하고, 편집증과 비슷한 증상을 보이기도 하는 등, 정상적인 사고 과정을 거치지 못한다.

우리 두 사람은 처음에는 막연하게 '문제가 있거나 역기능적'이라고 생각했던 조직들과 일을 진행하면서 그들이 우리가 방금 전 기술했던 중독자와 똑같은 방식으로 기능하고 있다는 것을 깨닫게 됐다. 우리는 이들 조직 스스로 자신이 중독적이고 중독자와 같은 방식으로 기능하고 있다는 것을 인정하지 않는 이상, 조직 전환이나 변화를 이룰 가능성이 매우 희박하다고 결론을 내렸다. 조직의 대전환을 이루는 데 가장 결정적인 열쇠는 바로 조직이 곧 중독자라는 진실을 인지하는 데 있다는 것이 우리의 믿음이요, 확신이다.

중독자로서의 조직이라는 복잡한 문제를 이해하는 것은 일터에서의 홀로그램을 보여 주는 아주 좋은 예가 될 것이다. 우리가 개인적인 수준에서 관찰했던 것은 조직적인 수준에서도 쉽게 관찰된다. 중독 조직이란 그 조직 안에 있는 사람들과 그 조직이 깃들어 있는 전체 사회의 자연스러운 반영이다.

우리는 상당히 오랫동안 중독자들 곁에서 일을 해왔기 때문에 중독자들이 심리 상담과 같은 개입을 통해 일시적 위안을 얻을 수 있다는 점을 잘 안다. 하지만 그들의 질병은 진행성이기에, 일시적 위안은 그야말로 임기응변일 뿐이다. 그들이 제대로 치유되기 위해선 중독이라는 질병 자체를 대면해야 한다. 심리학적 기법이나 해법 들은 일시적이고 부분적인 효과를 내기 때문에 표면적인 도움만 준다. 따라서 조직이 중독자일 경우, 성급하게 조직 변화를 시도하기보다는 먼저 그 문제를 인정하고 해결하기 위해 노력해야 할 것이다.

우리는 이 장에서 조직이 중독자라는 개념을 좀 더 깊이 탐구하려고 한다. 구체적인 탐구 영역들은 의사소통 과정, 사고 과정, 경영 관리와 인사 조직 과정, 그리고 조직 구조적 측면 등이다. 이 새로운 탐구 모형을 통해 우리는 비록 조직들이 다양한 형태의 중독 현상을 보이지만, 기본적인 증상은 우리가 개인 중독자들에게서 발견한 것과 동일하다는 점을 확인했다. 그리고 이러한 질병은 반드시 회복 과정을 거쳐야 한다는 것도 확인하게 되었다.

의사소통 과정

의사소통은 조직이 기능하는 데 매우 기본적이고 핵심적인 요소이기에 어떤 종류의 역기능에도 예민하게 반응한다. 실제로 많은 조직들에서 사람들은 의사소통에 문제를 느낀다고 말한다. 이를 반박

할 사람은 거의 없다. 특히 역기능적인 조직에서 의사소통은 대체로 끔찍한 모습을 띤다. 그러나 그러한 모습조차 더 크고 더 널리 퍼진 문제의 일부 증상일 가능성이 크다. 그래서 이제부터는 중독 조직 안에서 의사소통이 어떤 식으로 벌어지는지 그 전형적인 몇 가지 모습들을 살펴보고자 한다.

간접 소통

중독 조직에서 일어나는 의사소통은 대체로 간접적이다. 이러한 간접성은 실로 다양한 형태를 띤다. 중독 조직에서는 누군가와 갈등이 생겼을 때 그 갈등을 갈등 당사자와 열린 대화를 통해 풀어 가려고 하지 않는다. 뿐만 아니라 그러한 갈등을 여러 사람이 모인 집단 안에서 함께 토론하려고도 하지 않는다. 오히려 그들은 중요한 갈등 당사자를 피하고 다른 사람들에게 소문이나 험담을 퍼뜨리는 방식으로 자기 입장을 합리화하는 데 엄청난 시간과 에너지를 쏟아붓는다. 그들은 오로지 자기 말을 호의적으로 들어 주는 사람이나 듣는 것 말고는 달리 할 수 있는 게 없는 힘 없는 사람들 하고만 갈등에 대해 이야기한다. 여기서 우리는 사람들은 원래 그런 식으로 사는 것 아니냐고 말하고 싶은 강한 유혹을 느낀다. 하지만 사람들은 원래 그렇게 살지 않는다. 그것은 다만 중독 시스템 안에서 별 탈 없이 살아가려는 사람들이 습득한 방식에 불과할 뿐이다.

모호성, 혼란성, 비효과성

갈등이 있는 상황에서 문제시되는 건 간접성만이 아니다. 중독 조직 안에서의 의사소통은 대체로 모호하고 혼란스러우며 효과적이지도 않다. 중독 조직에서 일어나는 소통의 또 다른 특징은 서류 작업이 엄청나게 늘어난다는 것이다. 우리가 아는 어떤 수리공은 부품 배달비 7달러를 돌려받기 위해 여덟 사람에게 서명을 받느라 무려 한 시간을 허비해야 했다. 복잡한 절차는 종종 소통 능력의 부재를 감추는 데 사용된다.

중독 조직에서 서면 메모가 빈번하게 사용되는 이유는 까다로운 문제와 관련해 면 대 면의 충돌을 피하려고 하기 때문이다. 특히 대기업 조직의 경우에 의사소통의 핵심적 방식으로 메모가 활용되는데, 이것은 결국 구성원들에게 일종의 고립감을 안겨다 준다. 중독자들은 명확하게 의사소통하지 못하고 자신들이 무엇을 이야기했는지조차 쉽게 잊기 때문에 메모는 필수적이고 효율적인 의사소통 방식으로 받아들여진다.

삼각관계

중독적 의사소통의 또 다른 특징은 일종의 삼각관계에서 발견된다. 예컨대 조가 수에게 메시지를 전할 때, 조는 수에게 직접 말을 하지도, 전화를 걸지도, 메모를 건네지도 않고, 대신 메리에게 부탁해 수에게 이야기를 전해달라고 한다. 통상적인 메시지가 아니면 조는 이런 식의 삼각관계를 활용하는데, 수와 직접적인 접촉을 피하고 싶기 때문이다. 조는 수가 실망하거나 거절하거나, 혹은 질문을 제기하는 모습을 보고 싶지 않다. 조는 자신이 수를 대할 때면 어떤 감정이 생긴다는 걸 잘 안다. 하지만 그는 그런 감정에 대처하는 대신 의도적으로 피하고 제3자에게 자기 일을 맡겨 버린다.

바로 이 '제3자'가 조 대신 그 일을 해 주겠다고 동의하는 순간, 제3자는 아주 훌륭한 동반 중독자가 된다. 동시에 조는 제3자의 협력, 번역, 통역에 의존하게 된다. 물론 우리는 대기업 같은 곳에서는 의사소통이 항상 직접적인 방식으로 이뤄질 수 없다는 것을 잘 안다. 우리가 여기에서 말하는 것은 직접적인 소통이 실질적으로 바람직하고 효율적이며 효과적인 경우에도 간접적인 소통 방식이 활용되는 경우이다.

뒷담화

중독 조직에서는 뒷담화가 많다는 것도 특징이다. 어느 방향으로건 아무런 소통이 이뤄지지 않을 때 종종 뒷담화가 성행한다. 특히 제대로 된 직접적 소통이 이뤄지지 않을 때, 사람들은 조직 내 변화와 같은 중요한 문제까지도 뒷담화를 통해 듣는다. 뒷담화는 사람들을 자극하고 흥분시키는 게 목적이며, 때로는 권력을 확고히 하기 위해서도 사용된다. 내용에 따라 뒷담화는 조직을 마비시키기도 한다. 뒷담화는 뿌리를 정확히 밝히기 어려운 데다 진짜 정보는 늘 연막 뒤에 있기 때문이다. 결국 뒷담화는 참되고 직접적인 소통, 효과적인 소통을 회피하는 데 일조한다. 물론 뒷담화가 사람들 사이에 친밀감을 형성하면서 긴장을 누그러뜨리기도 하지만, 그 효과는 아주 일시적일 뿐이다.

비밀주의

비밀은 뒷담화와 비슷한 기능을 하지만 주로 믿을 만한 소식통에 근거한다는 차이가 있다. 중독 조직일수록 다양한 비밀이 돌아다닌다. 그런데 보통 비밀은 '비밀 그 자체를 위해' 존재한다. 예컨대 재무 상황, 임금, 그리고 인사와 관련된 결정 사항들은 종종 비밀이 된다. 비밀은 모든 사람들에게 공개되지 않도록 관리되는 정보들이다.

앞서 언급한 공공 기관에서 일하는 우리의 친구도 회사 비밀을 접할 기회가 종종 있었다. 그녀는 그러한 비밀들을 전해 듣는 걸 일종의 특권이라 생각했다. 비밀은 그녀에게 권력을 가지고 있다는 느낌을 주었다. 그녀는 설사 자신이 알게 된 비밀과 관련해 어떤 일도 할 수 없다는 걸 알아도 "아는 것이 힘이다"라는 말을 믿었다.

〈익명의 알코올중독자 모임〉에는 "가족은 그들이 갖고 있는 비밀의 양만큼 아프다"라는 말이 있다. 이는 조직에서도 통하는 말이다. 조직도 비밀이 많을수록 아프다. 비밀은 한편으로 분열을 조장하고 다른 한편으로 권력을 키운다. 비밀은 유지하기가 힘들다. 그것은 거짓말을 촉진하고 신뢰를 손상시키며 '내부' 집단을 만들고 긴장을 고조시킨다. 건강한 조직을 지향한다면 비밀을 최소한으로 유지하면서 이상적으로는 비밀이 전혀 없는 상태를 추구해야 한다.

숙련된 무능력

중독 조직이 보이는 또 다른 소통 형태는 크리스 아지리스Chiris Argyris가 말한 "숙련된 무능력"[1]이다. 이는 숙달된 소통 전문가이자 서로에게 고도로 헌신적이고 존경을 주고받는 경영자들이 진짜 문제를 은폐하기 위해 (허위 정보 같은) 의사소통 기술을 사용하는 현상을 꼬집는 말이다.

경영자들은 브레인스토밍*이나 전략 개발을 위해 반복적으로 회의를 한다. 그런데 이들은 만나서 늘 다람쥐 쳇바퀴 도는 말만 한다. 플립 차트에다 수많은 의제들을 나열해 놓고 중요도에 따라 별표도 쳐가며 나름 체계적으로 논의를 진행하는 듯 보이지만, 회의가 끝나면 결론을 내린 게 거의 없다는 사실에 지친 채로 회의장을 떠난다. 아지리스는 이들 경영자들이 매우 숙련된 의사소통 기술을 가진 건 사실이지만 그 기술을 오로지 회의장에서 분노나 갈등을 피하기 위해 사용하고 있다고 지적한다. 결과적으로 그들은 진정 말하고 싶은 것을 솔직하게 말하지 않는다. 또한 갈등을 다루면서 동시에 그 갈등을 유용하게 만들 집단의 능력을 마음껏 실험해 보지도 못한다. 어렵게 회의를 열었건만, 그들의 절묘한 소통 기술은 정작 중요한 문제에 관해 제대로 토론을 하거나 올바른 해법을 찾아 나가는 데 걸림돌이 된다.

갈등이나 곤란한 문제를 회피하는 분위기는 제도화되어 직설적인 화법이나 정직함, 또는 직접성을 견디지 못하는 기업 문화를 만든다. 중독 조직에서는 단도직입적으로 말하는 경우가 매우 드물거나 아예 없다. 그 결과 중독 조직의 문화란 한마디로 혼란이나 혼돈 그 자체다.

아지리스에 따르면 조직이 혼돈에 빠지기 쉬운 네 가지 단계가

■ 최적의 해법을 찾기 위한 자유 토론.

있다.[2] 첫 번째 단계는 명백하게 애매모호한 진술로 시작하는데, 듣는 이는 그것이 모호하다는 것을 인지하면서도 질문을 던지지 않는다. 두 번째 단계는 그 메시지 속에 깃든 비일관성이나 모순을 애써 무시하고 넘어가는 것이다. 세 번째 단계는 애매모호함이나 비일관성 같은 것에 대해 공개적으로 토론이 불가능하도록 만드는 일이다. 마지막 단계는 그 토론 불가능성조차 토론이 불가능하도록 입을 막는 것이다.

아지리스는 혼돈이 조직의 일상화된 방어 기제의 일부라고 확신한다. 우연하거나 일시적인 상황이 아니라 오히려 체계적으로 정착된 구조의 일부라는 것이다. 일상은 규범이 되고, 갈수록 조직 내에 더 많은 사람들이 그 규범에 의거해 행동한다. 이러한 환경에서 사람들이 조직을 떠나거나 새로운 사람이 들어올 수는 있지만 중독적 일상은 온전하게 유지된다.

우리는 아지리스의 통찰에 동의하면서도 그 설명만으로는 혼돈이 안정적으로 유지되는 근본적인 원인을 설명하지 못한다고 생각한다. 근본적인 원인은 조직이 중독 시스템이기 때문이고, 일상적인 방어 기제 아래에 병적인 과정이 깔려 있기 때문이다. 중독자들과 함께 일하다 보면 앞서 말한 그런 행위들이 명백히도 중독의 특성임을 알아차리는 것은 별로 어렵지 않다.

이상으로 중독 조직의 의사소통 과정에 대해 살펴보았다. 이제는 그 의사소통의 '내용'에 관해 살펴보고자 한다. 중독 조직들은 의미 있는 소통을 제거하는 데 이력이 나 있다. 여기서 말하는 의미 있는 소통이란 조직 구성원들이 좀 더 효과적으로 일하고 의사 결정이 좀 더 전략적으로 이뤄지며 조직 내 변화와 혁신이 잘 이뤄지도록 도와주는 정보나 의견의 흐름을 말한다. 우리가 앞에서 살핀 잘못된 의사소통 과정들은 대체로 의미 있는 정보들을 가리는 역할을 함으로써 조직 안에서 실제로 무슨 일이 벌어지고 있는지를 알 수 없게 만든다. 결과적으로 회의가 열려도 대부분의 시간을 중요한 의사 결정보다는 평범한 알림 사항을 공유하는 데 사용한다. 실제로 중독 조직에서는 의미 있는 내용들이 거의 유통되지 못한다. 우리 두 사람은 이런 것이 악의적이라거나 고의적이라고 말하는 것이 아니다. 우리가 말하고 싶은 것은 이러한 의미 있는 정보의 차단이 중독 조직에서는 대단히 두드러지게 나타난다는 점이다.

느낌의 부재와 불감증

중독 조직에서는 유독 감정을 표현하는 일이 적다. 한마디로 감정의 동결이 제도적으로 굳어진다. 중독 조직 특성을 지닌 기업들에서는 감정에 대해 아무도 토론하지 않는다. 만약 누군가가 자신의 감정을 솔직히 말하는 경우, 사람들은 대체로 그런 표현이 회사에서는 대단히 부적절하다고 생각한다. 그들은 "자신을 잘 추슬러라"라고 말한다. 조직 문화가 이렇다 보니 자기 감정을 표현하는 사람은 불안정한 상태에 있다고 보고 그의 일자리를 위협하기도 한다.

중독 조직에서 사람들은 자기 감정과 **거리를 두거나** 자기가 필요로 하는 것에 대한 느낌이나 생각을 **억누른다**. 감정을 갖거나 무언가를 필요로 하는 것은 통제력이 없는 것처럼 보이기 때문이다. 일례로 우리가 자주 만나는 일부 최고경영자들은 언제 휴가를 가야 할지 잘 모른다. 그들이 속한 조직에서는 동료들이 언제 휴가를 떠날 필요가 있는지를 확인하는 것은 경영자로서 적절하지 않은 일이라고 생각한다. 바로 이것이 중독 조직에서 전형적으로 일어나는 친밀성의 부족, 그리고 감정의 무시 현상이다.

우리가 여기서 말하는 친밀성은 성적인 친밀성이나 감정적인 친밀성만을 의미하지 않는다. 친밀성이란 자신을 기꺼이 알고자 하는 의지, 그리고 자신을 다른 사람들에게 숨김없이 드러내고자 하는 의지이다. 『Z이론』으로 유명한 윌리엄 오우치는 친밀성을 가리켜 서로 다른 사람들을 하나로 묶어 주는 공통의 끈이라 표현하기도 한다. 즉 친밀성의 끈이 사람들을 서로 가까이에서 보살피게 하고 모든 사회관계에서 서로를 지지하도록 돕는다. 오우치는 미국인의 삶에서 친밀성이 매우 부족하며, 대체로 직장에서 인간적으로 가까워질 수 있다는 생각을 거부한다고 말한다.

실제로 우리 삶은 상당한 정도로 파편화되어 버렸기 때문에 직장에 개인적 감정 같은 것이 들어설 자리가 없다. 흥미롭게도 친밀감을 형성하거나 유지할 수 없는 무능력이야말로 중독자의 최고 특징 중 하나이다. 우리 두 사람은 오늘날 우리의 기업들이 이러한 친밀감의 부재를 반영하는 구조를 가지고 있는 것이 결코 우연이 아니라고 생각한다.

중독 조직에서는 친밀감을 형성하거나 유지하기가 거의 불가능한데, 그것은 조직이 구성원들로 하여금 있는 그대로 솔직하게 존재하지 못하게 하기 때문이다. 중독 조직들은 대신에 계획된 만남이나 워크숍 같은 것을 조직함으로써 친밀감 없는 현실을 극복하려 한다.

이 조직된 회의나 워크숍에서 참가자들은 서로 간에 무엇이 좋고 무엇이 싫은지 이야기를 나누며 이른바 '의사소통 기술'을 실습하기도 한다. 하지만 아무리 많은 워크숍을 조직하고 후원해도 친밀감이 만들어지지는 않는다. 참여자 개인이나 전체 시스템이 모두 동일한 질병의 일부를 구성하고 있기 때문이다. 우리의 경험과 지식에 따르자면 이 질병의 존속 여부는 개인이나 조직이 경험하고 느끼는 바를 얼마나 충실히 인지하느냐에 따라 달라진다. 재빨리 고안된 '의사소통 처방전' 같은 것은 일시적 효과만 보일 뿐, 결코 핵심 문제를 건드리지는 못한다.

논리와 합리의 지배

한편 조직 안에서 수용 가능한 정보 유형이 대단히 편협하다는 점 또한 중독 조직의 또 다른 특징이다. 중독 조직 안에서 소통되는 정보의 내용은 반드시 **논리적**이고 **합리적**이어야 한다.

우리는 불운한 우주선 챌린저호■를 만드는 데 관여했던 과학자와 기술자 들이 청문회에 나와 이야기하는 것을 들으며 이 문제를 생각해 보게 되었다. 일부는 그 프로젝트의 핵심 인물로, 우주선의 상태에 충분히 진지한 우려를 보낼 만한 정보를 갖고 있었던 것으로 드러났다. 그리고 또 다른 이들은 우주선을 쏘아 올리면 곤란한 일이 벌어질 것이라 막연히 '느꼈다.' 그러나 〈미항공우주국(NASA)〉이라는 공동체 안에서 예감이나 직감은 발사를 철회할 정도의 결정

■ 챌린저호는 1986년 1월 발사 직후 승무원 일곱 명과 함께 폭발해 버렸다.

을 내리는 데 신뢰할 만한 근거가 되지 못했다.

　요컨대 중독 조직에서는 느낌, 직관, 그리고 상상력 같은 것들은 합당하지 않은 것으로, 그리고 통제 불가능한 것으로 받아들여진다. 결과적으로 감정이나 친밀감은 무시된다. 소통되는 정보가 있다면 그것은 모두 간접적인 통로를 통해서, 그리고 삼각관계를 통해서, 방어적인 소통을 통해서 이뤄진다. 흥미롭게도 중독 조직에서는 감정이나 친밀감 같은 것이 업무 성과를 달성하는 데 방해가 된다는 믿음이 있다. 그러나 우리의 경험에 따르자면 조직 내부의 과정에 주목할수록 생산성은 상당한 정도로 높아진다. 진짜 중독 조직들은 눈에 띄게 우울하고 소모적이다. 그래서 이 조직들은 위기 상황 외에는 사람들이 수행하는 업무에 신경을 제대로 쓰지 않는다. 중독 조직에서는 오로지 논리적이고 합리적인 발언만이 의사소통의 내용으로 인정받기 때문에, 그것들이 어떻게 작동하는지를 제대로 이해하기 위해서는 중독 조직에서의 사고 과정을 살펴볼 필요가 있다.

사고 과정

기억상실증, 망각증

　법인이라는 개념이 회사 조직을 인격체에 비유한 말이라면, 회사 조직도 개인과 마찬가지로 기억이나 망각의 주체가 될 수 있다. 중독 조직에서는 조직적 차원의 기억상실증이나 망각 증세가 매우 두

드러지는 특징으로 관찰된다. 사람들은 중독자들은 기억력이 약하기 때문에 자신들의 과거 행동에서 아무것도 배울 수 없다고 말한다. 이 역시 중독이라는 질병이 가진 또 다른 측면이며, 중독 조직도 같은 문제를 갖는다.

중독 조직에서 직원들이 기억에 어려움을 겪는 것은 엄청난 노동 시간이나 혼란스러운 의사소통 방식과 분명 연관이 있다. 설사 기억을 하더라도 그 기억은 매우 선별적이다. 우리는 중장비 제조업체에서 일하는 남성을 알고 있는데, 그는 마케팅 전략을 연구하는 팀의 일원이었다. 그 팀은 늘 일곱 명이 모여 회의를 열었다. 시간이 지나면서 그들 모두는 흥미로운 사실을 발견했다. 그들 자신이 아주 사소한 일들은 잘 기억하는데, 대단히 중요하고 큰 프로젝트 같은 것은 곧잘 잊어버린다는 점이었다. 때로는 어떤 일의 마감 기한이 확실히 정해져 있는데도 모두들 깜빡 잊어버린 채 엉뚱한 일에 신경을 빼앗기기도 했다. "믿기 어려운 일이란 건 저도 알아요"라며 그가 말했다. "그러나 그건 사실이고, 실은 우리 모두가 뭔가 마약에 취한 듯 멍 때리고 있었던 셈이죠."

이런 일이 중독 조직에서는 제법 흔히 벌어진다. 희한하게도 사소한 일들이 더욱 주목을 끄는 일도 일어난다. 어쩌면 이미 인적 자원이나 조직적 자원이 상당히 소진되고 고갈된 상황이기에 적은 자원만으로도 관리 가능한 사소한 일에 끌리는 것인지도 모른다. 반면에 막중한 일들은 사실상 그들이 감당하기에 너무나 압도적으로 보여서 그냥 무시하거나 단순히 잊어버리고 싶었는지도 모른다. 일종의 집단 무의식이다.

이런 식의 망각은 중독자, 동반 중독자, 그리고 중독 조직이 공통으로 가지고 있는 경향과 연관돼 있다. 그들은 자신들이 할 수 없는 일이라는 걸 알지만 수락할 수밖에 없는 일들을 그냥 맡아 버린다. 앞서 말한 마케팅 전략팀의 경우, 그 팀은 늘 업무 과부하에 시달렸다. 팀장이 일종의 동반 중독자로, 상관이 내리는 지시를 함부로 거절하지 못해 자신의 역량으로 할 수 있는 것보다 더 많은 일을 떠맡는 경향이 있었기 때문이다. 그러다 보니 팀원들도 업무 과부하에 걸려 있다며 불평을 하거나 팀장과 갈등을 일으키기보다는 차라리 속 편하게 잊어버림으로써 그 일을 회피하는 방식을 선택했다.

　이러한 망각증은 과거의 실수나 경험에서 아무것도 배우지 못하는 무능력으로도 연결된다. 우리는 기업 조직을 컨설팅하며 사람들이 조직 설계나 프로젝트를 제안할 때 종종 과거에 적용해 보았으나 그 실효성이 의심되었던 것들을 재차 대안으로 제시한다는 것을 알아차렸다. 우리는 그 점을 사람들에게 상기시켜야 했다. 더욱 흥미로운 부분은 아무도 그 사실을 기억하지 못한다는 점이었다. 때로 집단은 프로젝트의 한복판에서 "아, 이건 이미 예전에 우리가 한번 해 봤는데……" 하는 느낌을 가졌다. 이런 식으로 중독 조직은 낡은 패턴이나 해법들을 예사로 반복한다. 그래서 이미 일들이 상당 정도 진행되고, 그 일에 너무 깊이 관여되어 도무지 발을 빼기 어려운 상황이 되어서야 비로소 자신의 어리석음을 깨닫는다.

사명의 망각, 본심의 상실

　중독 조직들이 가장 심각한 문제를 일으키게 되는 때는 조직의 사명이 조직에 우선한다는 사실을 망각할 때이다. 그렇게 되면 조직은 본연의 존재 이유를 잃을 뿐만 아니라 스스로 이 사회에 기여하기로 했던 것, 애초에 조직이 하기를 원했던 일이 무엇인지조차 잊어버리고 만다. 언뜻 이해하기 어렵지만 조직들이 이처럼 본래의 사명을 잊는 일은 실제로 아주 흔히 일어난다. 중독 조직들은 일관성 없이 우왕좌왕 움직이는 경향이 있는데, 그로 인해 이들은 회사 고유의 사명이나 고객의 필요, 나아가 조직적 준비 상황 같은 것에 전혀 개의치 않고 당장 그 시점에서 추상적으로만 멋져 보이는 제품 라인이나 전략을 추구하기 일쑤이다. 그래 놓고 새로운 시장을 개척해야 한다고 야단법석을 피운다. 중독 조직들은 이런 식으로 늘 '한 방의 해결책'을 찾느라 눈이 벌겋다. 설사 그 한 방이 조직의 사명에 어울리지 않아도 일시적인 위안이나 해결책을 제공해 줄 수 있는 것이면 무엇이든 환영한다.

우리는 『타임』 같은 잡지에서 대기업의 고위층 범죄를 숱하게 접한다. "법과 정의를 위반" 한 죄(〈LTV〉 회장), "불법 영수증"(〈제너럴 일렉트릭〉), 우편이나 텔레뱅킹을 이용한 사기(〈E. F. 허턴〉), 사기(〈E. S. M.〉), 은행 자본금 횡령(〈테네시 은행〉의 제이크 버처), 거액의 현금 불법 송금(〈보스턴 은행〉) 등이 대표적이다.[3] 나아가 우리는 노동자의 권리와 관련된 투쟁들이 "초보적인 수준이 아닌, 상당히 교묘한 방식의 노조 탄압"에 시달리고 있다는 이야기를 듣는다.[4] 이 모든 것은 기업 조직들이 자신들의 도덕성이나 고유의 사명감과 접촉을 상실해 버렸음을 증명하는 대표적 사례들이다.

건강한 조직들은 늘 자신의 사명을 중심에 놓는다. 그들은 조직의 역사를 기억하고 그에 대해 언제든 말할 수 있다. 바로 이런 과정이 조직의 사명을 집단 문화 속에 살아 있도록 만든다. 하지만 만일 사람이나 조직이 자신의 고유한 생각이나 느낌과 연결을 끊는다면 그들은 곧 둔감해진다. 그 결과 그들은 그것이 조직의 존재 이유이자 목적이라 할지라도 자기 외부의 어떤 것에도 관심을 기울이지 못하게 된다.

사고의 왜곡과 책임의 외부화

그 다음에 살필 것은 사고의 왜곡 문제이다. 이런 식의 사고 과정은 대체로 '외부화'와 연관되어 있다. 여기서 외부화란, 자기가 할 일을 다른 사람에게 전가하는 행위이다. 중독 조직에서는 어느 구성원이 자신이 책임져야 할 일을 다른 구성원에게 떠넘기는 것을 정상이라 생각하는 경향이 있는데, 이러한 과정을 외부화라 부른다. 이는 중독 조직에서 널리 수용되는 행위로, 조직을 황폐하게 하고 혼란을 초래한다.

우리는 조직의 핵심 인물이 중독자인 조직들에서 이런 현상을 쉽게 만난다. 이들 핵심 인물은 자신들의 중독을 〈익명의 알코올중독자 모임〉과 같은 프로그램을 통해 치유하려 하지 않는다. 그 결과 일터에서 자신의 질병을 외부화한다.

외부화 문제는 조직의 여러 수준에서 관찰된다. 가정에서 아내와 싸운 뒤에 회사에 와서 자신의 감정을 비서들에게 쏟아붓는 경영자에서부터 조직 차원에서 생산성이 정체되는 이유에 대한 책임을 다른 조직에게 전가하는 행위에 이르기까지 다양하다.

외부화는 제기되는 문제를 다른 사람이나 다른 조직의 탓으로 부적절하게 돌려 문제의 원천인 자신을 그 과정에서 제외시키는 게 목적인 행위이다. 중독성이 매우 높은 조직에서는 특히 외부화 현상이 더 잘 일어나는데, 그것은 조직 구성원들이 늘 집단 차원에서 상징적으로 조직의 비밀이나 '중독물'을 보호하려고 노력하기 때문이다. 정작 당사자들은 그들 자신이 하고 있는 행위를 제대로 볼 수 없다. 그리하여 외부화는 다른 사람들은 물론 자기 자신마저 존중하지 못하는 결과를 낳는다. 불행히도 이는 너무 흔히 일어나는 일이라 사람들은 이를 표준적인 작동 과정으로 받아들인다. 많은 이들이 "글쎄요, 원래 그런 식으로 하지 않나요?" 하고 반문한다. 사람들은 자신의 상사나 동료가 자기에게 책임을 떠넘겨도 체념하며 수용한다. 책임을 떠넘기는 자나 또 그것을 수용하는 자나 일종의 공모자가 되어 조직 시스템을 원만하게 돌아가게 만든다. 그리고 이들 모두 책임을 순조롭게 외부화하기 위해 자신들의 감정과 감정의 대상을 왜곡한다.

투사: 무책임의 제도화

중독 조직에서 흔히 볼 수 있는 또 다른 왜곡된 사고 과정(방어 기제)은 '투사'이다. 앞서 말한 책임 전가와 투사는 동전의 양면이다. 투사란 기본적으로 내부의 어떤 것을 바깥으로 쏘아 그것이 마치 원래부터 다른 사람이나 조직에서 기인한 것인 양 반응하는 것이다. 이는 알코올중독자나 편집증 환자의 사례에서 가장 흔히 볼 수 있다.

투사를 예사로 행하는 조직은 무책임을 제도화하는 조직이다. 이처럼 왜곡된 사고 과정을 통해 작동하는 조직들은 자신의 문제나 어려움을 시장이나 경제 일반의 탓, 다른 회사의 탓으로 돌린다. 이런 기업들은 자기 자신은 외면하고 그 외의 것만 보려고 한다. 책임은 늘 비난과 연결되고, 조직은 그 자신의 책임을 살피지 않는다. 그러니 모든 문제들은 외부에서 온다. 중독 조직의 상투어가 '만일 ~이기만 하다면if only ~'인 것은 결코 우연이 아니다.

이분법과 흑백논리

조직 내 중독 시스템의 마지막 왜곡된 사고 과정은 이분법이다. 이 책의 다른 곳에서 이미 이분법에 대해 이야기한 바 있으므로 여기서는 조직적 차원의 이분법을 보여 주는 몇 가지 사례에 초점을 맞추겠다.

조직이 계획을 세울 때 이분법적 사고는 매우 치명적이다. 선택지가 단 두 가지로만 제한되기 때문이다. 여러 가지 대안이 제시된다 할지라도 결국 그 모든 것은 이 두 가지에서 나온 곁가지들일 뿐이다. 다시 말해 겉으로 보이는 다양한 선택지들은 양자택일이라는 편협한 기본 구도를 가리는 도구일 뿐이다.

중독 조직에서 이분법은 늘 통제와 경쟁의 형식을 띤다. 이는 해법을 찾는 데 있어 사람들로 하여금 그들 자신이나 다른 사람들이 만든 창의적 방식을 선택하지 못하게 한다. 창의적인 해법이란 보통 예측하기 어렵고 통제할 수 없기 때문이다.

이분법적 사고는 이 편과 저 편을 설정하고 그 결과 적을 만든다.

이분법은 집단이나 개인을 좋은 사람인지 아닌지로 판단한다. 관계에서 모호성이나 미묘함을 제거하고 단순화하는 것이다. 이분법적 사고를 하지 않는 조직은 경쟁자들에게도 배울 게 있다고 생각한다. 그들은 때로 경쟁자와 협력하기도 한다. 그러나 이분법적 사고에서는 이런 식의 배움을 얻지 못한다. 이분법은 모든 것을 알아야 한다는 강박에서 나오는 오만한 지식만을 생산한다.

우리는 예전에 단 하나의 경쟁 업체만 있는 유럽 기업을 컨설팅한 적이 있다. 우리의 고객 기업은 조직을 새롭게 설계하는 일에 절박하게 매달리고 있었다. 회사 내부 사정이나 돌아가는 모습을 살핀 뒤에 우리는 그들에게 경쟁 업체의 조직 구조를 참고하면 좋겠다고 제안했다. 경쟁 업체의 조직 구조가 굉장히 효율적이라 판단했기 때문이다. 그러나 그 기업은 경쟁사를 참고하는 건 경쟁사가 자신들보다 더 낫다는 걸 증명하는 것이나 마찬가지라며 우리 제안을 단칼에 거절했다.

사실 우리는 이 영역에서만큼은 다른 회사를 모방할 수 있다고 생각했다. 그만큼 경쟁사의 조직이 잘 돌아가고 있었기 때문이다. 그러나 우리의 고객 기업은 경쟁사의 조직 설계를 빌려다 쓰는 건 자신들의 정체성을 잃는 일이라고 여겼다. 이러한 이분법적 사고로 인해 그 회사는 회사 발전에 도움이 될 수 있는 방식을 적용할 기회를 스스로 박탈했다. 그들은 더 복잡한 설계도를 택했고, 그 결과 지금까지도 골머리를 앓고 있다.

이 사례는 이분법의 또 다른 결과를 보여 준다. 즉 이분법은 사람을 진퇴양난에 빠뜨린다. 이분법으로 사고한 우리의 기업은 '우리-

그들'이라는 구도에 빠져서 '이것 아니면 저것'이라는 사고방식에서 벗어나지 못했고, 결국 "이 생산 분야에서 효과적으로 기능하기 위해 조직으로서 우리에게 필요한 건 무엇일까?"라는 질문을 던지지 못했다. 그들에게 필요했던 것은 시선을 내부로 돌려 자신들이 가진 다양한 선택의 가능성에 마음을 여는 것이었다.

그들이 던졌어야 할 질문은 겸손과 진실에 토대해야 했다. 물론 중독 조직들은 그런 류의 질문을 던지지 못한다. 만일 그런 질문을 던지기만 한다면, 그 질문에 대한 답은 그들을 단순성이라는 환상으로부터 복잡성과 모호함의 세계로 나아가게 할 것이다.

여태 말한 것들은 우리가 중독 조직들에서 발견할 수 있었던 특이한 소통이나 사고 양식의 일부 사례들에 불과하다. 우리는 또한 경영 관리 일반과 인사 조직 과정들 역시 중독이라는 질병이 초래한 결과들로 몸살을 앓고 있음을 알게 되었다. 이제부터는 이 문제들에 대해 자세히 살펴보기로 한다.

경영 관리와 인사 조직 과정

부인과 부정직

부인은 우리 앞에서 실제로 벌어지는 일을 보지 못하고 알지 못하게 한다. 부인은 일종의 부정직이다. 부정직이란 자신이나 타인에게 거짓말을 하거나 자신이나 타인을 오도하는 일이다. 기업이 회사 내부나 시장에서 실제로 벌어지는 일을 제대로 보거나 인지하기를 상습적으로 거부하는 경우, 그 기업에서는 조직적인 차원에서 부인이 일어나고 있다고 볼 수 있다.

예컨대 어떤 회사가 환경에 해로운 제품을 지속적으로 생산하거나 판매하는 경우, 이 회사는 자신의 활동이 소비자나 환경에 해로운 영향을 미치고 있음에도 이를 애써 부인하고 있는 셈이다. 그리고 이들은 감독 기관에 제출하는 보고서에서도 대체로 이런 사실을 숨기기 때문에 부정직하다고 할 수 있다.

또 다른 예로 우리는 1986년 구소련(우크라이나)의 체르노빌에서 벌어진 참사를 들 수 있다. 이 경우는 나라 전체가 진실을 부인했다. 구소련은 체르노빌에서 실제로 벌어진 일들을 온전히 알리고 하지 않았으며 참사의 총체적 진실을 세상에 알리지도 않고 오히려 거짓말을 했다. 애당초 인구 밀집 지역 가까이에 대형 핵반응 원자로를 설치한 것 자체가 기만적인 행위였다.

물론 현실에서는 부인이라는 행위가 꼭 큰 규모로만 일어나는 것은 아니다. 예컨대 회사 내 작은 부서에서 부서 내 갈등에 대해 부서원 전체가 침묵한다면 그것도 부인 행위라 할 수 있다. 또 어떤 회사는 재무 상황이 몇 년째 거의 '부도 직전'의 위기에 몰려 있으면서도 (혹시나 주가가 떨어질까 두려워) 그런 재무 수치가 더 이상 유효하지 않다는 식으로 사실을 부정하는 경우도 있다.

'현장 중시 경영'과 같은 개념이 인기를 끌기 이전에 경영자들은 종종 '보통 사람들'과는 거리를 두고 일했다. 직접 보지 않은 것에 대해선 책임을 지지 않아도 된다고 생각했기 때문이다. 하지만 우리는 조직적 차원에서는 '선별적 부인'이 일어날 수 없다고 본다. 부인 행위란 갈수록 조직의 전 과정으로 스며들기 때문이다. 처음에는 한 명의 역기능적 관리자에 대해, 그런 사람은 존재하지 않는다고 부인할 수 있다. 그러나 얼마 지나지 않아 그 조직 안에서 코앞의 현실을 부정하는 과정들이 늘게 된다. 이는 조직이 가진 홀로그램적 성질 때문이기도 하고 중독이라는 질병의 전염성 때문이기도 하다.

부정직한 행위들은 특정 문제나 상황에 대한 부인과 함께 조직 내부에서부터 발생한다. 물론 이는 다른 모습을 띨 수도 있다. 부정직이 정상적인 규범처럼 통용되는 조직에는 만일 정직하게 행동한다면 조직이 살아남기 힘들 거라는 이상한 믿음이 통한다. 그런 경우에 부정직은 그 기능상 조직의 모든 수준에서 일어나야 할 변화들을 저지하는 역할을 한다. 조직 안의 사람들이 자신이 실제로 느끼고 원하는 것들을 말하기 시작하면 기존의 조직을 그대로 유지하기가 힘들어질 거라 믿는 것이다. (물론 실제로 그럴 수도 있다.) 중독 조직은 부정직을 제도화한다.

완벽주의도 부정직과 연관되어 있다. 완벽주의라는 환상은 특정 정보를 다른 사람들에게 비공개로 하지 않고서는 유지되기 어렵기 때문이다. 완벽주의는 비밀이나 부정직을 제도화해야만 가능하다.

때로는 시스템 자체의 요구들이 너무나 강해서 부정직한 행동이 마구 권장되거나 심지어 필수적이라 여겨지기도 한다. 이런 상황에서는 부정직이 조직의 현상 유지를 돕는다. 우리는 북동부 지역 대학 병원의 심장의학과를 잘 아는데, 이곳은 매년 여섯 명의 레지던트를 뽑아 그 가운데 세 명만 채용한다. 레지던트들은 엄청난 경쟁에 시달렸고, 자신의 무지나 실수가 드러날까 봐 일상적으로 거짓말을 했다. 병원 시스템이 젊은 의사들에게 부정직을 조장한 셈이었다. 이는 더 심각한 결과를 낳았다. 병원의 시스템이 젊은 의사들에게 과거의 실수나 실패로부터 배울 기회를 앗아감으로써 환자들에게 아주 심각한 트라우마를 입혔고 심지어 죽음까지 초래한 것이다. 우리는 조직적 차원에서 일어날 수 있는 부정직의 문제를 결코 과소평가해서는 안 된다.

일단 조직 안에 부정직한 소통이나 관행이 자리 잡으면 그것은 이내 정상인 것처럼 여겨진다. 시스템상에서 일어나는 부정직의 본질이 여기에 있다. 그런 시스템 안에서 살아남고, 또 승진하려면 시스템에 내재된 병적인 과정에 동조해야 한다. 이제 이 조직은 일종의 폐쇄적인 시스템이 되어 의사소통도 최소한 두 수준으로 나뉘어 이뤄진다. 말한 것과 뜻하려 했던 것, 또는 명시적 목표와 비명시적 목표 말이다. 이런 식의 이원론적 소통이 이뤄지는 시스템 안에서 일한다는 것이 얼마나 피곤한 일인지는 충분히 짐작할 수 있다. 조직적 차원에서는 정직과 부정직이 나란히 공존한다는 것은 있을 수 없는 일이다. 부정직성이 중독 조직에 창궐하게 되면 각 개인이나 집단은 정직하고 솔직한 태도와 멀어지게 된다. 결과적으로 전체 시스템이 몸살을 앓는다.

고립

중독 조직은 중독이라는 병 안으로 깊이 빠져들수록 더욱 고립된다. 그리고 고립될수록 다른 사람들은 실제로 조직 안에서 무슨 일이 벌어지는지 알 수 없게 된다. 고립은 사람들로 하여금 자기 코앞의 현실을 유일한 현실인 것처럼 착각하게 만든다. 그렇다면 조직이 고립된다는 것은 무엇을 말하는가? 그것은 조직이 계획을 세우는 과정에서 외부 환경으로부터 들어오는 정보를 전혀 받아들이지 않는다는 뜻이다. 이는 다국적기업에게 점차 중요한 문제가 되고 있다. 세계 전체를 무대로 움직이는 다국적기업들은 조직의 계획을 수립할 때 문화적, 인간적, 환경적 요인들을 전면에서 고려해야 하기 때문이다.

때로는 역기능적 관리자들이 팀 구성을 변명 삼아 고립을 이용하기도 한다. 앞에서 말한『포춘』선정 500대 기업의 부회장인 알코올중독자를 떠올려 보자. 그는 스스로를 격리시켜 누구라도 자신의 알코올중독에 개입하여 치유하려 드는 것 자체를 불가능하게 만들었다. 게다가 그는 그의 부서를 별도의 건물로 옮겨 줄 것을 요구했다. 그래야 그들 나름의 "뚜렷한 정체성을 발전시킬" 수 있다는 것이었다. 그러나 소위 자율성을 추구한다는 명분은 심각한 문제를 안고 있었던 그 관리자나 부서에게는 일종의 포장술에 불과했다. 그들이 취한 전략은 뒤로 물러나 완전히 가라앉기 전에 스스로 응급조치를 취하거나, 아니면 최소한 자신들의 기능 부전 상태를 되도록 오래 비밀로 유지하는 것이었다.

조직은 서비스 대상인 고객과의 접촉을 차단하거나 나아가 사회와의 접촉을 차단함으로써 고립을 택한다. 원래 이윤을 추구하는 조직들은 대체로 고객과의 긴밀한 접촉을 유지한다. 그들의 시장 점유율이 고객들에게 달려 있기 때문이다. 반면 비영리 조직들은 바로 그 자체의 구조에 의해 잠재적 고객들과의 친밀한 접촉을 오히려 힘들게 만들어 놓기도 하고, 공공 서비스 조직의 경우에는 의사 결정자들이 일부러 대중과 접촉을 하지 않기도 한다.

고립된 회사 조직은 직원들이나 전체 사회에 대한 관심을 끄고 단지 자신의 일차적인 현실에만 머무르려고 한다. 어느 이름 있는 법률 사무소 변호사들의 경우 한 동료 변호사가 일주일에 하루 저녁 정도 무료 법률 상담을 제안하자 이를 거절했다. 그들은 평소에 (돈벌이를 하느라) 충분히 열심히 일했으니 추가적으로 자원봉사까지 할 이유가 없다고 보았던 것이다. 그 제안을 한 변호사를 제외한 나머지 모두는 지역사회에 뭔가를 되돌려주어야 한다는 의무감을 전혀 느끼지 않았다. 그들은 또한 지역사회의 가난한 사람들이 그들의 도움을 절실히 필요로 하고 있다는 것도 생각하지 못했다.

자기중심성

자기중심성은 사실상 조직 내에서의 고립주의와 연관되어 있다. 스스로를 우주의 중심이라고 느끼는 조직은 외부로부터 들어오는 어떤 정보도 잘 받아들이지 않는다. 조직적 차원에서 중요한 계획을 세울 때 특히 그러하다.

한때 우리는 독일에서 은행가 집안 출신의 남성과 일을 같이 한 적이 있다. 그의 가족은 조상 대대로 은행 일을 해 왔다. 최근에 그의 은행은 어느 미국계 은행에 인수되었다. 그리고 많은 것들이 변하기 시작했다. 독일에서는 전통적으로 은행들이 지역사회나 고객들, 그리고 직원들과 밀접한 관계를 맺어 왔다. 독일 은행들은 한마디로 시민적 책임감을 느끼고 있었다. 그들은 종종 지역사회에서 중요한 힘을 발휘하기도 했다.

그런데 미국계 은행이 되자 그 은행은 오로지 이윤만 추구하려 했다. 마을이나 고객들에 대한 책임감에는 더 이상 아무런 관심이 없었다. 우리의 친구는 서글픈 마음으로 직장을 떠났다. 새 은행이 돌아가는 방식이 비윤리적일 뿐 아니라 지역사회를 강탈한다고 느꼈기 때문이다. 새 은행은 중독 조직이 가진 파괴적 특성을 그대로 드러내고 있었고, 그래서 그는 떠날 수밖에 없었다.

어떤 사람들은 아마도 이런 모습을 단지 조직 변화의 불가피한 결과라고 주장하며 전통적인 조직 개발 프레임으로 분석하려고 할 것이다. 그러나 우리가 보기에 이러한 자기중심성은 더 큰 문제의 징후일 뿐이다. 즉, 그것은 조직의 중독적 과정이 빚어 낸 문제이다. 만일 이런 회사들에서 자기중심성이나 고립 중 어느 한 가지 특성만 나타났더라면, 우리는 아마도 정상적인 변화 과정들이 일부 부적응자들을 만들어 냈다고 할 수도 있을 것이다. 하지만 이런 현상들이 동시에 나타나고 그 밖에도 다른 여러 특성들이 마치 별자리처럼 동시에 나타난다면 이야기는 달라진다. 그 경우에 우리는 겉으로 보이는 것들 아래에 놓인 구조적인 문제를 보지 않을 수 없다.

단정적 평가주의

단정적 평가도 중독자가 지닌 특성 중 하나이다. 여기서 단정한다는 것은 여러 가능성 가운데 하나를 선택하는 것이나 일련의 행위를 결정하는 것과는 분명 다르다. 단정적 평가는 우리가 관찰한 어떤 내용이나 선택 가능한 내용에다 '나쁘다'와 같은 딱지를 붙이는 행위다. 일례로 "나는 그것을 좋아하지 않는다"라거나 "나는 그것에 관여하지 않으려 한다"고 말하는 것과 "당신은 나쁘다"라거나 "그것은 나쁘다"라고 말하는 것은 상당히 다르다. 당연히 후자가 단정적 평가에 해당한다. 단정적 평가를 한다는 것은 평가자가 상대방과 자신을 분리한 다음에 일방적 판단을 내리는 것이다. 그래서 이것은 비참여적이고 배제적이다.

〈익명의 알코올중독자 모임〉에는 "당신은 병을 가지고 있을 뿐, 당신 자체가 질병은 아니다"라는 말이 있다. 이 말은 당신은 좋은 사람이며 당신의 질병이 곧 당신은 아니라는 뜻이다. 질병은 당신과 동일하지 않고, 그저 현재 당신을 압도하고 있을 뿐이다. 그런데 중독 조직에서는 이런 식의 구분을 하지 않는다. 당신이 곧 당신의 행동이며, 당신이 곧 당신의 질병이다. 이런 식의 논리가 개인이나 조직에서 발견되는 단정적 평가주의의 핵심이다.

단정적 평가주의가 기업 등의 인사 조직 관리에 적용되었을 때 어떤 문제가 생길지 한번 생각해 보시라. 아마도 그렇게 되면 기계적으로 많은 행위 표준들이 세워질 것이고 그 표준들로 조직 구성원들의 개별적 가치를 측정할 것이다. 우리가 흔히 접하는 인사 고과 시스템이 바로 그것이다. 회사 조직에서 이뤄지는 단정적 평가주의는 사람들로 하여금 직원 평가에 대한 두려움을 고조시킨다. 평가 결과에 따라 희비가 극도로 엇갈리기 때문이다.

이를 조금 다른 각도에서 보면, 단정적 평가주의가 판을 치는 회사 조직에서는 삶의 진실이 자주 실종된다고 말할 수 있다. 만일 회사 조직이 구성원들의 가치와 그들의 행동을 구분해서 본다면, 구성원들로부터 다양한 이야기나 정보가 유입될 것이고, 그것은 조직의 성장과 변화에 유용하게 활용될 것이다. 현실 조직들에서 관찰되는 단정적 평가주의는 그런 성장을 사실상 방해한다. 성장을 멈추게 하고, 현상 유지를 촉진하며, 평가를 당하는 입장의 사람들을 늘 불안에 떨게 한다.

단정적 평가주의는 조직 내에서 창의성을 극도로 제한하기도 한다. 창의성은 통제되지 않은 자유로운 분위기에서 싹트는데, 단정적 평가주의는 이러한 분위기를 억압한다. 또한 창의성이란 성공뿐 아니라 실패에도 기초하는데, 사람들이 언제 어떻게 평가받을지 몰라 불안한 경우 위험을 감수하려고 하지 않기 때문에 창의성은 제약 받을 수밖에 없다. 그래서 일부 첨단 기업들이나 고성과 기업들에서는 이런 단정적 평가주의 분위기를 바꾸려고 노력한다. 창의적인 아이디어를 제출한 모든 직원들에게, 그 아이디어가 실행이 되었건 아니건, 심지어 아무리 엉뚱한 아이디어라 할지라도, 모두 보상을 해 주는 것이다. 그 결과 평가에 대한 부담이 사라지면 창의성은 더욱 활발히 촉진된다.

한편 단정적 평가주의는 험담 내지 뒷담화와도 연관된다. 우리의 경험에 따르면 평가주의 문화가 약한 집단에서는 험담이나 뒷담화가 거의 오가지 않는다. 그리고 사람들 사이에 아무런 부담 없이 수많은 대화가 오간다. 둘 사이의 차이는, 단정적인 평가주의 시스템 하에서는 뒷담화가 개방적인 대화보다 우세하며 종종 타인을 헐뜯거나 비난하려는 의도로 사용된다는 것이다. 대부분의 뒷담화는 이야기되는 사람들에 대한 온갖 판단과 평가로 충만하다. 사람들이 단정적이지 않을 때, 그들은 타인도 그들 자신과 같은 사람으로 여기고 타인에 대한 조건 없는 애정과 배려로 진실을 말한다. 이런 패러다임 안에서는 누군가를 은연중에 선악으로 나누어 판단하지 않는다. 모든 사람들은 그들 자신일 뿐이다. 단정적인 평가주의가 없는 조직에서 이러한 사실들이 당연하게 받아들여진다면 험담이나 뒷담화는 사라질 것이다.

완벽주의

완벽주의가 중독 조직의 특성 중 하나라고 이야기하면 놀라는 사람들도 있을 것이다. 모든 지표가 그 조직이 상당한 내부적 혼란을 겪고 있다는 것을 가리키는데, 어떻게 그런 조직이 완벽주의를 추구할 수 있느냐는 것이다. 이런 조직들이 가진 질병의 일부가, 자기 나름의 의미에서이긴 하지만, '신'과 같은 존재가 될 수 있다는 믿음에서 나온다는 것을 떠올리자. 그 신이란 어디에나 존재하며 모르는 게 없고 못하는 게 없다는 의미에서 '전지전능'하다. 그들에겐 불가능이란 없다. 실제로 많은 최고경영자들이나 기업들은 신처럼 되려고 부단히 애를 쓴다. 그리고 실패하고, 그리고 우울해한다.

앞서 인용한 피터스와 워터만이 "잘 하는 것에 집중하라"며 기업에 거창한 새 사업을 벌이지 말고 가장 잘 아는 것에 집중하라고 말한 의미는, 다른 말로 하면 신이 되려 하지 말고 자기 자신이 되라는 것, 그것으로 충분하다는 것이다. 통제와 마찬가지로 완벽주의도 일종의 환상 내지 착각에 불과하다. 완벽주의의 환상을 영속적으로 유지하려면, 그는 계속해서 명백한 것을 피하면서 부인 또는 부정,

거짓말, 모호함과 더불어 살아야 한다. 그래야 그가 주장하는 엉터리 완벽주의가 들통이 나지 않기 때문이다. 그러나 우리는 모두 완벽하지 않다. 우리는 그저 사람일 뿐이다.

그런데도 대다수 조직들은 예컨대 직무 기술서 같은 데에서 완벽주의를 제도화한다. 실제로 우리는 경영 조직을 자문하면서 종종 그들의 직무 기술서를 검토했는데, 대부분의 직무 기술서들이 사람의 힘으로 도무지 수행할 수 없는 내용을 담고 있었다. 예를 들어 직무 기술서에는 다섯 명이 필요한 일이라고 규정되어 있지만, 그 일은 다섯 명으로는 감당하기 어려운 많은 과업들을 포함하고 있었다. 그런데도 회사는 아무런 문제가 없다는 듯, 직원들에게 그런 직무 기술서를 나눠 준다.

앞서 살핀 각종 서비스 조직이나 인간 개발 기구 같은 조직들에서도 이런 현상은 동일하게 나타났다. 이들은 자기 조직이 평생 해도 못 다할 엄청난 내용들을 조직의 목표로 내걸고 있었다. 양도 양이지만, 일의 내용도 달성하기엔 너무 원대했다. 일례로 여러 조직들이 "세계적 빈곤 퇴치"라든지 "인종주의 철폐", 또는 "제3세계 모든 여성의 발전"과 같은 실로 거창하고 추상적인 구호들을 내걸고 있었다. 이런 조직들에서는 신과 같은 무소불위의 환상이나 완벽주의 환상이 끝까지 살아남는다.

중독 시스템이 널리 퍼져나갈수록 거창한 목표들이 실제로 달성될 수 있을 것이라는 과대망상도 심해진다. 중독 조직은 조직의 초점을 미래에 맞추고, 바깥에서 보기에 좋은 일을 하고 있다고 느낄 수 있는 목표, 그리고 지금 여기의 문제에 매달리지 않아도 될 달성

불가능하고 완벽하게 보이는 목표를 개발하는 일에 심혈을 기울인다. 바로 이것이 일종의 환상적인 시스템을 유지하는 방식이다. 그러나 불행히도 이런 방식은 궁극적으로 개인이나 조직 전체를 우울하게 만든다.

혼란, 그리고 위기 지향성

모든 중독 조직에서는 혼란이 특징이다. 이 혼란은 위기가 발생할 때마다 주기적으로 중단되는데, 따라서 위기는 조직 안에 늘 존재하는 혼란에서 일시적으로나마 벗어나게 해 주는 역할을 한다. 경영자들이나 계획 입안자들은 곧잘 혼란이 줄어들면 위기도 줄어들 것이라는 가정을 한다. 그들은 불행히도, 위기와 혼란을 마치 서로 분리된 것처럼 보고 있다.

중독 조직에서는 모든 사람들이 실제로 그 조직에 무슨 일이 일어나고 있는지 알아내려고 안간힘을 쓴다. 그와 관련된 정보를 정확히 파악할 수 있다고 믿고 있는 것이다. 물론 이런 노력들은 헛되다. 무엇보다 무언가 중요한 일이 벌어지고 있다는 생각 자체가 환상인 경우가 많기 때문이다. 중독 조직에서는 생산적인 활동이 거의 일어나지 않으며, 설사 일어난다 할지라도 터무니없는 수고를 요하는 경우가 대부분이다. 조직이 가진 혼란이나 위기 지향성은 바로 이런 현실을 숨긴다.

중독 조직에서 많은 사람들은 조직 안에서 무슨 일이 벌어지는지 '이해하는' 일이 가능하다고 믿는다. 이 과정은 마치 〈익명의 알코올중독자 모임〉에서 이야기하는 '악취 나는 생각stinkin thinkin'의 과정과 비슷하다. 여기서 '악취 나는 생각'이란 중독자의 혼란스런 사고 과정을 뜻한다. 그것은 논리적이고 합리적이지만 동시에 대단히 강박적이고 편집증적인 경향을 띤다. 정상적인 사고와는 질적으로 다르다. 중독 조직 안의 혼란을 제대로 파악할 수 있다는 믿음이 '악취 나는 생각'인 이유는 그런 믿음으로 인해 사람들이 혼란을 초래하는 시스템에서 벗어나지 못하기 때문이다. 중독 시스템을 이해할 수 있다고 믿는 것은 한마디로 미친 짓이다. 이해하려는 시도는 강박적인 행동이 될 테고, 결국 아무것도 바꿀 수 없을 것이다.

한편, 혼란은 사람들을 과거에 묶어 놓는다. 우리는 끊임없이 과거로 돌아가 우리가 어떻게 이와 같은 엉망진창인 곳에 이르게 되었는지를 이해하려 한다. 우리에게 자문을 구한 수많은 조직들은 우리에게 하나같이 "당신은 이 문제의 역사를 알아야 해요"라고 말했다. 물론 이들에게 합의된 역사란 없다. 우리는 갈등 중재자들에게 어떤 문제의 역사를 이해하는 것과 관련된 중요한 교훈을 얻었다. 그들은 누구와도 과거를 가지고 협상하지 말라고 한다. 특정 과거에 동의할 수 있는 사람은 소수이다. 모든 사람들은 서로 다른 기억을 가지고 있고, 모두가 이미 끝난 일에 매달려 있다. 갈등 중재자들은 우리에게 과거 대신 현재 및 미래와 협상해야 한다고 말한다. 동일한 논리가 중독 조직에도 통한다. 혼란은 사람들로 하여금 부단히 과거에 집착하게 만든다. 구성원들이 모든 시간과 열정을 과거에 쏟다 보니 코앞에서 진짜 벌어지는 일들에 신경을 쓸 겨를이 없다. 현실의 상황이 어떠한지 알 방법이 없는 것이다.

한편 위기는 중독 조직에서 약간 다른 기능을 수행한다. 물론 혼란과 마찬가지로 위기도 우리로 하여금 직장에서 효과적으로 일하는 걸 방해한다. 위기를 처리하느라 일상적인 일을 제대로 돌아보지 못하기 때문이다. 그러나 위기는 감정의 대체물이라는 또 다른 기능을 하기도 한다.

중독 조직에서는 감정이 허용되지 않는다. 그래서 조직 구성원들은 그들 내면에서 일어나는 일들에 대체로 무감각하다. 바로 그때, 위기 상황이 거대한 격변과 강한 감정을 만들어 낸다. 어쩌면 조직이 위기를 일으키는 이유는 '느끼기 위해서'라고 말할 수도 있을 것이다. 위기의 또 다른 효과는 일상적인 업무 과정에서 서로 소외되고 있던 구성원들을 강력하게 단결시키는 것이다. 즉, 위기는 사람들이 가지고 있던 적개심을 내려놓고 더 커다란 목표를 향해 서로 협동하게 만든다.

이 두 가지 경로를 통해 위기는 사람들에게 허구적인 동지 의식을 갖게 한다. 사실 그것은 가짜 동지 의식이다. 그것은 일시적 효과만 낼 뿐이며 진정한 삶과 건강한 조직의 대체물에 불과하다. 위기는 사람들에게 위기만 잘 극복한다면 그들이 진정한 공동체가 될 수 있을 거라는 환상을 심어 준다. 중독 조직은 바로 이러한 착각이나 환상을 적절히 흡수하면서 그것을 이용해 자신을 유지해 나간다.

위기 지향성은 또한 권력에 다양한 통제 기제를 부여해 중독 조직을 존속시킨다. 위기 상황에서 우리는 지도적인 사람들에게 권력을 위임하고 특별한 절차를 시행하도록 허용한다. 통제를 통해 상황을 제어할 수 있다는 환상을 키우는 것이다. 위기는 관리자들의 극단적이고 변덕스러운 행동에 핑곗거리를 제공해 줄 뿐만 아니라 조직으로 하여금 더 심한 중독 행위도 견디게 만든다. 궁극적으로 위기는 계획을 세우거나 책임을 떠맡을 조직의 능력을 감소시킨다. 결국 위기가 규범이 되면 경영진은 일상적으로 부당하게 많은 권력을 휘두르는 경향이 있다.

미묘한 유혹

우리는 중독 조직 안에서 벌어지는 불분명한 관계 맺기의 전형으로 유혹seduction을 논하고자 한다. 원래 유혹이란 말은 성적인 의미를 내포하지만, 여기서 말하는 유혹은 그보다 넓은 의미를 지닌다. 우리는 여기에서 사람들을 현혹해 그들 스스로 옳다고 생각하는 것이나 그들 자신의 인식으로부터 시선을 돌리게 만드는 시도를 가리켜 유혹이라고 말한다.

자존감이 낮은 사람들, 그리고 늘 뭔가 불충분하다고 느끼는 사람들이 일정한 관계에 들어가면, 이들은 자신에게 부족하거나 필요하다고 느끼는 것들을 자신의 외부에서 가져와 채워 넣으려 한다. 이때 유혹은 조직은 물론 자기 자신과의 친밀성조차 회피하기 위해 다른 사람을 대상화하여 이용한다. 우리는 유혹이 중독 조직에서 발생하는 관계 맺기의 전형이라고 믿는다. 중독 조직에서 사람들은 종종 자신들이 옳지 않다고 느끼는 활동들에 본의 아니게 휩쓸려가거나 끌려 들어가는 걸 발견한다.

우리는 대형 화장품 회사를 컨설팅한 적이 있는데, 그곳 직원들은 수시로 '펩 랠리'▪ 같은 분위기를 풍기는 미팅에 참여해야 했다. 이는 영업 사원들을 고무하기 위한 것이었다. 우리가 만난 어느 여성은 자기가 파는 제품에 대해 확신에 차 있었고 자부심도 컸지만 그럼에도 '펩 랠리'에서 사람들이 서로 등을 두드리고 껴안고 키스를 하며 고함을 치거나 마구 소리를 질러대는 걸 상당히 불편해했다. 그녀는 마치 꾐에 빠진 것 같은 느낌을 받았으며, 자신의 지성이나 인격이 무시되거나 존중받지 못한다고 느꼈다.

이런 식으로 미묘한 유혹이 일종의 규범처럼 통하는 조직에서 구성원들은 하고 싶지 않은 일이라도 해야 한다는 조직의 기대감을 강하게 느끼며 본인이 불편하다고 생각하는 활동에 끌려 들어가기도 한다. 이런 조직은 구성원들에게 자기 활동의 적절성을 시험할 아무런 기준도 제시하지 않음으로써 유혹적인 행동을 권장한다. 이처럼 유혹적인 행동이 조장되다 보면 사람들은 서로 진정한 관계를 맺기 어렵다. 흥미롭게도, 유혹은 친밀성을 비껴 나간다. 사람들은 참된 만남을 회피하기 위해 피상적인 관계에만 머문다.

한편 동반 중독자와 알코올중독 가정에서 자란 성인 아이들은 종종 경계선을 잘 찾지 못하는 경향이 있다. 그들은 자신의 차례가 어디서 끝나고 다른 사람들이 어디서 시작하는지를 잘 모른다. 그 결과 상대방을 흡수하거나 아니면 거꾸로 상대방에게 흡수당하는 것을 정상적인 관계 맺기 방식인 것처럼 믿게 된다. 이것도 일종의 이분법적 사고이다. 유혹하는 힘은 바로 그런 환경 속에서 번창한다. 건강한 조직이라면 사람들은 개인 차원이나 집단 차원에서 서로 힘이 들더라도 정직한 소통을 하고 개방적이고 분명한 관계를 맺으려

■ pep rally. 중요한 운동 경기 전에 선수들의 사기 진작을 위해 펼쳐지는 응원전을 말한다.

노력한다. 그러나 중독 조직에서는 그 대신에 유혹의 힘으로 대리 만족을 얻으려 한다.

편 가르기

앞에서 우리는 중독 조직의 사고 과정이 이분법의 지배를 받는다고 했다. 이와 유사한 것으로 중독 조직은 편 가르기를 잘 하는 경향이 있다. 이런 분위기 속에서 조직 구성원들은 어떤 문제를 둘러싸고 반드시 한쪽 편을 들어야 한다고 생각한다. 그 대상은 특정 사람이 될 수도 있고 아이디어가 될 수도, 또 제품이 될 수도 있다. 여하간 이 편 아니면 저 편 중 꼭 하나를 선택해야 한다. 둘 다 맞거나, 둘 다 틀리거나, 아니면 각각이 부분적으로 맞거나, 혹은 둘 외에 다른 선택지가 얼마든지 있을 수 있다는 생각을 하지 못한다. 다양한 선택이 가능하다는 사실을 제대로 인식하지 못하는 것이다.

이런 방식이나 과정 속에 움직이는 조직에서는 한 쪽 편에 서야만 한다는 미묘한 유혹을 느낄 수밖에 없다. 그래야 정체성이 분명해지고 소속감을 얻는다고 생각하기 때문이다. 반대로 이런 과정의 바깥에 머무는 건 상당한 위험을 감수해야 하는 일이 된다. 조직 내 규범이 어디에라도 가입하라고 말하기 때문이다. 이런 게임을 피하려면 어마어마한 힘이 소요된다.

동반 중독자들이나 알코올중독 가정에서 자란 성인 아이들은 이런 식의 상황에 놓이게 되면 공황 상태에 빠진다. 그들의 원가족은 늘 갈등을 안고 있었고, 그들은 둘 중 한쪽 편을 들어야 한다는 기대를 받으며 자라왔다. 하지만 어느 편의 손을 들어 주든, 언제나

지는 싸움이었다. 그래서 이들은 직장 조직에서도 동일한 일을 반복해야 한다는 사실에 끔찍해한다. 그럼에도 이 과정은 그들에게 친숙한 상황이기에, 오히려 능수능란하게 대처할 수도 있다.

통제, 그리고 조작

나중에 또 살펴겠지만, 중독 조직에서는 통제가 구조화되어 있다. 조직의 구조가 전체적으로 통제 지향적으로 짜여 있다는 말이다. 통제와 부정직이 서로 결합해 소비자를 기만하기도 하는데, 이는 중독 조직의 통상적 과정이다.

조직은 직원들에게 제품의 결함이나 조직의 삐걱거림을 철저히 숨길 것을 일상적으로 요구한다. 이른바 비밀 준수 의무이다. 여기서 조직은 두 가지 수준의 부정직에 참여한다. 제품의 결함을 알고도 생산을 하며, 그 다음에는 모르는 척 시장에 내다 판다. 직원들에게 계속 거짓말을 하라고 요구하면서 말이다.

기업은 텔레비전이나 여타 미디어를 통해 수많은 제품들을 광고한다. 그 상품의 많은 부분들은 이미 그 자체가 중독적이다. 술, 담배, 커피 등이 대표적이다. 설탕이 듬뿍 든 시리얼이나 가공 식품처럼 건강하지 않은 것들도 많다. 우리는 광고의 양과 제품의 건강성 사이엔 직접적인 역 상관관계가 있다는 것을 발견했다. 각종 방송이나 언론은 소비자들의 욕구를 조작해 그들이나 아이들에게 좋지 않은 것들도 마구 사게 한다. 이른바 '대중의 취향을 교육'하는 일은 미국만이 아니라 제3세계까지 침투해 들어갔다.

가장 잘 알려진 예로, 초국적 기업이 제3세계 엄마들에게 분유를 판 사례가 있다. 그 기업은 아이들에게 모유 수유를 할 필요가 없다고 엄마들을 설득했다. 기업 대표는 마치 의사나 간호사처럼 흰 가운을 걸치고 텔레비전에 나와 열정적으로 분유를 선전했다. 그 방송을 본 아기 엄마들은 유아용 분유를 먹이기 시작했다. 그러나 이들은 너무 가난해서 충분한 양의 분유를 살 수 없었고 깨끗하지 않은 물로 분유를 희석해서 먹였다. 시간이 흐르자 그 분유가 판매된 지역의 유아 사망률이 급증했다. 유아용 분유 사건은 미국이 소비자를 기만하고 결국은 다른 나라에까지 질병을 퍼뜨린 여러 사례 가운데 하나에 불과하다. 소비자들에게 그들이 원하는 제품을 공급하는 일과 그들이 필요로 하지 않거나 심지어 해로운 특정 제품을 사도록 만드는 일은 전혀 다른 것이다.

중독 조직 관점에서 우리는 기업 조직들이 소비자와 일종의 동반 중독자 관계에 있음을 간파할 수 있었다. 중독자나 동반 중독자 들이 동일한 중독 시스템에 머물기 위해 서로가 서로를 필요로 하듯이 기업 조직은 사업을 계속하기 위해 소비자의 협력을 필요로 한다. 소비자들이 그 제품을 필요로 하지 않으면, 회사는 욕구를 창출할 방법을 개발해 낸다. 대체로 엉터리 광고나 부당한 시장 전략을 활용하는 식이다. 그러면 소비자들은 과거에는 없던 욕구와 필요를 불현듯 느끼며 그 제품을 구매한다. 그리고 같은 사이클이 반복된다.

그러다 상호 관계를 맺고 있는 두 부분 중 한쪽에서 새로운 요구나 변화를 만들어 내면 다른 쪽도 빠져 나오거나 변화할 수 있는 기회를 맞는다. 예컨대, 소비자 권리 운동가들은 음식물에 해로운 방부제나 착색제를 쓰지 말라고 기업에 압박을 가한다. 기업은 그러한 요구에 동의할 수밖에 없는데, 기업 입장에서는 대개 소비자들과 좋은 관계를 유지하길 원하며 그렇게 해야만 소비자의 호주머니에서 돈을 빼낼 수 있기 때문이다.

이 모든 과정들이 중독 시스템이 보이는 조직적 차원의 모습들이다. 사실 개인 중독자나 동반 중독자들도 개인적 삶이나 직업적 삶에서 늘 이런 특성들을 드러내며 살아간다. 조직 또한 하나의 유기체로 일종의 '페르소나'를 갖는데 이 페르소나는 결국 개인들로 구성된다. 물론, 그것은 개별 부분들의 단순한 총합보다는 크다.

앞서 묘사한 기업 조직의 특성들은 이미 수 년 동안 존속해 왔다. 조직의 특성은 개별 직원보다 훨씬 큰 차원을 가지고 있으며, 파급력도 크다. 그 많은 조직적 특성들은 여태껏 지극히 정상적인 작동 방식이라고 받아들여져 왔다. 중독적 특성들이 조직 전체로 교묘히 퍼져나가는데도 사람들이 쉽사리 발견하거나 고치기 어려운 이유가 여기 있다. 우리가 강조하고자 하는 것은, 바로 이런 조직적 과정들이 결코 정상적인 모습은 아니란 점이다. 그것들은 이미 중독 행위자가 되어버린 조직들에만 정상일 뿐이다. 우리는 진심으로 대안이 있다고 믿는다.

조직 구조적 측면

이제 우리는 중독 행위자로서 조직이 갖는 또 다른 측면을 살펴보려고 한다. 중독적 기능을 영속화할 수 있게 하는 조직 내 구조가 무엇인지를 보려는 것이다. 우리는 일반 중독 행위자에 관해 던졌던 질문과 동일한 질문을 조직 구조에도 던져 보았다. 중독자를 닮은 조직적 구조에 관해 대체 우리가 알고 있는 것은 무엇인가? 우리는 많은 구조들이 경쟁을 야기하고, 통제를 강화하고, 처벌을 가하고, 예측 가능한 범위 안에서만 움직이며, 집단의 사명을 성취하는 일을 어렵게 만드는 방향으로 설계되어 있다는 사실은 확실히 알고 있다.

우리는 많은 조직들을 관찰하면서 조직 시스템이 병들어갈수록 규칙과 절차 들이 늘어난다는 점을 알 수 있었다. 중독 시스템 안의 개인이 병들면, 그들은 좋은 판단을 내릴 수 없다. 이런 상황을 통제하기 위해 수많은 규칙이나 절차 들이 만들어진다. 흔히들 '레드 테이프'라 부르는 불필요한 형식주의가 전통적인 관료제에서 갖는 의미가 바로 이런 것이다. 인간은 예측 불가능하고 신뢰하기 어렵지만 시스템은 완벽할 수 있고 완벽해야 한다는 믿음에서 관료제가 나온다. 시스템이 인간의 오류 가능성으로부터 우리를 보호해 준다는 것이다. 두말할 나위 없이 인간을 믿지 못한다는 이유로 규칙을 개발하는 것 자체가 중독적 과정이다.

우리가 지금부터 하나씩 검토하고자 하는 조직의 구조나 절차는 모두 어느 정도까지는 특정한 신화에 기초해 있다. 그것은 확실한 규칙들이 중독 시스템의 질병을 완화할 것이란 신화다.

사명과 구조의 비일관성

우리가 중독 조직에서 발견하는 가장 눈에 거슬리는 시스템상의 문제는 조직 구조와 조직 사명이 부조화를 이룬다는 점이다. 많은 경우에 조직 구조는 조직이 고유한 사명을 수행하는 과정을 실질적으로 방해하고 훼방을 놓는다. 더 나아가 조직의 목표를 달성할 가능성을 완전히 제거해 버리기도 한다.

우리는 대단히 혁신적인 성인 대상 평생 교육 기관에서 이에 해당하는 사례를 만났다. 그 교육원의 사명은 성인들의 배움을 촉진하는 것이었다. 대체로 교육원을 찾는 성인들은 자기 주도적으로 학습을 하고자 하는 의욕이 넘치며 자신에게 적절한 학습 활동을 선택하고, 그 분야에서 충분한 실력을 쌓기 위해 무엇을 알아야 할지 스스로 결정했다. 수강생 대부분이 직장 생활을 경험했던 사람들이기 때문에 우리는 교육원이 그들을 성인으로 대우하며 그들이 목표를 이룰 수 있도록 잘 도와줄 것이라 생각했다. 하지만 우리의 생각은 틀렸다.

오히려 교육원은 수강생들이 자신이 선택한 영역과 별 연관성도 없는 학습 활동에 참여할 수밖에 없도록 프로그램을 짜놓았다. 감독관들에게 좋은 인상을 줄 수 있도록 온갖 서류만 대량으로 만들고 있었으며, 무의미한 요구들에만 부응했다. 요컨대 시스템의 모든 부분들이 예비 수강생들의 자기 주도적 학습을 해치는 방향으로 조직되었다. 수강생들의 가장 주요한 학습 과정은 규칙을 준수하는 것이었다. 물론, 많은 수강생들이 자신의 교육적 목표를 달성하긴 했다. 하지만 그러려면 늘 교육원의 행정 구조를 주의 깊게 살펴야 했다. 수강생들은 교육원의 통제력이 약한 틈을 타서 자신이 목표한 공부를 할 수 있도록 행정실과 적당히 게임을 벌이는 데 대부분의 신경을 쏟았다. 물론 그들은 규칙과 어울리는 방법도 찾아냈다. 보통 부정직한 형식을 통해서였다.

우리가 이런 이야기를 하면 사람들은 고개를 끄덕이며, "다 그런 식인거지" 하고 말한다. 바로 이런 식이야말로 중독 조직이 돌아가는 방식이다. 하지만 우리에겐 대안이 있다.

위 사례는 어쩌면 중독 행위자로서 조직의 완벽한 전형을 보여주고 있는지도 모른다. 예비 수강생들은 교육원의 공식적인 사명이나 목적을 믿었기에 교육원에 온 것이다. 하지만 교육원의 행정 구조는 그 사명을 달성하기 어렵게 만든다. 오로지 통제의 필요성에서 만들어진 구조이기 때문이다. 따라서 조직의 구조가 조직의 목표를 실현하는 데 방해가 되고 있었다.

그런 상황에서 수강생들은 표리부동한 교육원의 모습에 혼란을 느끼기도 하고 동시에 화를 내기도 했다. 그래서 한편으로는 교육원의 규칙에 순응하는 척 하면서 다른 편으로는 틈새를 이용해 통제 구조를 교묘히 피하거나 행정실에 적절히 거짓말을 둘러 대면서 자신의 목표를 추구했다. 결국, 수강생들 또한 어쩔 수 없이 일종의 사기꾼이 되어버렸다. 그러자 행정실 관리자들은 수강생을 신뢰할 수 없다는 생각에 획일성과 높은 기준을 충족시키기 위해 더 많은 규칙들을 만들어 냈다. 게다가 교육원은 '혁신적인' 기관이었고, 느슨하게 보이면 사람들이 어떻게 생각할까를 걱정하는 조직이었기 때문에 규칙은 더욱 늘어났다. 교육원이 기관의 인상을 관리하는 데에만 신경을 쓴 것은 조직의 부정직함을 보여 주는 증거였다. 교육원은 이제 일반 학교와 별반 다르지 않아 보였다. 기관의 사명과 구조가 일치하지 않았고, 조직적 차원에서 문제를 안게 되었다.

당연한 일이지만, 조직들이 고유의 사명과 조화로운 과정으로부터 멀어지기 시작하면, 그리하여 아예 다른 방향으로 나아가기 시작하면, 결국은 자가당착에 이르게 된다. 그들의 문제는 그 구조 속에 표현된다. 조직의 실제 구조야말로 회사 조직의 진정한 정체성을 반영하고, 또 실행하기 때문이다.

외부 참조와 눈치 보기

외부 참조도 중독 조직이 보이는 또 다른 과정으로, 우리의 논의에 포함시킬 만하다. 개인이건 조직이건 자신의 타당성을 확인받는 원천이 자기 외부에 있는 경우 우리는 외부 참조를 한다고 한다. 외부 참조를 하는 조직은 어떤 행위나 판단을 하는 데 있어 내부에서 얻어진 정보와 외부에서 얻어진 정보 사이에 적절한 균형을 찾지 못하고 오로지 외부 정보에만 의존한다. 마찬가지로 동반 중독자들이나 알코올중독 가정에서 자란 성인 아이들은 어떻게 행동하고 반응할지 몰라서 평생 자기 외부만 살피느라 시간을 다 쓴다.

이 과정의 좋은 사례를 임상 심리학 분야에서 찾아볼 수 있다. 원래 임상 심리학은 심리적으로 문제가 있는 사람들을 치유하려는 고유의 사명을 띠고 있다. 그런데 역사적으로 보면 임상 심리학은 의학에서 좀 덜떨어진 아이 취급을 당해 왔다. 그래서 임상 심리학은 늘 의학 분야에서 나름의 인정을 받기 위해 권위 있는 의학 모델을 흉내 내려고 애를 써 왔다. 그렇게 몇 년이 흐르자 심리학조차 규제적인 구조를 개발하는 데 집착하게 되었다. 심리 치유 과정은 점점 경직되어 갔고, 규칙을 강조하는 분위기가 정착되었다. 그 결과 불행히도 임상 심리학은 환자의 참된 요구나 필요에 귀 기울이는 데서 벗어나 자기만족적 진료 행위로 변질되었다.

이런 식으로 어떤 조직이 자신의 고유 사명과는 동떨어진 구조를 장착한 채 늘 자신의 행위 기준을 외부에서 찾고자 한다면 그 조직은 일종의 정신분열증을 앓게 된다. 그 결과 불가피하게도 내적인 대혼란이 발생하고, 그 혼란을 제대로 수습하지도 못한 상태에서 코 앞의 현실을 통제하기 위한 시도들만 거듭 반복하게 된다. 실은 이 통제란 것도 우리가 살펴보아야 할 또 다른 시스템적 문제이다.

통제 만능주의

개별 중독자들에게 부정직과 현실 부정이 가장 명확한 특성이라면, 중독 조직에 있어서는 통제가 가장 큰 특성이다. 아마도 조직이라는 것 자체가 매우 복잡하기 때문에, 조직 입장에서는 혼란을 줄이기 위한 최선의 방책이 통제라고 생각하는 경향이 있는 것 같다. 그래서 중독 조직일수록 모든 조직적 수준에서 통제 기제가 구조적으로 설계되어 있다. 일례로 중독 조직에서는 인사관리 관행이 징벌 개념에 기초해 짜여 있다. 이런 시스템에서 인간의 행동은 개인의 선악을 반영한다고 여겨진다. 어떤 행동의 논리적이고 명확한 결과란 여러 선택을 거친 결과로 나타난다고 보지 않는 것이다.

중독 조직은 타인의 시선에 비치는 자기 모습을 통제하려고 하고, 그것이 가능하다고 믿는다. 중독 조직은 조직 이미지(조직 이미지라는 것 역시 일종의 인상 관리라 할 수 있다)가 대체로 드레스 코드나 특정 기능의 표현, 특정 주제만을 다루는 토론, 그리고 좋은 인상을 주기 위해 개발된 다양한 조치들 같은 것에 의해 만들어진다고 생각한다. 좋은 인상이란 다른 조직이나 고객들, 그리고 대중에게 모든 일이 잘 돌아가고 있는 것처럼 보이고 싶은 욕망의 일부이다. 중독 조직은 만일 외부 세계가 자기 회사를 있는 그대로 보게 된다면 더 이상 자신과 사업을 하려 하지 않을 것이고, 자기 시스템의 결함을 들키게 될 것이라고 믿는다. 바로 이 점이 중독 가정을 연상시킨다. 중독 가정 역시 내부적으로는 사실상 붕괴하고 있더라도 주변 이웃들에게는 이상적인 가정처럼 보이기 때문이다. 중독 가정은 이런 환상을 계속 유지하기 위해 어마어마한 에너지를 투입한다.

계획을 세우는 것도 중독 조직에서는 통제의 일종이 될 수 있다. 중독 조직은 계획만 잘 세우면 미래가 그들이 원하는 방향으로 나아갈 거라 확신한다. 이들은 장기적인 계획을 세우면서 안정감을 얻는데, 이는 계획하는 과정에서 미래에 일어날 일을 통제할 수 있는 힘이 그들에게 주어진다고 생각하기 때문이다. 이들에게 계획은 예측이며, 예측은 곧 통제이다.

물론, 건강한 조직들도 계획은 세운다. 하지만 건강한 조직들에게 계획이란 하나의 과정이다. 그래서 유연함을 중시하고 상황에 따라 신축적으로 운영한다. 더 중요한 점은, 해결되지 않은 조직의 질병에 임기응변으로 대처하기 위해 계획을 세우진 않는다는 것이다. 요컨대 건강 조직에서 계획이란 결과가 아니다. 그것은 예측도 아니고 처방전도 아니며, 그저 현 상황에 대한 설명일 뿐이다.

반면 중독 조직에서는 계획이 일종의 착각을 불러일으키는 활동이다. 계획 과정에서 시스템 안으로 들어갈 정보의 양을 아주 적극적으로 제한하기 때문이다. 중독 조직은 조직 안팎에서 광범위한 정보나 사례를 추출하는 대신 정보를 얻기 위해 누구를 만나고 어디를 갈지 지나치게 신중하게 선택한다. 그 결과 미래의 계획은 변화가 일어나고 있다는 인상만 주고 사실상 어느 정도 현재의 시스템을 영속화하는 데 쓰인다. 실제로 그러한 인상을 더 강하게 남기기 위해 앞뒤도 맞지 않는 겉치레에 불과한 변화들을 만들어 내기도 한다.

중독 조직에서 계획이 충분한 정보에 토대하지 않는다는 점에서 환상이라면, 권력은 부분적인 정보를 받아들이는 방식으로 통제에 기여한다. 조직 내 구성원들에게 부분적인 정보만 제공되는 경우, 사람들은 늘 불확실성을 느끼며 다른 사람들에게 의존한다. 그들은 근거에 입각한 결정을 내리기에 필요한 모든 정보를 한 번도 가져 본 적이 없다. 이러한 정보의 부족으로 개인들은 지나치게 예민해질 수 있으며, 집단은 내분에 휩싸이기도 한다. 그 결과 우리는 중독 조직에서 협력적인 문제 해결 방식을 거의 찾아보기 힘들다.

중독 조직에서 볼 수 있는 통제의 유형은 권력을 소수의 조종자 손에 쥐어 주는 것이다. 나머지 사람들은 이 상황에 적응하느라 너무나 많은 에너지를 쓴다. 만일 그 에너지가 다른 방식으로 쓰일 수만 있다면 조직은 훨씬 더 효율적으로 굴러갈 것이다.

섀프는 중독 조직의 경우 사람들이 그들이 원하고 필요로 하는 것을 얻기 위해 위험을 무릅쓰기보다는 차라리 통제를 받는 편을 택한다는 사실을 발견했다. 섀프는 굳이 다른 사람을 조종하지 않고 위험을 감수하고서라도 자신이 원하는 것을 끝까지 알려 하고 요구하는 사람은 언젠간 그들이 바라는 것을 얻게 될 것이라고 말한다.

그러나 다른 사람들을 통제하는 데에 초점을 맞춘 사람들은 스스로도 통제를 경험하게 되며 자신이 원하는 것을 얻을 기회를 곧잘 놓친다. 중독 조직에서는 이런 일이 자주 벌어진다. 권력이 소수에게 집중되어 있고 통제가 조직 작동의 중요한 방식이기 때문이다.

중독 조직에서 권력과 통제는 오늘날 우리의 정치 과정과 유사한 구조를 통해 발휘된다. 이런 시스템에서 권력이란 다른 사람의 의지와 무관하게 자신의 의지를 관철시키는 능력으로 정의된다. 조직 내부에서는 각종 연합이나 권력 집단들이 형성되어 조직 내 정치 과정을 주도한다. 그 와중에 각종 약속이 자주 남발되지만 지켜지는 것은 거의 없다. 이 과정에서 사람들은 표면상으로는 극진한 존중과 대접을 받는 것처럼 보이지만, 실제로는 특정 목적을 달성하기 위한 수단이나 물건처럼 다뤄질 뿐이다.

이러한 정치적 과정은 사실 많은 집단에서 조직이 작동하는 전형적인 방식이기도 하다. 다원주의나 민주주의 같은 개념들이 형식상 엄연히 존재하고 또 거듭 강조되긴 하지만, 실제 현실은 부정직, 통제, 그리고 동반 중독이 지배한다. 조직의 병이 깊어질수록 중독 과정은 증대되고 개인이나 집단은 자기 길을 가기 위해 어떤 일도 서슴지 않는다. 중독 조직은 이러한 정치적 과정을 앞서 말한 다른 버팀목들과 더불어 주요 대비책으로 삼는다. 새로운 시도들이 제대로 작동하지 않거나 위기를 야기할 경우, 사람들은 그들이 가장 잘 아는 것으로 되돌아가는 것이다.

이 정치적 과정은 우리가 사는 사회 속에도 깊이 뿌리내리고 있다. 좀 더 개방적인 시스템에서 사람들은 자신이 원하고 필요로 하는 것을 솔직히 말하고, 다른 사람의 필요에 귀를 기울이며, 되도록 모든 사람들이 수용할 수 있는 해결책을 찾기 위해 협상한다. 그러나 중독 시스템은 권력 게임, 공모나 결탁, 로비, 그리고 조작 등으로 되돌아간다. 이 모두는 통제의 여러 형태들에 불과하다.

경쟁과 분열

중독 조직이 통제를 행사하는 또 다른 방식은 경쟁이다. 많은 사람들이 경쟁을 오늘날 우리의 경제 체제를 지탱하는 사회 시스템의 특성이라고 보고, 그 결과 중독 조직을 지지한다. 물론 이에 대해 상세히 논하는 것은 이 책의 범위를 넘어선다. 우리는 다만 경쟁이 비생산적일 뿐 아니라 조직 내 중독 과정을 드러내는 것이기도 하다는 사실을 말하려고 한다.

경쟁은 대체로 비교에서 나온다. 그리고 비교는 외부의 기준을 참조하여 판단을 내리는 과정이다. 일례로 동일한 일자리를 놓고 경쟁하는 두 명의 지원자가 있다. 중독 시스템에서 이 두 지원자는 그 일자리를 차지하기 위해 서로 피 비린내 나는 경쟁을 할 것이다. 면접관은 당연히 두 사람을 서로 비교할 것이고, 그 과정에서는 단정적인 판단이 주를 이룰 것이다. 그러나 건강한 조직에서 핵심 문제는 두 지원자를 비교해 누가 더 나을 것인지를 판정하는 게 아니다. 둘 중 어느 지원자가 그 직무를 수행하는 데 더 적합할까 하는 것이 문제이다.

경쟁은 중독 조직 내부에 통합돼 있다. 만일 어떤 조직이 직원들로 하여금 특정한 보상을 받기 위해 서로 경쟁하게 만든다면, 그 조직은 구성원들이 그들 스스로 외부로부터 자기 검증을 받는 과정을 촉진하는 셈이다. 이런 환경에서 사람들은 상대방을 인격체로 대하기보다는 대상화한다. 그리고 보상은 다른 사람이나 집단을 이긴 대가로 주어진다.

경쟁은 내적으로나 외적으로나 중독 조직의 본질에 속한다. 일부 사람들은 같은 제품을 만드는 다른 생산자와의 경쟁은 피할 수 없다는 예를 들며 외부 경쟁은 필수적이라고 말한다. 하지만 경쟁자를 이기기 위해 사업을 하는 것과 자신 있게 제품이나 서비스를 공급하기 위해 사업을 하는 것에는 질적인 차이가 있다. 핵심적인 차이는 초점에 있다. 만일 어떤 사업이 정직함에 초점을 두고 전개된다면, 즉 조직이 정직하고 성실한 모습으로 일관성 있게 사업을 한다면, 경쟁은 별로 중요하지 않다.

과거 석유 위기 때 미국 자동차 산업이 바로 이 문제에 직면했다. 미국 자동차 제조업체들은 당시 미국 소비자들의 필요를 충족시킬 수 있는 고품질의 제품을 공급할 준비가 되어 있지 않았다. 반면, 일본이나 유럽 제조업체들은 미국 자동차 회사들을 때려눕힐 필요가 없었다. 그들은 그저 소비자의 필요에 관해 배울 수 있는 모든 것을 배웠고, 멋진 제품들을 내놓았다. 조직 내부에는 경쟁이 깊이 뿌리 내리고 있다. 그 경쟁은 충분히 가치가 있다. 일본처럼 경쟁자들과 협력하며 그들로부터 배울 준비가 되어 있는 나라들의 경제나 문화는 하나같이 우리에게 중요한 교훈을 준다. 그것은 경쟁의 패러다임이 이제는 종말을 향해 달려가고 있다는 것이다. 경쟁은 직원이나 소비자, 그리고 심지어 기업 자신에도 결코 좋지 않다.

형식주의 또는 외형주의

중독 조직 내 주목할 필요가 있는 마지막 구조적 특징은 '한 방의 해결책으로서의 형식주의' 증후군이다. 형식주의에 대한 집착은 많은 조직들과 집단들에 상당한 영향을 미치고 있다. 여기서 '한 방의 해결책'은 우리가 알고 느끼는 것들과의 접촉을 방해하는 역할을 한다. 예컨대, 알코올중독자 가정은 대개 외형상으로는 별 문제 없이 잘 돌아가는 것처럼 보이는데, 질병이 너무나 잘 은폐된 나머지 심지어 아이들조차 가정에 문제가 있다는 사실을 눈치 채지 못할 수도 있다. 여기서 가족은 일종의 해결책 역할을 하여 진상을 파악하는 데 방해가 된다.

대개 중독 조직들은 형식만 제대로 갖추면 기저의 질병을 건드리지 않고도 문제를 해결할 수 있을 것이라 믿는다. 이들은 조직의 구조만 완벽하다면 조직 안의 사람들은 적절히 통제될 수 있을 것이라는 나름의 확신을 갖고 있다. 그 결과, 중독 조직들은 완벽한 구조를 만드는 데 엄청난 시간과 에너지를 소모한다. 이런 식으로 조직은 마치 중독자와 중독자의 배우자 사이처럼 그 직원들과 동반 중독 관계를 맺는다. 개별 구성원과 기업은 갈수록 중독적으로 행위하고, 회사는 회사 나름대로 중독 행위의 부정적 효과들로부터 자신을 보호하기 위해 발버둥 친다. 허나 그들은 중독이라는 질병의 과정을 직면하는 대신 문제를 해결해 줄 절차나 형식을 찾느라 바쁘다.

우리는 최근에 어느 병원 조직에서 해결책으로서 형식주의가 갖는 또 다른 차원을 발견했다. 문제가 된 여성은 우리 가족의 지인으로, 40대 초반이고 알코올중독 및 약물중독에서 회복 중에 있었다.

최근에 그녀는 자신에게 탐식증이 있다는 걸 깨달았다. 그녀의 탐식증은 치료되지 않은 채 이미 오랜 시간이 흘렀으며 갈수록 심각한 상태로 진전되고 있었다. 마침내 그녀는 식이 장애를 치료하는 입원 프로그램에 참여하기로 했다.

입원 프로그램의 직원 가운데 한 명은 환자들이 공통적으로 가지고 있는 문제 중 하나는 자신의 감정을 느끼지도 표현하지도 못하는 데 있다고 말하며 환자들에게 감정을 느끼고 표현할 것을 적극적으로 권했다. 앞서 말한 우리의 친구는 자신이 우울증에 빠졌다고 느꼈다. 그런데 그녀가 그 사실을 '표현'하자마자 직원들은 그녀에게 즉각 약물 치료를 받으라고 했다. 그런데 이것이 그녀를 혼란에 빠뜨렸다. 왜냐하면 그녀는 자신의 우울증을 몸소 느끼고, 그로부터 뭔가를 배우고, 나아가 그것을 제대로 극복할 마음의 준비가 되어 있었기 때문이다. 더구나 그녀는 한창 약물중독에서 회복 중이었기 때문에 직원이 권장한 약물, 즉 잠재적인 습관성 항우울증 약물은 그녀의 회복에 상당히 해로운 것이기도 했다.

우리의 친구는 직원들에게 걱정을 털어놓았지만 그들은 그녀에게 약물 치료를 하기만 하면 "기분이 훨씬 좋아질" 것이라고 주장했다. 결국 그녀는 그 약물을 복용했다. 그러나 이야기는 여기서 끝나지 않았다. 약물이 새로운 문제를 야기한 것이다. 직원들도 그녀가 약물을 복용한 뒤로 그녀를 더욱 세밀히 관찰했다. 그녀는 종종 울었는데, 그러면 직원들은 약물의 농도를 더 높였다. 이 병원은 그 자체의 승녹 과정에 빠진 조직의 전형을 여실히 보여 주었다. 이 경우 우리는 확실히 뒤죽박죽인 메시지를 듣게 된다. "당신의 감정을 느껴

라. 그러나 당신의 감정을 느끼지 마라." 이것이야말로 환자들에게 큰 혼란을 초래하는 주범이다.

치유 센터의 직원들은 그들이 정의한 개선 내지 회복의 개념에 지나치게 집착했다. 그들은 자신들이 정의한 '완벽한' 상태가 되지 못한 채 치유 센터를 떠나게 된다면 환자의 건강이 호전될 수 없다고 믿었던 것이다. 이 경우 환자가 우울증을 느끼지 않아야 완벽한 상태라 믿었다. 결과적으로 그들은 그녀의 질병을 치유한 게 아니라 자신들이 설정한 틀 안에 환자를 끼워 맞춘 것에 불과했다.

우리의 친구에게 약물을 줌으로써 우울증을 누그러뜨린 것은 단지 그녀의 기분을 좋게 해 주기 위해서만은 아니었다. 그것은 또한 직원들 자신의 근심을 덜기 위한 것이기도 했다. 그러면서 그들은 자신들이 무언가를 하고 있고, 그녀의 병을 '통제하고 있다'는 착각을 유지했다.

여기서 사태의 진상이 더 확실해진다. 즉 우리의 친구가 가진 질병의 문제는 직원들이 **자신의** 기분을 좋게 하고 환자를 더 잘 통제하고 있다고 느낄 수 있도록 환자에게 약물을 얼마나 투여하느냐의 문제로 변질되고 만 것이다. 그러나 우리의 친구는 그들의 모든 조치들이 우울증을 해결하는 데 전혀 도움이 되지 않았다고 말했다. 그녀 역시도 약물 투여의 목적이 그녀 자신의 기저 질병을 치유하는 데 있는 게 아니라 직원들의 기분을 좋게 하기 위한 조치였다는 것을 알고 있었다.

우리는 직원들의 기본적인 욕구를 알아차렸다. 그들은 환자를 위해 자신들이 무언가 중요한 조치를 취하고 있다는 느낌을 갖길 원했던 것이다. 그런데 환자의 기분이나 질병은 결코 그들의 계획에 따라 움직이지 않았다. 결국 직원들은 환자에게 그들의 계획에 맞춰 달라고 요구한 것이나 다름이 없었다. 그들은 질병이 치유되는 방식에 대한 밑그림을 미리 그려 놓고 환자의 필요나 욕구에 관계없이 환자를 그 틀 속에 끼워 맞추려 했다. 여기에서 형식은 직원들에게 자신들이 일을 제대로 있다는 확신을 주는 '한 방'의 역할을 한다. 그들은 환자의 독특한 요구에 상황별로 대처하기보다는 한 방의 해결책 안에서 안정감을 느끼는 길을 택했다.

바로 이 과정에서 '한 방'은 일종의 중독물이 되어 직원들이 전반적인 과정에 적절히 주의를 기울이지 못하게 가로막는 역할을 했다. 중요한 일을 하지 않거나 '지금, 여기'에 제대로 신경을 쓰지 않는 변명으로 형식을 이용한 것이다. 이처럼 형식을 유지하기 위해 직원들의 시간과 회사의 돈은 한없이 소모되고, 이러한 소모적인 일은 영원히 계속된다. 동시에 자신들이 회사의 서비스를 개선하기 위해 무언가를 하고 있다는 조직 내 착각은 굳건하게 유지된다.

형식주의의 또 다른 사례는 오늘날 의료비나 심리 치료비를 환급받을 때 보험회사가 요구하는 서류들에서 발견할 수 있다. 우리는 보건 의료 기관을 컨설팅하면서 보험회사들이 치료 가능한 질병의 범주를 자체적으로 정해, 각 범주마다 각기 치료 가능한 기간을 엄격히 규정하고 있다는 사실을 발견했다. 보험회사들은 자기들 나름의 기준으로 치료 받을 수 있는 질병과 시간을 정해 놓고 있었다.

그런데 이런 식의 시스템은 어떤 면에서 '사실상의' 부정직함을 전제한다고 할 수 있다. 실제로 의사들이나 심리 치료사들은 보험회사에서 정한 기한 안에 환자를 위해 제대로 된 치료를 할 수 있을지 확신하지 못한다. 의사들은 대체로 보험회사가 정한 기준을 지킬 수밖에 없는데, 그러면 환자들의 개별적인 차이를 고려하기 어렵다. 결국 의사들은 형식에 기대어 환자들을 틀에 끼워 맞춤으로써 환자들의 필요와 보험회사의 규정을 조화시키는 데 따르는 스트레스를 경감시킨다. 보험 산업은 이런 식으로 자신의 중독적 과정을 은근슬쩍 다른 조직에 떠넘기고 있었다. 결과적으로 의사, 병원, 그리고 보험 회사는 일종의 동반 중독자 관계를 형성하게 된다. 이들이 서로 긴밀히 협력하지 않았다면 이러한 중독 과정은 결코 오랫동안 번창하기 어려웠을 것이다.

지금까지 우리가 논의한 주요 요소들, 즉 조직의 고유 사명을 지지하지 않는 구조, 통제 만능주의, 그리고 '한 방의 해결책'으로서의 형식주의 등은 모두 조직의 구조 안에 내장되어 있다. 이 모든 것은 조직이 마치 중독자처럼 행동하는 데에 결정적으로 중요하다. 물론 이것들은 중독 시스템을 지탱하는 여러 구조 가운데 일부 사례일 뿐이다. 통제는 조직이 신과 같은 존재가 되려고 하는 과정의 일환이며, 조직의 고유한 사명을 지지하지 않는 구조는 회사가 본연의 활동을 회피하는 방식이다. 한마디로, 모두가 가짜다. 한편 '한 방의 해결책'으로서의 형식주의는 조직이나 사람이 가진 복합적인 측면을 무시하게 만들고 마는, 그리하여 조직의 복잡다기한 과정들을 완벽할 정도로 예측 가능하고 통제 가능하게 만드는 지속적 과정일 뿐이다.

그런데 이 모든 구조적인 요소들은 결국 윤리적 타락을 초래하고 마침내 중독 조직을 궁극적으로 붕괴시킨다. 세상의 조직들이 여태 우리가 말한 중독적 과정이나 구조에 빠짐으로써 본연의 목적이나 소비자들, 그리고 노동자들의 존재를 잊어버릴 때, 그들은 말 그대로 도덕적 파산에 이르고 만다. 이렇게 되면 그들은 일반 사회나 노동자, 심지어 자기 자신과 맺은 약속들을 더 이상 지킬 수 없다. 조직이란 공적인 실체이다. 조직은 자신이 공식적으로 선언한 바대로 존재하고 정직하게 운영되어야 할 의무가 있다.

따라서 조직의 내부 과정뿐 아니라 그 조직이 생산하는 제품이나 서비스 자체도 제대로 점검해야 한다. 이 세계와 사람들에게 해로운 물질을 생산하는 기업들은 명백히 비윤리적이다. 또한 유익한 제품을 만들면서도 직원들을 일중독에 빠뜨리는 회사 조직도 비판을 면하기 어렵다. 기업 내부의 중독적 과정 역시 상당한 사회적 영향력을 지니기 때문이다.

섀프도 말했지만, 어떤 중독이건 중독의 목적은 무감각한 사람, 즉 좀비를 만들어 내는 데 있다. 이들 무감각한 좀비들은 파괴적인 과정에 대해 결코 '아니오'라고 말하지 않으면서 묵묵히 자기 일만 하는, 주어진 사회를 무비판적으로 수용하는 사람들이다.

조직이 중독 시스템에 빠져 드는 길은 실로 다양하다. 그리고 조직이 중독자인 한, 우리 모두, 그리고 사회 전체는 그에 상당한 영향을 받는다. 조직은 광범위한 네트워크를 통해 중독이라는 질병을 온 사회에 퍼뜨릴 수 있으므로 중독자가 된 조직들은 반드시 스스로 회복돼야 할 의무가 있다.

그러나 이 모든 것에도 불구하고 우리가 꼭 기억해야 할 것은, 중독 조직들이 결코 사악한 조직이 아니라 단지 아픈 조직일 뿐이란 점이다. 개별 중독자가 나쁜 사람들이 아니듯, 중독 조직도 결코 나쁜 조직이 아니다. (중독은 선악의 개념이 아니라 건강의 개념과 연관된다.) 이들 조직은 단지 아플 뿐이고, 따라서 제대로 치유하기만 하면 건강한 조직으로 거듭날 수 있다. 실제로 이들 조직은 다양한 수준에서 아픔을 겪는다. 그래서 치유와 회복이 절실하다. 그러나 여기서도 우리는 부분적인 회복이나 '한 방의 해결책'이 충분한 답이 되지 못한다는 사실을 알아야 한다. 이런 것들은 단지 일시적인 안도감만 줄 뿐, 진짜 문제에 대한 참된 해결책은 되지 못한다.

4부

**중독
조직에서
벗어나기**

1장
조직이 중독에서 벗어나지 못한다면?

지금까지 우리는 다양한 경영 조직들에 대해 제법 강력하고 때로는 혁명적인 이야기들을 해 왔다. 앞서 인용한 『뉴욕 타임즈』의 S. 프로케쉬는 "많은 사람들이 기업의 생존을 최고의 가치로 내세우는 새로운 신조를 채택하고 있다. 그 결과 '무자비한 경영'의 시대가 시작되었다"라고 말한 바 있다. 그는 다음과 같이 이어서 말한다.

> 〈제록스〉의 키언즈와 수많은 그의 동료들을 그토록 유연하고 혁신적으로 만든 것은 최고경영자 집단 사이에 새로운 인식이 널리 퍼졌기 때문이다. 그것은 기업의 생존은 더 이상 저절로 주어지지 않는다는 위기감이다. 이제 생존은 세상의 모든 경영자들에게 최우선의 관심사가 되어야 한다.[1]

요컨대 오늘날 기업들은 심각한 위기에 봉착해 있기 때문에 이

위기에 대처하기 위해선 다양한 대응 전략과 해법들이 절실히 필요하다는 것이다. 우리 두 사람은 이 '새로운 시대'의 최고경영자들이 기업의 위기에 대응해 온 방식이 여태 우리가 상세히 살핀 중독 시스템의 작동 방식과 동일하다고 본다. 그들은 갈수록 무책임해지고 있으며, 도덕이나 윤리를 내팽개치고 있다. 더 나아가 아예 노골적으로 거짓말을 일삼으며 '한 방의 해결책'에 의존하는 등 각종 조작을 일삼는다. 이에 대해 다시 한 번 프로케쉬의 말을 들어보자.

> 그러나 생존이라는 새 신조에 대한 지나친 강조는 역설적으로 미국의 최고경영자들로 하여금 창의적 혁신을 하게 만들기보다는 오히려 잔뜩 겁을 먹은 채 현상 유지만 하도록 만들었다. 그들은 새로운 사고를 주저한다. 그들은 자신들이 가진 사업에 대한 확신과 상관없이 돈이 많이 들거나 주변적인 사업들은 모조리 정리한다. (…) 이제 미국 기업에서 장대한 비전을 가진 사람들이나 진정한 창조자들을 찾아보기 어렵다. 새로운 생존 전략에 따르면 최고경영자들조차 시장을 뛰어넘을 수 있는 장기적인 안목을 갖기 어려워졌다.

이 생존을 위한 새로운 시도들은 물론 "단기적으로는 효과가 있을"지 모른다. 그러나 프로케쉬가 J. C. 버턴(당시 뉴욕 컬럼비아 대학교 경영대학원 원장)의 우려를 반복하듯이, 이 새로운 접근법들로 인해 미국 경영자들은 "자신의 회사를 단단하게 설계하고 보존해야 할 사업으로 보기"보다는 오로지 단기적인 결과만 추구하게 만들었다.

그런데 바로 이것이야말로 중독 사회가 지구의 자원이나 인적 자원을 바라보는 방식이 아니고 무어란 말인가? 또 이것이야말로 개인 중독자가 움직이는 행동 패턴이 아니고 무엇이란 말인가? 감히 말하건대, 우리 두 사람은 그렇다고 확신한다.

이제는 다음과 같은 질문을 던져야 할 때이다. 기업들이 오늘날과 같은 중독 사회 안에서 스스로 중독 조직으로 기능하고 있다는 사실을 직시하지 않는 현실은 과연 무엇을 뜻하는가? 또, 새로이 출현하는 위기에 대한 대응 방식이나 해법 들이 마치 개인 중독자들의 행태와 동일하다는 사실은 무엇을 의미할까? 나아가 수많은 경영자들이 문제가 있다는 걸 인식하고도, 마치 중독 가족의 구성원처럼 조직이 처한 현실을 외면한 채 한 방의 해결책만을 찾고 있다는 건 무엇을 암시하는가?

우리는 바로 이런 현상이 경영 조직 차원에서 중독이라는 질병을 영속화하고 있다고 확신한다. 우리가 중독 가정에서 볼 수 있는 양상들도 이와 결코 다르지 않다. 일중독, 부정직함, 그리고 통제 만능주의 등은 그 어느 것도 개인은 물론 기업 조직의 건강성 회복에 전혀 도움이 되지 않을 것이다.

기업 등 조직들이 계속해서 중독적으로 움직일 때

중독 조직은 중독적인 시각에서 문제를 인식하고 해석하며 결과적으로 중독적인 해결책만을 생산한다.

프로케쉬는 앞서 인용한 글에서 최근 미국 경영자들이 직면한 여러 가지 도전을 언급하며 분석을 하는데, 나름 정확하고 타당하다. 예컨대, ① 경영 조직들은 이제 상시적으로 변화해야 하며 더 이상 정태적으로 머물러서는 곤란하다. ② 기업의 생존을 당연한 것으로 생각해선 안 된다. ③ 그렇기 때문에 기업들은 예전처럼 현실에 안주해서는 안 된다. ④ 최고경영자들은 조직 경영에 예전과 다른 자세로 임해야 한다. ⑤ 기업 경영에서 위계적 조직이나 독단적 방법들은 낡은 것이 되고 말았다. ⑥ 그런 맥락에서 합의에 의한 규칙 같은 것이 필요하다. ⑦ 직원이나 노동자 참여가 필수적이다. ⑧ 기업은 더 이상 고립주의적이고 민족주의적인 충성심에 머물지 말고 세계 시민사회를 향해 나아가야 한다. ⑨ 경영 조직들은 '시장'과 함께 나아가야 하며, 시장의 요구에 적절히 반응해야 한다. 이와 같은 의견에 우리 두 저자도 기꺼이 동의하고 싶다. 하지만 이러한 문제들과 관련해 그 글에서 제시된 해법들은, 우리가 보기에 대부분 중독적인 사고 패턴이나 기본 입장의 직접적 결과들이다. 그리고 그 해법의 궁극적인 결과는 조직에 파괴적인 방식으로 나타날 것이다.

예를 들어 지속적인 변화의 요구(①)에 대한 응답이 생존을 기업의 최우선순위에 놓고 무자비한 관리자 집단을 만들어 내는 것이라면, 이는 중독이라는 질병을 그대로 반영하는 것일 뿐이며 궁극적으로는 파괴적인 결과를 불러올 것이다.

또, 기업의 생존이 저절로 보장되진 않는다는 깨달음은 좋으나(②) 그에 대한 대책이 생존을 최고경영자의 최우선 고려 사항으로 놓아야 한다는 식의 입장이라면 이야기는 달라진다. 이는 위기가 규범이 되고 성장이나 창의성이 아니라 생존에만 관심을 갖는 중독 시스템을 연상시킨다.

무사안일주의(③)에 대한 대응책이 '범지구적 전사'가 되는 것일 때, 이것 또한 우리의 눈에는 뭔가 길을 잘못 들어선 것으로 보인다. 알코올중독자들이 사고 과정에서 보이는 특성인 배제, 투사投射, 부인을 보여 주기 때문이다.

앞으로는 최고경영자들이 과거와는 다른 역할을 해야 한다는 요구(④)와 더불어 이제는 최고경영자들마저 더 이상 장대한 비전이나 창의성을 보이지 않고 더 이상 위험도 무릅쓰지 않는다는 지적, 그리고 사회적 책임과 같은 문제는 더 이상 적절하지 않다는 얘기를 들으면, 우리는 윤리의 상실이나 도덕적 타락과 함께 알코올중독 시스템이 가진 옹색한 자기중심주의를 떠올리게 된다.

동일한 맥락에서 위계 구조의 변화(⑤)나 합의에 따르는 규칙(⑥), 노동자 참여(⑦) 같은 시도들은 모두 계산된 이유에서 강조되는 것이라 볼 수 있다. 다시 말해 이러한 방책들은 겉보기엔 새로운 경영 혁신을 내포한 것 같지만, 사실은 병든 시스템이 자신이 원하는 목적을 달성하기 위해 시도하는 부정직하고 무책임한 기법들일 가능성이 높다.

끝으로 민족이나 국가에 대한 충성심을 넘어 좀 더 넓은 세계에 주목하자는 이야기(⑧)가 "노동자, 생산물, 조직 구조, 사업 그 자체, 공장, 지역사회, 나아가 국가나 민족에 대한 충성심 내지 성실성"을 경멸하기 위한 의도로 사용될 때, 그리고 "그 모든 충직성이 생존을 최우선시하는 새 질서 아래에서 쓸데없는 비용 요인으로만 간주되고 오로지 시장 장악력, 최고의 이윤, 주가 상승 등만 중시"될 때(⑨) 우리는 기업이 '올바른' 걱정을 하고는 있지만 그에 대한 응답은 직접적으로 중독적인 사고방식에서 나오며, 결국 파괴적으로 귀결될 것이라는 것을 안다. 그 파괴적 영향은 개인 차원은 물론 조직적 차원, 나아가 범지구적 차원에서도 나타날 것이 분명하다.

여기서 제기되는 문제는 현존하는 중독적 세계관에 도전장을 내밀고 있지만 그에 대한 응답들 자체가 중독에서 회복되지 못하고 대안적인 시스템에 대한 전망도 제기하지 못하기에 결국 그마저도 중독적인 해결책에 불과할 뿐이다. 더욱이 이러한 분석들은 나름 예리하고 정확한 분석처럼 보이기 때문에 그 해결책도 사람들에게 대체로 높은 평가를 받는다. 그러나 분석이 정확하다는 것이 해결책의 유효성을 보장하지는 않는다. 사실 중독적인 해법들은 더 커다란 혼란만 만들어 낼 뿐이고, 결국에는 조직의 중독성을 더 강화하고 말 것이다. 경영 조직들이 이처럼 자신들이 가진 중독적 요소들을 정직하게 대면하지 않는다면 앞으로도 대단히 중요한 문제들에 대해 병적인 해법들만 계속 제시될 것이다.

중독적 해법은 사태를 악화한다

조직이 계속해서 중독적으로 기능한다면 그 조직은 자신이 직면한 문제를 풀지 못할 뿐 아니라 기존 문제를 더 악화할 것이다. 그리고 마침내 문제를 더 복잡하고 더 파괴적으로 끌고갈 것이다. 우리는 이런 패턴을 수많은 개인들에게서, 수많은 가족 시스템 속에서, 그리고 중독 조직 안에서 보게 된다.

〈익명의 알코올중독자 모임〉에는 중독자들은 결코 가만히 머물지 않는다는 말이 있다. 즉, 그들은 조금씩이라도 나아지든지, 아니면 조금씩 악화된다. 이 원리는 기업 수준에서도 마찬가지로 적용된다.

중독적 해법들은 내버려 두면 갈수록 파괴적인 효과를 발휘한다.

윤리적 타락은 기업을 파멸로 이끈다

경영 조직들이 계속해서 중독적으로 기능할수록, 그리하여 윤리성과 도덕성을 상실하고 갈수록 무책임해지고 무자비해질수록, 그들은 세계시장에서의 영향력을 상실하게 될 것이다. 우리 두 사람은 세계 여러 기업을 컨설팅하며 미국 기업들에 대한 환멸이 점점 커지는 것을 보았다. 최근 대두되는 경영계의 무자비한 해법들로는 이러한 환멸감을 이겨 낼 수 없을 것이다. 미국 달러의 위력이 아무리 전지전능하다 할지라도 잘못된 경영 현실을 돈으로 바꿔 내기는 불가능하다. 사람이건 조직이건 만일 그들이 국제적으로 부도덕하고 부정직하며 비윤리적이라고 인식된다면 그들은 궁극적으로 아무런 영향력도 행사할 수 없게 될 것이다.

중독 조직은 좋은 사람을 잃는다

조직들이 치유되지 못하고 계속해서 중독적으로 움직인다면 그들은 좋은 인재를 놓치게 될 것이다. 우리 두 사람은 지금까지 중독 조직에 의해 희생된 사람들을 수없이 만나 왔다. 그들은 우리에게 매우 소중한 자문을 아끼지 않았다. 그들은 분명 가장 영리하고 의욕에 넘치는 이들이었다. 실제로 그들은 자신의 능력을 부단히 신장시키고 배움을 극대화하며 회사 조직을 위해 시간과 열정을 헌신해 왔다.

그러나 그들 대부분은 기업 조직을 떠난다. 그들은 시간이 지나면서 자신이 속한 조직이 온통 중독적인 환경에 둘러싸여 있으며, 따라서 파괴적이라는 사실을 알게 되었다고 솔직하게 고백했다. 그 와중에 기업 조직은 그들에게 코앞에서 보고 느끼는 것들에 눈을 감고 침묵해 달라는 암묵적인 요구들을 했다. 그리고 종종 기업 조직들은 그들로 하여금 더 많은 매출을 올리라고 몰아세우기도 했다.

단순히 이윤만 추구하는 편협한 사고방식, 그에 수반되는 중독적 행위들은 결국 조직 구성원들에게 자신들이 도덕적으로 소진되었거나 타락했다고 느끼게 만든다. 그들 대부분은 그들 힘으로 기업 조직이나 조직 분위기를 쇄신할 수 없다는 것을 깨달은 뒤 자기 삶에 책임을 다하기 위해 대부분 조직을 떠난다. 중독 조직의 가장 서글픈 면이 여기 있다. 기업 조직의 가장 큰 자산은 사람이다. 그러나 병든 조직들이 스스로 회복의 길로 들어서기를 거부한다면 그들은 가장 훌륭한 사람들을 잃어버릴 것이다.

우리는 최근에 미국 동부의 한 명문대 학장을 만났는데, 그는 우리를 만나기 직전에 학장 자리를 사임했다고 했다. 이유를 물으니 그는 두 가지를 말했다. 첫째, 그는 대학 고위층으로부터 대학이 생존 경쟁에서 살아남기 위해서는 다소 부정직해져야 한다는 요청을 받았다. 둘째, 그가 총장에게 대학 조직을 건강하게 만들어서 행정직원들이나 교수들, 그리고 학생들이 좀 더 활기차고 만족스럽게 공부하고 생활하도록 만들자고 제안했을 때, 총장은 긍정적으로 반응을 하고서는 실제로는 아무 일도 하지 않았다. 우리가 만난 학장은 대단히 혁신적이고 헌신적인 사람이나. 그는 여러 사람들에게 존경을 받고 있었고 수상 실적도 화려했으며 학장으로서 인정도 받고 있었다. 그런데도 그는 대학에 남는 게 자신에게 해로울 것이라 판단해 과감히 학교를 떠나기로 결심했다.

또, 몇 년 전에 우리는 우연히 비행기에서 한 젊은 이사를 만난 적이 있다. 그가 상당히 난처한 표정으로 서류를 읽고 있는 걸 보며 우리는 그 이유를 물었다. 그는 회사로부터 아주 웃긴 과제를 떠맡았는데, 그것은 하기 싫은 일일 뿐만 아니라 아무 의미도 없는 일이라 했다. 그의 상사가 자신의 자만심을 충족시키기 위해 억지로 고안해 낸 일이었기 때문이다. 알고 보니 그는 세계적인 금융 회사에서 일하고 있었다. 그는 동종 업계의 다른 은행을 다니다가 얼마 전 지금의 회사로 이직을 한 상태였다. 그는 예전 직장이나 현 직장이나 모두 제 정신이 아니라고 했다. 이전 조직은 윤리 의식이라고는 털끝만큼도 없고, 부정직이 팽배해 있었으며, 경영자들은 어떠한 전망도 가지고 있지 않았다. 그래서 그는 그 은행을 떠나기로 했고, 혹시나 하고 한 번만 더 다른 은행에서 일해 보기로 한 것이었다.

서로 이야기를 나누다 보니 우리는 이미 이 책에서 소개한 몇몇 개념들을 그와 함께 토론하고 있었다. 그는 동그래진 눈으로 계속해서 물었다. "도대체 어떻게 해서 당신은 우리 회사 일을 그렇게 소상히 아나요? 거기서 일해 본 적도 없잖아요!" 우리는 그에게 그의 회사와 비슷한 조직들에 대해 공부를 하고 있으며 컨설팅을 하다 보니 그런 조직의 현실을 잘 알게 되었다고 말해 주었다. 그렇게 서로 허심탄회하게 이야기를 나누는 가운데 그는 해가 가기 전에 반드시 그 회사를 떠날 것이라 말했다. 그는 회사 조직이 원하는 유형의 인물, 즉 역량 있고 헌신적인 인물이었다. 대부분의 회사들은 어떻게 해서라도 그런 인물을 찾아내려 할 것이다. 그러나 아이러니하게도 회사가 계속해서 중독적으로 행동할수록 회사에 의미 있는 변화를 이뤄 낼 수 있는 훌륭한 인물들은 떠나게 되고, 반대로 회사에 해가 되고 회사를 파멸로까지 이끌 수 있는 이들만 살아남는다.

중독 조직의 최후는 비참하다

경영 조직들이 계속해서 끝까지 중독적으로 움직이면 마치 술 취한 사람들처럼 '바닥을 칠' 가능성이 높아진다. 여기서 바닥을 친다는 것은 끝장을 본다는 말이나 같다. 한마디로 파멸이다. 불행하게도 술 취한 사람들은 스스로 회복 과정을 밟지 않는 한, 대체로 자기 외에 여러 사람들을 알코올중독으로 끌어들인다.

종종 뉴스에 등장하는 몇몇 주요 기업들의 파멸이 주는 시사점을 더 이상 예사로 보아 넘겨서는 안 된다. 한 기업이 파산하면 그 파급 효과는 대단히 크고, 그 흔적은 오래 간다. 우리가 이야기해 온 중독 조직 이론의 시각에서 보면, 이러한 파멸은 결국 현실의 경영 조직들이 평소에 스스로 중독적으로 움직이고 있다는 사실을 직시하지 않았기 때문에 나올 수밖에 없는 필연적 결과이다.

이러한 시사점은 대단히 끔찍하게 들릴지 모른다. 그러나 이것이 사태의 진실이다. 하지만 좋은 소식도 있다. 조직들이 자신이 중독적으로 행위하고 있다는 사실을 직시하고 자기 안의 중독적 요소들을 모두 인정한다면, 얼마든지 다른 방식으로 조직을 운영할 수 있다는 것이다. 그렇게 되면 우리는 그 새로운 시도들로부터 대단히 흥미로운 발견이나 시사점을 풍성히 얻게 될 것이다.

2장
어떻게 변화를 이끌어 낼 것인가?

〈후지어스Hoosiers〉라는 영화에서 진 해크먼은 쉰 살의 농구 코치로 나온다. 그는 농구계에 다시 발을 담그기 위해 학생 수가 64명밖에 되지 않는 인디애나 주의 작은 학교에 들어간다. 영화는 이 보잘것 없는 농구단에 활기를 불어 넣으려는 코치의 진심어린 분투를 그리고 있다. 이 농구팀은 인디애나 주 차원에서 이뤄지는 대회에 참여하기 위해 피눈물 나는 연습을 했고, 결국에는 우승의 영광을 차지한다.

그런데 인디애나 주 농구 경기에 참여하기 위해 그토록 뼈를 깎는 연습을 하던 와중에 여러 명의 삶이 완전히 바뀐다. 그와 더불어 그 마을 전체에 묘한 활기가 넘쳐흐른다. 대체로 인디애나 주의 수많은 마을들이 그러하듯이 이 마을도 작은 학교의 농구팀을 중심으로 돌아간다. 여기서도 농구, 저기서도 농구, 그래서 자기 마을 농구팀이 한 게임을 이기면 모두가 환호성을 지르고, 지면 마을 전체의 사기가 떨어진다. 요컨대 마을과 농구단은 일종의 공생관계를 형성하고 있는 셈이다.

중독 조직은 이 영화에 나오는 작은 마을의 농구팀과 비슷한 특성을 보인다. 농구팀 하나가 그 마을의 개인, 집단, 그리고 전체 지역사회에 막대한 영향을 끼친다. 그 영향력은 여러 방향으로 퍼져나간다. 우리는 앞에서 중독 조직에 내재하는 중독적 과정들이 어떻게 막강한 힘을 발휘하는지 비교적 소상히 살펴보았다. 이제부터 우리는 건강성 회복의 과정에 대해 살필 필요가 있다.

우리가 개인의 회복에 초점을 맞추건, 아니면 전체 조직의 건강성 회복에 초점을 맞추건, 회복 과정과 연관된 몇몇 주요 개념들은 대단히 중요하다. 이 개념들을 잘 기억할 필요가 있다. 그것은 회복에 대한 우리의 태도가 회복 자체만큼이나 중요하기 때문이다.

우리는 **중독 조직이 아픈 조직이란 점을 인식해야 한다.** 중독 조직은 내적으로 앓고 있다. 하지만 중독 조직이 개인적으로나 사회적으로 파괴적이긴 해도 중독 그 자체는 질병일 뿐이지 선악의 개념이 아니다. 그래서 개별 중독자와 마찬가지로 중독 조직들도 건강을 회복할 기회를 가질 필요가 있다.

개인이나 조직에게 있어 중독은 **진행성** 질환이며 결국에는 **치명적인** 병이란 사실도 기억해야 한다. 그래서 회복의 문제는 대단히 진지하게 접근해야 한다. 중독에서 회복되는 과정은 월요일에 시작해서 금요일에 몇 킬로그램을 빼고 주말에 놀러나갈 수 있는 단기간의 다이어트와는 다르다. 그리고 중독으로부터의 회복에는 결코 부분적 회복이 있을 수 없다. **회복은 과정이지 결코 한 방의 해결책**

이 아니다. 중독 치유란 단순히 중독물에 더 이상 손을 대지 않는 것이 아니라 그보다 훨씬 더 많은 내용을 포함한다.

많은 사람들이 중독물을 끊기만 하면 중독에서 회복된 것이라는 잘못된 믿음을 갖고 있다. 하지만 **중독물을 끊는 것은 빙산의 일각에 불과하다.** 중독이라는 질병은 일련의 과정이며, 이 과정은 우리가 주의를 해야 하는 수많은 행위적 특성들과 복잡한 관계들을 포함한다. 그리고 중독이란 질병이 과정이듯 그 회복 또한 과정이며, 그것도 **평생 계속되는 과정**이다. 〈익명의 알코올중독자 모임〉에서 이야기하듯 회복 과정에서도 당신은 앞으로 나아가든지, 아니면 뒤로 돌아가든지 둘 중 하나를 선택할 수 있을 뿐이다. 중독이란 질병과 마찬가지로 그 회복에서도 제자리걸음이란 있을 수 없다. (사실 이것은 모든 삶의 본질이기도 하다.)

회복을 하는 데는 도구들이 필요하다. 이 도구들은 우리 삶의 모든 측면과 연결되어 있다. 그래서 개인이건 조직이건 그들의 삶이나 과정 전반에 걸쳐 이 도구들을 적절히 조화롭게 통합시켜야 한다. 우리가 여태껏 보아온 치유 내지 회복 과정에서 가장 건전하고 가장 효과적이며 가장 성공적이었던 것은 〈익명의 알코올중독자 모임〉에서 만든 AA-모델이며 그 핵심은 12단계 프로그램이다. 물론 이 12단계 프로그램은 모임 내용에 따라 다양한 형태를 띠지만(〈익명의 탐식증 환자 모임〉, 〈알코올중독 가정에서 자란 성인 아이들 모임〉, 〈부채중독자 모임〉, 〈섹스 중독자 모임〉 등), 모임의 종류가 달라도 치유와 회복을 위한 기본 틀로 12단계 프로그램을 쓰고 있다는 점은 공통적이다.(부록에 나온 12단계 프로그램 참고)

현실의 경영 조직들을 컨설팅하며 우리는 12단계 프로그램이 처음부터 가치 있을 거라 생각진 않았다. 한때는 이 프로그램이 다소 컬트적이고 광신적인 면모를 지닌 건 아닌지 조심스러웠다. 그리고 프로그램 특성상 영성을 강조하기 때문에 현실 경영 조직들의 마음에 들지 않을 것이라 생각했다. 한마디로 우리에겐 12단계 프로그램의 내용이 낯설었다.

대신 우리는 전통적인 조직 이론의 언어 가운데 오늘날 조직들에 널리 정착되어 쓰이고 있는 대안적 개념들이 있지 않을까 하고 찾아보았다. 하지만 조직 관련 문헌을 광범위하게 조사하고, 함께 일했던 여러 컨설턴트들과 이야기를 나눠 본 결과, 우리는 12단계 프로그램보다 더 나은 것을 발견하지 못했다.

사실 중독 조직이란 개념조차 너무나 새로운 것이어서 AA-모델 외에 다른 치유 모델을 찾아낸다는 것은 거의 불가능했다. 그렇다고 경영 조직의 낡은 패러다임들이 제시하는 개념들만 갖고서 패러다임 전환을 이루어 낸다는 것은 더 불가능한 일로 보였다. 우리는 마침내 과감하게 새로운 개념, 새로운 과정, 새로운 언어를 시도해 보기로 했다.

결과적으로 우리는 AA-모델이 회복에 진정 유용한 도구라는 점을 깨달았다. 그것은 열두 가지로 구분 가능한 단계들로 구성되어, 조직 내 모든 중독 행위자들이 자신의 상황에 잘 적용할 수 있게 되어 있다. AA-모델은 집단 면담과 개별 상담을 통해 회복에 필요한 지원을 제공한다. 이 모델은 중독으로부터 조기 회복을 위한 탄탄한 기반을 제공할 뿐 아니라, 그 자체가 가진 참여적 특성 덕분에 사람들이 스스로 고립되지 않도록 도와준다.

　AA-모델에는 나름의 지혜가 있는데, 이 지혜의 중요한 한 측면은 **과정을 중시하는 지혜**이다. 사실, 많은 중독 조직들은 개별 중독자들과 마찬가지로 '당장' 응급조치가 이뤄지기를 원한다. 특히 그런 조급증은 그들이 자신의 중독성을 마침내 인정하기 시작하자마자 더욱 두드러진다. AA-모델의 12단계 프로그램은 '한 번에 하나씩' 차근차근 밟아 나가야 한다. AA-모델은 초기 단계에 있는 사람들에게 오로지 회복에만 집중하라고 조언한다. 이 단계에서 중요한 구조적 변화를 논하는 일은 자제된다.

　AA-모델은 완벽주의를 경계하는데, 대체로 "완벽이 아니라 진전"이 목표라고 말한다. AA-모델은 고립과 편협한 시야를 예방하기 위해 사람들을 조직 외부의 사람들과 연결해 주기도 한다. 그리고 가장 중요한 것은 AA-모델이 이른바 **풀뿌리 참여주의 운동**이라는 점이다. 치유 과정에서 '전문가' 들이란 외부의 다른 누군가가 아니라 중독이라는 질환에서 회복 중인 그들 자신이다. 그리고 이것이 바로 중독 분야의 품질 관리 서클이다.

　AA-모델은 간단하고 이해가 쉬우며 효과적이고 강력한 모델이다. 그러나 얼핏 단순해 보이는 다른 모든 것들과 마찬가지로 AA-모델 또한 눈에 보이는 것 이상의 그 무엇을 지니고 있다. AA-모델은 단순히 개인이나 조직의 치유와 회복만 돕는 프로그램이 아니라 **근본적인 시스템 전환의 기초**이기도 하다. 바로 이 점이 AA-모델을 비방하는 이들이 놓치고 있는 부분이다. 그들은 AA-모델에 참여한 이들의 이야기를 들으면서 새로운 패러다임의 출현을 알아차리기보다 단지 수많은 알코올중독자, 섹스 중독자, 탐식증 환자 의 개인적 이야기를 듣고 있다고 생각한다. 왜 이런 일이 벌어질까?

우리는 앞에서 개별 인간이나 조직 차원에서 존재하는 중독 시스템을 일종의 폐쇄적 시스템이라 묘사했다. 외부로는 열려 있지 않고, 오직 내부에서만 돌아가는 시스템이라는 말이다. 이런 조직들은 병이 깊어질수록 더욱 경직되고 부정직해진다. 현실을 있는 그대로 보지 않으려고 자꾸만 현실을 부정한다. 그리하여 이 폐쇄적 시스템은 실질적으로 자기만의 현실을 만들어 낸다. 그러면서 동시에 자신의 중독 과정에 대한 조절력을 잃고 무기력해진다. 문제는 이것이 전체 시스템의 문제이기 때문에, 부분적 해결책이나 부분적 회복은 가능하지도 않고 별 의미도 없다는 점이다. 시스템 전반을 장악하고 있는 것이 단순히 일부 잘못된 습관들이 아니라 소모적이며 파괴적인 세계관 그 자체이기 때문이다.

예전에 우리는 하와이의 카우아이에서 패러다임의 전환과 관련된 중요한 시사점을 발견한 적이 있다. 거기서 하와이의 오랜 전통 문화를 연구해 온 몇몇 친구들이 우리에게 카푸Kapu 시스템에 대해 이야기해 주었다. 카푸란 전반적인 세계관을 의미했다. 그것은 생명을 바라보는 눈이기도 했는데, 주로 규제, 공포, 금기 들로 충만했다. 카푸의 일부는 죽음과 연관되어 있었다. 누군가 죽으면 남녀노소 할 것 없이 집 안에 모여 앉아 아무 소리도 내지 않고 컴컴한 상태에서 죽은 자 곁을 지켜야 했다. 만일 담배 피운 흔적이나 작은 불빛이라도 밖에서 보이면, 혹은 기침 소리라도 들리면, 그 가구원 전체가 죽임을 당했다. 시끄러운 소리를 낼지도 모르기에 가축도 절대 집 밖에 나가선 안 되었다. 어떤 대화도, 어떤 소리도 금지되었다. 죽음의 벌칙이 뒤따랐기 때문이다. 그렇게 카푸의 전통은 대단히 엄격했고, 오랫동안 사람들은 카푸에 대한 두려움에 떨며 살았다. 왕이나 왕의 자녀, 혹은 다른 중요한 인물이 죽어도 마찬가지로 죽음의 카푸 전통이 엄수되었다. 당시 사람들은 대단히 종교적이었기 때문에 카푸 전통을 아주 진지하게 따랐다.

그런데 하와이의 역사에서 이 전통은 어느 시점부터 없어지기 시작했다. 어느 날 누군가 죽었는데도 왕이 아랑곳 않고 뭇 여자들과 어울려 바나나를 먹고, 여자들에게도 바나나를 먹도록 허락했기 때문이다. 한 사람의 행동으로 말미암아 전체 사회 구조가 사라져 버렸다. 그 이후 당분간 하와이 사람들은 아무런 기준 없이 남은 삶을 살아갔다. 삶에서 패러다임이 없어진 것이다.

그 뒤, 채 일 년도 지나지 않아 기독교 선교사들이 들어왔다. 이들이 발견한 하와이 사람들은 대단히 종교적이긴 했지만 카푸가 사라진 이후 아무런 패러다임 없이 살고 있었다. 선교사들은 그 빈틈을 뚫고 들어가 완전히 다른 종교적 신념의 시스템을 하와이 사람들에게 선사했다. 종교적이고 영적인 갈망은 높았으나 오랫동안 카푸의 경직성에 억눌려 살아왔던 하와이 사람들은 기독교를 두 팔 벌려 환영했다. 그 덕에 전반적인 변화 과정은 번개처럼 빠른 속도로 진행되었다. 오랜 인류 진화의 시간으로 볼 때, 눈 깜짝할 순간에 벌어진 일이었다.

표면적으로는 오랜 기간 카푸의 두려움에 떨며 살다가 느닷없이 기독교를 받아들인 것처럼 보이지만, 이것은 중요한 패러다임 전환이었다. 세계관이 완전히 바뀌었기 때문이다. 하와이 사람들의 신화나 전설, 그리고 그들이 세상을 설명하는 방식이 달라졌다. 물론 이런 변화를 사회 속에 통합하는 일은 지금도 계속되는 중이다.

우리의 12단계 프로그램도 패러다임의 전환을 이끄는 일이다. 중독 행위자에게 과거로 돌아간다는 건 의미가 없다. 회복을 위해서는 **총체적 절제**가 필요하다. 여기서 말하는 총체적 절제란 시스템 전체의 변화를 뜻한다. 총체적 절제는 한 번에 하나씩, 경우에 따라서는 한 번에 티끌만큼씩 이뤄진다. 매일, 매순간 해나가야 하는 것이다. 마찬가지 이유에서 건강성을 회복하려는 조직은 변화가 필요하다면 무엇이건 죄다 바꾸어야 하기 때문에 **늘 열려** 있어야 한다. 개인의 기본적인 생각이나 세계관도 예외가 아니다. 그러나 변화에 진정으로 충실을 기하려면 그 과정에서 우리는 한 번에 한 걸음씩 차근차근 밟아나가는 과정의 지혜를 발휘해야 한다.

어떤 사람들은 AA-모델의 패러다임 전환이 일종의 '믿음의 도약'을 필요로 한다고 말하기도 한다. 통제, 부정직, 이분법적 사고 패턴에 대한 믿음에서 벗어나 유연성, 정직성, 다양한 선택의 가능성, 그리고 놀랍게도 더 커다란 보람을 느끼는 새로운 시스템에 대한 믿음으로 뛰어 오른다는 것이다. 이렇게 되면 해당 조직이 기존의 소비자나 노동자 들과 맺고 있던 관계 역시 예측과 통제, 원인과 결과, 조작과 부정에서 벗어나 유기적 상호 작용과 시너지 효과를 내는 새로운 관계로 근본적으로 변한다.

이처럼 엄청난 변화의 규모와 범위에 너무 압도당할 필요는 없다. 과거 우리가 이뤄왔던 중요한 변화를 떠올려 보라. 우리는 이미

농경 시대에서 산업화 시대로, 또 이어서 오늘날의 첨단 과학기술 시대 내지 디지털 시대로 이행하는 시스템 전환(패러다임 전환)을 이루어 냈다. 우리가 이 책에서 말하는 내용이나 과정과는 사뭇 다를지 모르지만 이런 식의 변화가 일어난다는 사실은 전혀 새로운 것이 아니다. 변화를 긍정적으로 보든, 부정적으로 보든 세상은 변해 왔고 지금도 변하는 중이다. 문제는 어떤 내용과 방식으로 변해갈 것인가 하는 점이다.

바로 이런 맥락에서 **교육과 학습**이 절대적으로 중요하다. 참된 회복을 위해서는 중독이나 중독 시스템, 나아가 중독 조직에 관해 성실히 배울 필요가 있다. 중독에 관한 체계적 교육과 학습은 시스템 전환을 시도하는 모든 집단에게 필수다. 여기서 교육이 특별히 중요한 이유는, 중독 그 자체나 중독적 행위들이 공개적으로 토론되기보다는 쉽사리 은폐되는 경향이 있기 때문이다. 사실 대부분의 사람들은 중독 자체를 잘 모른다. 특히, 우리가 중독적 기능이나 행위를 드러내는 특성이라 말한 것들을 일반 사람들은 무심코 지나치기 쉽다. 경영자들, 노동자들, 그리고 컨설턴트들 가운데 우리가 말한 행위 특성, 과정 특성, 조직 특성을 인지하는 사람들이 있다 할지라도 그것들을 중독적 질병의 과정이라 인식하는 경우는 드물다.

끝으로, 중독 과정에 **중독 과정**이라는 이름을 정확하게 붙이기만 해도 사람들에겐 상당한 위안이 될 수 있다. 이러한 이름 붙이기는 자신들이 오랫동안 고통 받아 온 것의 실체를 명백하게 드러내는 일이기 때문이다. 또 그렇게 정확히 문제를 규정할 수 있을 때 비로소 그들이 오랫동안 고쳐보려다 헛수고만 해 왔던 일을 더 이상 반복하지 않을 수 있다.

이제부터 우리는 본격적으로 회복과 치유에 대해 이야기하려 한다. 회복의 과정도 앞서 이야기해 온 중독 조직의 네 가지 측면으로 나누어 서술한다. 즉, 핵심 인물이 중독자인 경우, 동반 중독자나 중독 가정의 성인 아이들이 그들의 방식을 조직 안으로 끌고 들어오는 경우, 조직이 중독물로 기능하는 경우, 그리고 조직 자체가 중독자로 움직이는 경우 등으로 나눠 고찰한다.

개인 중독자의 회복

첫 번째의 경우, 즉 조직 내 핵심 인물이 중독자인 경우는 어떤 면에서 회복에 대해 이야기하기가 가장 쉽다. 개인 중독자의 회복에 대해선 알려진 것이 그만큼 많기 때문이다.

이 경우 중독 과정을 중지시키는 데 가장 널리 쓰이는 방식은 **개입**이다. 개입을 통해 우리는 중독자를 회복의 길로 접어들게 할 수 있는데, 이 개입은 좀 더 구체적으로, 치유 프로그램이나 앞서 말한 12단계 프로그램을 통해서 이뤄진다. 개입은 집단 안에서 이뤄지는 것이 최선이다. 물론 때로는 개별 상담사의 개입도 효과적이다. 조직 안에서 이뤄지는 개입은 다음과 같은 단계를 밟는 것이 좋다.

첫째, 다수의 직원들이 특정한 개인이 갖고 있는 병적 행동 내지 이상 징후들을 발견한다.

둘째, 누군가가 중독 행위자로 의심되는 경우, 그 중독자와 가장 가까이에서 일하는 사람들, 즉 그(녀)와 함께 일하거나 그(녀)의 행동을 관찰할 기회가 있는 사람들이 소집단으로 모인다. 이렇게 모인 사람들은 그 관찰한 내용을 서로 허심탄회하게 나누는데, 그 소집단 안에 "직원 상담 프로그램(EAP)" 부서의 전문 상담사나 중독 상담사가 함께 참여하는 것이 매우 중요하다. 이들은 중독이라는 질병과 관련된 유용한 정보를 줄 수 있으며, 질병의 진전 상황이나 특성들을 체계적으로 가르칠 수 있다. 또한 조직 내 핵심 인물이 질병에 걸렸다는 사실을 대면하기를 주저하는 사람들에게 용기를 북돋워주거나 그들을 **지지**해 줄 수도 있을 것이다. 그리고 이들은 소집단 구성원들과 핵심적인 중독 행위자가 서로 최상의 시간을 선택해 만날 수 있도록 주선하고, 그 만남을 잘 이끌어 나갈 수도 있다.

셋째, 소집단 모임이나 핵심 중독자와의 미팅에서 단정적 평가주의의 태도나 환경을 피하고 **홀가분하고 열린 분위기**를 조성해야 한다. 이것은 개입과 치유의 전 과정에서 대단히 중요하다. 소집단 스스로 핵심 중독자에 대한 개입의 필요성을 진지하게 인정하는 시점까지 가는 사이에 핵심 중독자가 조직 내에 혼란이나 무질서를 야기할 가능성이 크다. 핵심 중독자가 많은 적들을 만들어 내고, 사람들은 그에 대해 분노하거나 비난하는 태도를 가지게 될 가능성도 있다. 따라서 개입 집단은 개입과 별개로, 그리고 가장 좋은 건 개입이 이루어지기 전에 중독자에 대한 그들의 감정을 다스리는 법을 배워야 한다. 그리고 실제 개입이 이뤄지는 동안에도 그들은 그 중독자의 행위를 단정적으로 판단하면서 묘사해서는 안 된다. 단정적 평가주의는 방어적 태도를 이끌어내고 오히려 중독자 본인에게 도망

갈 비상구를 마련해 주는 꼴이 될 수 있다. 앞에서도 강조한 바, 개입 집단은 해당 중독자가 결코 나쁜 사람이 아니라 아픈 사람이라는 것, 그래서 교화가 아니라 치유가 필요하다는 사실을 잘 인지하고 있어야 한다. 비슷한 맥락에서 개입 집단은 자신들이 중독자인 그 **사람**을 진심으로 걱정하지만 그가 가진 중독이라는 **질병**은 용인하기 어렵다는 점을 핵심 중독자에게 잘 주지시켜야 한다.

넷째, 실질적인 개입은 해당 중독자와 개입 소집단이 만나면서 이뤄진다. 이 소집단의 구성원들은 가족이나 친구일 수도 있고 동료나 상사일 수도 있다. 여기서 중요한 점은, 개입에 참여하는 구성원들의 치유에 대한 태도나 입장이 확고하고 분명해야 한다는 것이다. 그들은 해당 중독자를 잘 보살피겠다는 마음을 갖고 있어야 한다. 치유와 회복을 위한 개입이 대결 구도로 가서는 안 된다. 해당 중독자는 재판을 받는 게 아니다. 개입 과정에 들어가는 모든 개인은 중독자의 질병이 그(녀)에게 미치는 영향을 공유하고 있다. 이것이 바로 중독자의 질병과 그 효과가 개인적으로, 또 조직적으로 그들 각자에게 미치는 영향력을 인식하는 **보살핌의 공유**이다.

개입 집단의 구성원들은 또한 핵심 중독자의 회복에 필요한 것이라면 무엇이든, 그(녀)가 그것을 얻을 수 있도록 도움을 주고 싶어 한다는 점을 잘 표현해야 한다. 개입 집단을 감독하는 위치에 있는 사람은 언제쯤 개입이 가능한지를 잘 파악해서 개입 소집단에 알려 줄 필요가 있다. 그리고 개입 소집단이 중독 치유 센터에 관한 유익한 정보를 갖고 있는 것도 도움이 되는데, 예컨대 중독 치유 센터에 빈 자리가 언제 나오는지, 혹은 다양한 12단계 미팅들이 언제, 어디

서 열리는지 등에 관한 정보들이 유용할 것이다. 이 미팅의 목적은
해당 중독자가 직접, 그리고 즉각 치유 과정이나 12단계 프로그램
에 참여하게 돕는 것이다. 다음 주나 시간이 날 때까지 기다려 보자
는 제안은 잘못될 가능성이 높다. 그렇게 되면 중독자는 미팅이 끝
나자마자 언제 그랬냐는 듯 자기 약속을 잊어버릴 가능성이 있다.

　개입 소집단의 각 구성원들은 중독자가 회복을 시작하지 않을 경
우 초래될 심각한 결과에 대해 아주 명확하게 이야기를 해 주어야
한다. 그렇다고 그 결과가 처벌은 아니다. 그보다는 중독자가 계속
해서 중독 상태에 놓이는 것을 더 이상 묵과하지 않겠다는 점을 분
명히 하는 것이 좋다. 회복 과정에 들어가지 않을 경우 초래될 결과
는 개입 집단이 중독자와 맺는 관계에 따라 다를 수 있다. 일례로
중독자 가정의 자녀들은 그 부모의 중독 상황을 더 이상 감추거나
묵인하기를 거부할 수 있다. 중독자의 배우자 또한 그 중독자가 회
복을 하지 않는 이상 그(녀)와의 결혼 관계를 더 이상 지속하기 어
렵다는 결정을 내릴 수도 있다. 회사 조직인 경우, 대표자가 직접
해당 중독자에게 중독적인 행동이 지속될 경우 일자리를 잃을 것이
라고 단호히 말할 수 있을 것이다. 어떤 귀결이건 그것은 실제적이
고 명확하며 중요한 것이어야 한다.

　또 하나 중요한 점은, 개입 소집단은 그들이 내린 결론이 끝까지
실행되도록 확실히 해야 한다는 것이다. 스스로 실행하지도 못할 내
용을 쉽게 이야기해서는 안 된다. 우리는 첨단 산업 분야 최고경영
자를 한 명 아는데, 그는 다음과 같은 방식으로 혼자서 개입을 시도
한 적이 있다. 그는 자기 직원 중에 중독자가 있음을 알아차리고 그

를 자기 방으로 불렀다. 그러고선 책상 위에 2천 달러를 내려놓으며 말했다. "나는 자네가 알코올중독자라는 사실을 알고 있네. 아마 자네도 자네 상태를 잘 알 거라 보네. 우리 회사 모든 사람들이 그 사실을 알고 있네. 여기 2천 달러가 있다네. 만일 자네가 치유 활동을 시작하면 자네 일자리와 이 돈이 자네가 회복이 되어 돌아오기를 기다리고 있을 걸세. 그러나 만일 자네가 회복할 생각이 없다면, 그냥 이 돈을 가지고 당장 회사를 떠나 주게." 이 말을 들은 그 직원은 즉각 치유를 시작하겠다고 결심했다.

그 최고경영자는 자신의 개입에 대해 이렇게 설명했다. "그 개입 활동에는 여러 가지 문제들이 함께 걸려 있었지요. 사실 우리는 그 직원을 절대로 잃고 싶지 않았어요. 그는 우리 회사에 대단히 소중한 사람이었거든요. 그러나 그가 계속 알코올중독 상태에 있는 한 그는 아무 쓸모가 없었어요. 심지어 회사에 아주 큰 해를 끼칠지도 모르는 상황이었지요."

물론 모든 개입 활동들이 다 성공적인 것은 아니다. 때로 사람들은 그들이 치유를 시작하겠다고 결심하기도 전에 이미 일자리는 물론 그 밖에 중요한 것들을 잃기도 한다. 그들은 때때로 자신이 '바닥을 쳐야만' 그제야 정신을 차리기도 한다. 따라서 각 기업이나 가정은 일자리를 잃을 수 있다거나 더 이상 중독 사실을 감춰 주지 않겠다고 선언하는 것이 중독자들에게 가장 큰 친절일 수도 있다는 사실을 알아야 한다. 중독 조직의 경우, 수많은 응급조치들이 행해지고 있다. 사람들은 중독에 빠진 동료나 조직을 대신해 열심히 일하기도 한다. 그러나 이런 과정들은 뜻하지 않게도 개인이나 조직의 질병을 고착화하는 데 이바지하기 쉽다.

따라서 어떤 면에서는 중독에 빠져 있는 사람들이 실패의 경험을 맛보도록 그냥 내버려두는 것이 필요할지 모른다. 그렇게 되어야 자신에게 도움이 필요하다는 사실을 절실하게 깨달을 수 있기 때문이다. 이런 이야기는 여태껏 동반 중독자 역할을 잘 수행해 온 이들에게는 너무 과격한 조치로 들릴지 모른다. 그러나 회복 과정을 통해 치명적인 병을 앓고 있는 사람의 삶을 구하고, 회사 입장에서도 그들의 경력과 기술을 계속해서 사용할 수 있다는 점을 생각하면 충분히 그럴 만한 가치가 있다.

이 모든 점을 생각할 때 개입 소집단을 잘 훈련시키는 일은 명백히 중요하다. 물론, 개입이 시작된 뒤에도 계속해서 해야 할 일이 있다. 중독자에게 영향을 받아 온 모든 사람들은 어떤 면에서는 여전히 동반 중독자로 기능하고 있을 가능성이 높다. 중독자가 치유의 길을 걷는 건 회복 과정이 막 시작된 것에 불과하다. 그 다음으로는 중독자의 가족들은 물론 그와 가까이서 일한 모든 사람들이 중독자의 질병에 자신들이 어떤 역할을 했는지, 나아가 그 병적인 과정에 스스로 어떻게 연루되어 있었는지를 제대로 알기 위해서라도 일정한 도움을 받아야 한다.

해당 중독자가 중독 치유 센터에 들어가면 가족들도 대체로 일주일 정도 가족 치유 프로그램에 들어가는 것이 좋다. 직장 동료들 또한 일정한 도움이 필요한데, "직원 상담 프로그램"의 경험 많은 상담사나 컨설턴트 들이 이들을 도와 그 질병이 만들어 낸 다각적인 영향들에 적절히 대처하는 법을 알려주는 것이 좋다.

여기서 우리는 중독 치유 센터에 대해 약간 덧붙이고 싶다. 일부 사람들은 중독 치유 센터를 정신병원으로 오해하는 경향이 있는데, 이것은 사실이 아니다. 중독 치유 센터는 각종 중독증이나 중독 행위를 치유하기 위해 특별히 세워진 기관이다. 센터에는 신체적 금단 증상을 모니터하는 의사가 있을 수 있고, 심리학자들도 있다. 그러나 가장 중요한 돌봄 서비스 제공자는 중독 상담사이다. 이들은 중독자를 매일 만나서 그 병에 대해 교육하고 그들 스스로 탄탄한 회복 프로그램을 구축하도록 돕는다.

　가장 좋은 센터의 경우, 이들 중독 상담사 역시 회복 과정에 있는 사람들로 구성된다. 중독이라는 질병은 신체적, 심리적, 관계적, 그리고 영적인 차원들의 특이한 결합으로 이뤄져 있다. 그래서 의학적 접근이나 심리학적 접근만으로는 결코 효과적인 치유를 제공할 수 없다. 때로는 의학적–심리학적 모델이 단독으로 쓰일 때 그 질병을 영속화하는 데 이바지하는 결과를 낳기도 한다. 우리에게는 통합적인 모델이 필요하다.

중독 가정에서 자란 성인 아이 및 동반 중독자의 회복

　약물 의존 분야에서 일하는 사람들에 따르면 중독 가정에서 자란 성인 아이나 동반 중독자 들의 회복 과정은 중독 당사자의 회복보다 어렵다. 그 이유는 비교적 간단하다.

　사실, 많은 동반 중독자나 중독 가정에서 자란 성인 아이의 행동은 대개 그들을 둘러싼 가족 시스템이나 직장 시스템에 의해 높은 평가나 지지를 받는다. 활성 상태인 중독자의 경우에는 그 행동 전반이 명백하게 역기능적임이 드러나지만, 동반 중독자들의 경우 그렇게 두드러지지 않는 편이다. 이들은 예사로 초과근무를 하고, 부정한 일들을 덮어 주며, 뒷일을 잘 처리하고, 무엇이든 대충 넘어가며, 특히 상사를 기쁘게 하는 능력이 탁월하다. 그리고 그 가운데 자신을 서서히 죽이고 있다. 그래서 동반 중독자나 중독 가정에서 자란 성인 아이들의 치유나 회복을 돕고자 하는 전문가들은 이들의 회복이 일반 중독자의 경우보다 훨씬 힘들고 시간도 오래 걸리며, 경우에 따라서는 별 효과가 없는 경우도 많다고 한다.

그러나 그렇다고 해서 조직 차원에서 아무 것도 할 수 없는 것은 아니다. 이런 경우에 조직들이 나름의 건강성 회복을 위해 효과적으로 취할 수 있는 단계들이 몇 가지 있다.

첫째, 여기서도 역시 **교육**이 동반 중독자들의 회복에 핵심이다. 실제로 조직 구성원들에게 중독 과정이나 동반 중독 문제 등에 관한 세미나만 몇 차례 열어 주어도, 이들 참여자들은 자신은 물론 옆 사람들의 행위가 어떤 문제를 안고 있는지 알아차리기 시작한다. 앞서 말한 개입 과정과 마찬가지로 이 교육 과정에서도 전반적인 분위기가 단정적 평가주의로 흐르지 않도록 유의해야 한다.

일례로 우리는 몇몇 동반 중독자들의 회복을 돕기 위해 에피소드 형식의 이야기가 담긴 자료를 가지고 일반적으로 동반 중독자들이 회사 안에서 어떤 식으로 생각하고 행동하는지를 설명해 주었다. 그 가운데 회복을 위해 노력 중인 사람들 사이에 떠도는 농담 하나를 소개하기도 했다. "동반 중독자가 죽기 직전에 무슨 생각을 할까요?" 그 대답은 이렇다. "다른 누군가의 삶이요!" 이런 식으로 우리는 중독이라는 질병이나 그 질병으로부터 회복되는 일에 관해 뭔가를 배운다는 것은 대단히 재미있는 일이라는 것을 알려 주려고 했다. 중독자 본인이나 동반 중독자들이 자기 자신의 모습을 제대로 인지하고 자신이나 그 질병에 대해 웃을 수 있다면, 그들은 이미 회복을 시작한 셈이다. 이처럼 학습을 통해 **자기 확인**을 할 수 있다면 첫 걸음을 성공적으로 뗀 것이다.

둘째, **자기 확인**이 조직 차원에서 제대로 일어나려면 분위기 조성이 대단히 중요한데, 여기서 핵심은 **안전**하다는 느낌과 **우호적인** 분위기다. 일부 조직에서는 사람들이 '선 밖으로 나가는' 행위를 하면 무조건 처벌을 하려고 한다. 그러니 중독 조직에서 사람들이 자신을 동반 중독자 내지 중독 가정에서 자란 성인 아이라는 사실을 스스로 확인하고 인정하도록 만들기 위해서는 경영진으로부터의 명시적인 지지가 필요하다. 그리고 기업 차원에서도 구성원들의 건강성 회복이 전체 조직을 위해서도 필요한 일이란 인식을 해야 한다. 회사 차원의 이러한 **심리적 태도**는 매우 중요하다.

셋째, 동반 중독자 등의 회복 과정을 도울 때 "직원 상담 프로그램"의 상담사에게만 의존하지 말아야 한다. 그것도 단 한 명에게만 기대는 것은 별 의미가 없다. 상담사들과 함께 일할 팀을 만들어 그들을 체계적으로 훈련시켜야 한다. 회복 과정에는 복수의 사람들로 구성된 팀이 중요하기 때문이다. 그렇게 구성된 팀은 여러 가지 일을 할 수 있다. 이들은 중독자는 물론 동반 중독자, 중독 가정에서 자란 성인 아이들을 위해 갖가지 정보를 수집하고 교육을 조직하며 지지하고 격려를 해 줄 수 있을 것이다. 또 그들은 일종의 '싱크 탱크' 역할을 맡아 특히 조직 내에서 전체 시스템의 회복이란 게 어떤 의미가 있는지에 관해 전문가적인 견해를 제출할 수 있을 것이다. 이것은 중요한 일이다. 개인 중독자나 동반 중독자의 경우와 마찬가지로 조직 자체도 회복을 위해 적극적인 지지를 필요로 하기 때문이다.

나아가 그들은 개입 소집단을 훈련시키기도 하고 그들과 함께 일을 진행할 수도 있다. 이 분야에서 더 폭넓은 기반을 갖게 될수록 회사는 건강을 회복하는 길에서 더 유리한 고지를 얻는다. 또 회사는 조직 구성원 중에 시간이 오래 걸리더라도 제대로 된 회복 프로그램을 알고 있는 사람이 자유롭게 앞으로 나와 자신의 지식과 기술을 나눌 수 있는 분위기를 만들어 낼 수도 있다. 이렇게 되면 회사는 공개적으로 건강과 회복의 가치를 높이 평가하는 새로운 조직으로 탈바꿈하게 될 것이다.

조직들이 동반 중독증에서 회복하는 데에 꼭 한 가지 길만 있는 건 아니다. 최근에 우리는 여러 도시에 사무실을 둔 한 중견 회사를 컨설팅했는데, 이 경우에는 조금 색다른 방식이 사용되었다. 이 회사는 스스로 동반 중독이라는 병을 앓고 있다고 느꼈다. 다행히도 경영진이 우연히 동반 중독에 관한 기사를 접한 뒤에 컨설턴트를 만나고 싶어했다. 그들은 자신들의 증상이 동반 중독증과 일치하는지는 확신하지 못했지만, 일중독, 소진, 그 밖에 일터에서 겪는 몸살 등 두드러지는 증상들을 솔직히 인정했다. 그 덕에 경영진은 회사 시스템 자체가 생산품, 고객, 그리고 직원과의 관계에 있어 중독적으로 움직이고 있다는 사실을 제대로 인지할 수 있었다.

경영진은 그 이후 변화를 위한 첫 걸음으로 조직 구조를 면밀히 점검하고 조직 구성원들을 진지하게 만나기 시작했다. 일 년 동안 무려 네 차례에 걸쳐 그들은 별도의 컨퍼런스 센터를 빌려 동반 중독에 관한 워크숍을 하루 종일 진행했다. 가장 먼저 학습한 것은 **동반 중독의 역동**, 즉 그 파급력이나 영향의 과정과 결과 등에 관한 것이었다. 그 다음 세션들에서는 각자가 그들이 속한 조직 안에서 어떤 방식으로 동반 중독 행위를 하고 있는지 일일이 찾아냈다. 이 세션들에는 **"동반 중독의 100가지 사례"**라는 이름이 붙었다. 이로써 초기 단계에서부터 모든 구성원들이 스스로 자신의 질병을 찾아내는 자기 확인 과정이 자리 잡았고 소집단 안에서 자유롭고 편안하게 말할 수 있는 안전한 분위기가 조성되었다. 그리고 이 두 가지가 새로운 배움과 변화를 시도하는 데 있어 **개방적인 태도**를 취할 수 있게 해 주었다.

두 번째 단계에 접어들어서는 조직 컨설턴트들에게 특별한 과제가 부여되었다. 회사 조직에서 직원들의 일상적 업무 수행 과정이나 직원회의 과정을 차분하게 관찰해 실제 직무 수행에서 보이는 모든 동반 중독 사례들을 예리하게 찾아내는 것이었다. 이런 식의 개입은 회복 과정에 있는 조직 구성원들을 지지하는 역할을 했으며, 중독 문제를 조직적 차원에서 늘 의식하게 만드는 효과를 발휘했다.

세 번째 단계는 중독적으로 작동하는 회사 내 조직 구조와 과정을 찾아내는 것이었다. 이 단계에서 이미 개인이나 집단 모두 중독 문제를 명확하게 인식하고 있었기 때문에 중독적 조직 구조나 과정을 찾아내는 일은 한결 손쉽게 이루어졌다.

중독물로서의 조직

조직이 노동자들의 삶에서 일종의 중독물로 기능하는 경우, 건강을 회복하려면 우선 조직 스스로 자신을 세밀히 관찰해야 하며 특히 그 구조나 과정을 전반적으로 검토해야 한다. 이 면밀한 검토가 제대로 이뤄지기 위해서는 경영진의 지지가 반드시 필요하다.

경영진의 지지와 후원 아래 개입 소집단이 중심이 되어 회사 내 중독적인 성향을 띠는 모든 특성이나 절차를 하나씩 정리해 나갈 필요가 있다. 개입 팀은 조직이 어떤 식으로 중독 패턴을 유지하는지 공개적으로 설명해 줄 수 있을 것이고, 동시에 그러한 중독 패턴을 지속적으로 조장하는 태도나 자세가 어떤 것들인지 정확히 찾아낼 수 있을 것이다.

그러나 재차 강조하지만, 전체 시스템의 긴밀한 협조가 없이는 어떤 변화도 가능하지 않다. 물론, 전면적인 협력이 늘 필요한 것은 아니다. 그러나 최소한, 조직 내 모든 수준에서 중독성이 작동하고 있다는 자료를 진지하게 직시하는 일은 결정적으로 중요하다.

외부에서 온 컨설턴트들은 대체로 가장 큰 도움이 된다. 특히 조직이 스스로 중독물로 기능하고 있는지를 점검하는 과정에서 이들의 존재는 필수적이다. 조직이 중독물로 기능하고 있는 경우엔 스스로를 객관적으로 볼 수 없기 때문이다. 반면 외부에서 온 컨설턴트들은, 특별한 경우가 아니라면 조직의 사고방식이나 행위 패턴에 적극 연루되어 있지 않아서 훨씬 객관적인 눈으로 문제점들을 찾아낼 수 있다.

외부 컨설턴트들이 중독 조직의 문제를 해결하고자 하는 경우, 이들은 우선 조직 진단 내지 조직 평가 절차를 밟아야 한다. 이것은 대체로 심층 면접이나 다양한 형태의 자료 수집 과정을 통해 이뤄진다. 수집된 정보는 해당 조직에 다시 보고되어 어떻게 해당 조직이 구성원들에게 중독물 또는 중독의 중개인으로 기능하고 있는지를 명확히 보여 주어야 한다. 외부에서 온 컨설턴트들은 해당 조직이 '정상적'이라 믿고 있는 행위들조차 중독 조직 이론의 프레임에서 볼 때는 (중독을 조장하는 등) 지극히 비정상적이라는 것을 지적해 낼 수 있을 것이다. 또한 컨설턴트들은 조직 바깥에 있는 사람들이기 때문에 변화 과정에서 발생할 수 있는 조직 정치를 피해 조직의 '신성한 소들' 즉, 핵심 권력자들에게도 도전할 수 있다.

여기서 더 중요한 것은, 이 외부 컨설턴트들이 조직 변화의 결과로부터 어떠한 기득권도 가질 수 없어야 한다는 점이다. 컨설턴트가 컨설팅 후 특정 변화로부터 일정한 이득을 취할 수 있다면, 그 변화에 신뢰를 보내기 힘들다. 외부 컨설턴트는 회사 조직이 가진 질병을 도덕적 판단 없이 다소 무미건조하게 묘사해야 하며 그렇게 해서 조직으로 하여금 자기 확인이라는 첫 걸음을 떼도록 돕는 일을 해야 한다. 즉, 조직이 직원들에게 사실상 중독물로 기능하고 있다는 사실을 인지하고 인정할 수 있도록 측면에서 도와주어야 한다.

만일 조직들이 자기 스스로 중독물로 기능하고 있다는 사실을 기꺼이 인정하기만 한다면, 이들은 이제 장기적이고 다차원적인 변화 과정에 접어들 수 있을 것이다. 이들은 자신의 모든 조직 구조를 면밀히 검토할 것이며, 특히 조직 충성심을 유발하도록 설계된 장치들을 집중적으로 점검하게 될 것이다. 동시에 이들은 회사에 대한 충성심이 도대체 무엇을 뜻하는지 스스로에게 질문을 던질 필요가 있을지 모른다. 그 과정에서 각종 부가급부나 보너스 같은 보상 구조를 제대로 살펴야 한다. 또한 이들은 조직이 어떤 식으로 사람들에게 일중독을 촉진하는지 고민할 필요가 있다. 일중독은 단순히 보상 시스템을 통해서만 조장되는 게 아니라 회사 전반을 아우르는 조직 문화 속에서도 장려되고 있기 때문이다.

일례로 우리가 자문을 해 주었던 어느 초국적 기업도 회사 전체가 일중독으로 완전히 엉망이 되어 있었다. 마침내 경영신은 회사가 일중독을 적극 조장하고 있음을 인정했다. 그들은 업무 지시에 순종하지 않거나 오로지 주 40시간만 일하고 잔업 같은 건 절대로 하지 않으려는 직원들에 대해 도덕적인 비난을 하기도 했다고 고백했다. 그 회사의 조직 문화는 과로 내지 초과근무를 지극히 정상으로 보았다. 따라서 자기 몸을 먼저 생각하는 직원들이나 정해진 시간만 일하려는 직원들은 게으른 사람들로 치부되었다. 실제로 그 회사 조직은 전반적으로 심각한 일중독 상태에 빠져 있었다. 당연하게도 경영진 대다수도 그 질병에 단단히 걸려 있었다. 이런 식의 태도들이야말로 반드시 변화해야 한다. 그리고 그 변화는 조직 자체가 구성원들에게 일종의 중독물로 작용할 수 있다는 점을 거리낌 없이 배울 수 있는 개방적인 분위기를 통해 가능할 것이다.

중독자로서의 조직

어떤 조직이 스스로 활성 상태의 중독자처럼 움직이고 있다는 사실을 정직하게 인정한다면, 아마도 이 조직은 모든 것을 가장 폭넓게, 그리고 가장 심층적으로 변화시킬 준비가 되어 있다고 볼 수 있다. 이렇게 중독자처럼 움직이는 조직은 다양한 형태의 개인 중독자들로 구성되는데, 대표적으로 한창 중독에 빠진 중독자, 동반 중독자, 중독 가정에서 자란 성인 아이들 등 역기능적으로 움직이는 모든 사람들을 다 포함한다. 물론, 조직 시스템 자체도 역기능적으로 움직인다.

이런 조직이 건강성을 회복하고자 한다면, 경영 철학이나 사명부터 시작해서 목표, 구조, 내부 시스템, 그리고 자사가 만드는 제품이나 서비스의 내용까지 철저히 점검할 필요가 있다. 이 과정에서 해당 조직은 자신의 눈과 귀를 철저히 열어둘 필요가 있다. 그래야만 조직 자체가 조직의 삶뿐 아니라 조직 안의 개인이나 공동체의 삶까지도 오염시키고 있다는 사실을 직시할 수 있기 때문이다.

물론, 어떤 집단에게는 조직 전반을 철저히 점검한다는 게 너무 과격하게 느껴질지 모른다. 그러나 철저한 자기 탐구에의 의지를 꼭 조직의 기능을 정지시킨다는 의미나 변화를 하루아침에 일으킨다는 의미로 해석할 필요는 없다. 물론 총체적인 시스템 전환이 필요하긴 하지만, 그 전환은 구성원이나 집단 들의 욕구나 필요를 충분히 반영하면서 천천히, 그리고 조심스럽게 진행하는 것이 좋다. 때로는 한두 가지의 작은 변화가 놀라운 결과를 가져와 회사 조직 전체에 파문을 일으키기도 한다.

여기서 다시 한 번 앞서 말한 대학병원의 심장의학과 사례를 떠올려 보자. 이 병원 심장의학과는 레지던트 여섯 명을 선발해서 경쟁을 통해 세 명만을 정식 고용하겠다고 공표했다. 심장의학과 과장은, 의사들이 건강 증진에 헌신하겠다고 맹세했음에도 불구하고 시스템 자체가 중독적으로 돌아갈 수밖에 없음을 깨달았다. 심장의학과의 시스템은 명백히 병원의 공식적인 사명과 조화를 이루지 못했다. 그 시스템 아래서 사람들은 부정직하게 행동했으며 자신뿐만 아니라 환자들을 속이고 있었다. 전반적으로 시스템은 혼란에 빠졌으며 사람들은 행복하지 않았다.

과장은 모든 의료진이 모인 자리에서 두 가지 작은 변화를 제안했다. 우선 레지던트 여섯 명을 모두 정식 고용하겠다는 것, 다음으로는 모든 일을 즐겁고 재미있게 해나가자는 것이었다. 그는 참여자들에게 이 두 가지를 일 년만 잘 지켜보자고 요청했다. 일 년 뒤에 실험 결과를 평가하고 그 다음 행동을 결정하자는 것이었다. 그가 제안을 하자마자 병원 복도 전체가 웃음소리로 가득 찼다. 직원들은 과장의 첫 번째 제안에 약간의 우려를 표했다. 경쟁이 없어진다면 레지던트들이 느슨해지지 않을까 걱정한 것이다. 반면 두 번째 제안은 우스꽝스럽다고 생각했다. 그럼에도 그들은 과장의 두 가지 제안을 모두 받아들이기로 했다.

일 년 동안의 실험이 끝날 무렵, 모든 사람들이 그 사이에 개인적으로나 조직적으로 엄청난 변화가 일어났음을 인정하게 되었다. 레지던트들은 더 이상 일자리 상실에 대한 두려움을 갖지 않았고, 그러다 보니 더 많은 질문을 던지며 일을 했다. 그리고 자신들의 실수를 솔직히 고백했으며, 협력도 잘 이루어졌다. 그 전 해에 비해 레지던트들이 수행한 업무의 질이 현저하게 개선되었다는 데 모두가 동의했다.

두 번째 아이디어는 '뜻밖의 성공'으로 나타났다. 처음엔 대다수가 병원 일을 '재미있게' 한다는 걸 파티나 사교 모임, 운동회 등을 자주 열자는 뜻이라고 이해했다. 하지만 '재미'는 그 이상을 뜻했다. 얼마 지나지 않아 명백해진 것 중 하나는, 사람들이 즐겁게 일을 하려면 심신이 소진되지 않아야 한다는 것이었다. 결국, 노동시간이나 노동 강도가 적정한 수준에서 유지되었다. 그 이전까지만 해도 의사들이 과로하는 건 당연하다고 생각했었다. 그러다 두 번째 제안을 실행하기 위해 수술 스케줄이 상당 정도 조정되었다. 즉, 의사 한 명당 수술에 임하는 시간을 최대 8시간으로 제한한 것이다. 바로 여기서부터 병원 조직이 근본적으로 변화하기 시작했다.

의사들의 수술 스케줄을 조정하고 거기다 전체 직원들을 위한 운동 시간이나 영양 보충 프로그램도 추가함으로써, 이제 의사들도 새로운 경험을 하게 되었다. 심신이 가벼워지고 기분이 좋아지는 가운데, 의사들은 자신의 노동과정이 치유으로 치유자라는 직업적 사명과 일치하는 경험을 하게 된 것이다. 그 가운데 일부 의사들은 자기 스스로가 일중독자로 살아 왔다는 사실을 처음으로 직시하게 되었다. 작은 변화가 큰 변화를 도운 셈이다.

　일 년간의 실험이 모두 끝날 때까지 직원들은 아주 열정적으로 '프로그램'을 잘 수행해 냈다. 처음엔 실험이라 했지만 언젠가부터 모두가 프로그램이라 부르고 있었다. 최초의 우려와는 달리, 레지던트들 모두가 잘 훈련된 의사로 변모하고 있었다. 더 중요하게는, 이들이 의학이나 치료 문제를 바라보는 시각 자체가 보다 전일적이고 통합적인 것으로 변했다는 점이었다. 그리하여 의료진 모두가 건강한 삶에 더 많은 관심을 갖게 되었으며, 특히 개인의 건강과 조직의 건강이 밀접하게 연결되어 있다는 사실을 더 절실히 깨닫게 되었다.

　물론 여전히 중독적으로 움직이는 개인들이 있었지만, 전체적인 조직은 중독에서 확실히 회복되어 가고 있었다. 이제는 개인 중독자가 있더라도 그들을 지지해 주는 조직 시스템이나 조직 과정이 줄어들었다. 이런 상황에서 이제는 두 번째 단계로 넘어가는데, 그것은 아직도 활성 상태인 개인 중독자와 동반 중독자, 그리고 중독 가정에서 자란 성인 아이들의 회복을 도와주기 위한 개입 팀을 멋지게 꾸리는 일이었다.

　이 사례에서 가장 주목해야 할 점은 조직 자체가 중독자일 때 회복에 대하여 홀로그램 식으로 생각할 필요가 있다는 것이다. 즉, 전체 시스템의 회복이라는 어마어마한 전망에 지레 주눅이 들 필요는 없다. 작은 변화라도 그것이 근본적이라면 얼마든지 큰 변화를 이뤄낼 수 있다. 일단 핵심적 소집단이 중심이 되어 몇몇 중요한 변화를 시도함으로써 그 변화의 물결이 전체 시스템으로 서서히 퍼지게 하는 방식으로 접근하면 된다.

　조직 자체가 중독자로 행위하는 경우엔 회복을 위해서는 조직 구조와 조직 구성원들이 변화의 과정에 **동시적으로** 참여해야 한다. 대학병원 심장의학과의 사례에서 가장 훌륭했던 점은 병원이 이 두 가지 측면에 동시에 초점을 맞추었다는 점이다. 그 결과 모든 개인들의 삶이 크게 영향을 받았다. 물론 출발점은 특정한 개인이 될 수도 있고, 아니면 시스템이 될 수도 있고, 아니면 둘 다가 될 수도 있다. 그러나 회사가 반드시 알아야 할 것은 개인이나 시스템이 서로 긴밀히 연결되어 있다는 점이다.

　심장의학과는 또한 첫 테이프를 잘 끊은 좋은 사례이다. 하지만 중독 조직을 회복시키기 위해서는 좋은 출발 이상의 것이 요구된다. 잘못하면 멋진 출발 그 자체가 일종의 '한 방의 해결책'으로 여겨질 수 있기 때문이다. 그렇게 되면 점차 시간이 흐르면서 해당 집단은 예전의 행동 방식으로 돌아가는 경우가 많다. 특히, 회복 과정이 지속적으로 이어지지 않는 경우 거의 모두 원점 회귀를 하고 만다. 중독 관련 세미나나 워크숍에 참석한 직원들이 이 전형적인 사례를 보여 준다. 우리는 이들을 '불 붙은 사람들'이라 부르기도 하는데, 왜냐하면 이런 모임에 참여한 사람들이 처음에는 온 몸에 불이 붙은 듯 화끈 달아오르고 새로운 기법들도 제법 배우며 몇 주 동안은 전례 없던 시도를 해보기도 하지만, 조금만 더 시간이 지나면 급속도로 예전의 방식으로 돌아가고 밀기 때문이다. 회사 조직들에서 이런 일은 제법 흔히 일어난다.

　중독 조직들이 진정으로 회복을 원한다면 그 회복의 과정을 꾸준히 지속시키는 방법을 잘 배워야 한다. 응급조치는 일시적 위안만 줄 뿐, 제대로 된 회복을 가져오진 못한다. 더군다나 중독 조직에서는 낡은 문제가 해결되었다 싶으면 곧 새로운 문제가 등장한다.

조직 자체가 하나의 거대한 중독자인 경우, 회복을 위해서는 늘 다양한 수준에서 배움이 일어나야 하고 이 배움에는 관련된 사람들 모두가 참여해야 한다. 결과적으로 회복은 조직 전체의 심리적 태도로 자리 잡아야 한다. 회복이란 근본적인 변화이며, 꾸준히 지속되는 과정으로서 조직의 전 과정에 자연스레 스며들어야 한다.

대학병원의 심장의학과는 매우 중요한 출발을 했다. 몇 가지 변화로 여러 가지 문제를 해결했고, 의료 전반에 전일적인 태도로 접근할 수 있었다. 물론 그들에게는 의사와 간호사, 의사와 환자 사이의 동반 중독 관계처럼 더 해결해 나가야 할 다른 층위의 문제들이 남아 있었다. 나아가 그들은 부정직을 유발하는 인사 관리 방식이나 일중독을 조장하는 초과근무 제도, 그리고 이미 시도한 작은 변화들에 불리하게 작용하는 여타 구조적 측면들까지 바꾸어내야 했다.

우리 역시 심장의학과의 변화와 진전에 상당히 고무되었고 그로부터 많은 것을 배웠다. 특히 작은 변화들이 전체 시스템으로 퍼져나가면서 나름의 빛을 발하기 위해서는 조직의 기본 구조들이 변해야 한다는 점을 절실히 깨달았다. 그리고 중독 조직을 치유하기 위해서는 최고경영자들, 중간 관리자들, 내부 상담사들, 그리고 외부 컨설턴트들 모두가 회복을 위한 개입을 어디서부터 시작할지 잘 알아야 하며, 나아가 그 회복 과정이 중단 없이 끝까지 지속되어야 한다는 것도 이해했다. 바로 이런 점들이 이들 모두에게 큰 도전이자 과제였다는 것을 우리는 구체적인 사례들 속에서 다시 한 번 확인할 수 있었다.

중독 조직과 관련된 앞의 세 범주들(핵심 중독자, 동반 중독자, 중독물이 된 조직)의 경우, 개입의 지점이 비교적 명백한 편이었다. 그런데 네 번째 범주, 즉 조직 자체가 중독자로 움직이는 경우, 사람들은 기꺼이 전체 조직을 포괄하여 변화시킬 준비가 되어 있어야 하고 개입의 시점이나 지점을 정확하게 분별해 낼 정도의 경험이 충분히 있어야 한다. 우리 두 사람도 컨설턴트로서 이런 방식으로 일을 진행해 왔다. 그리고 이런 식의 접근이 대단히 어려운 도전이긴 하지만 그만큼 효과적이라는 것을 알게 되었다.

앞서 언급한 이사진 모두가 가족 구성원인 가족 기업의 경우, 전체적인 시스템을 회복시킬 필요가 있었다. 전통적으로 컨설턴트들은 시스템의 한두 측면만을 건드려 왔지만, 여기서 우리는 전체 시스템에 손대기 시작했다. 우선 우리는 이사회의 변화를 유도했다. 이 경우 역기능적 가족 시스템이 통째로 이사회 안에서 재현되고 있었기 때문이다. 다음으로 우리는 직원들의 변화도 유도했는데, 그것은 그들이 활성 상태의 중독자들을 자꾸만 감싸고돌았기 때문이다. 동시에 우리는 특별히 한 이사와 건강한 관계를 맺었다. 그는 우리에게 자신이 동반 중독자로 행동할 때는 언제든 자기에게 피드백을 주면 좋겠다고 부탁할 정도가 되었다.

이것은 직원 전체에게 일종의 충격이었다. 그 이전까지 누구도 그 이사를 직접 대면한 적이 없었기 때문이다. 편견 없는 만남의 장을 만들어 냄으로써 우리는 사람들에게 그 이사가 그의 행동에 대해 열린 마음으로 배울 자세가 되어 있으며, 직원들에게도 배우기를 원한다는 것을 알려 주었다.

그 다음에 우리는 그 회사의 고객들과도 작업을 시작했다. 그들역시 직원들이나 조직의 절차들에 일정한 영향을 받고 있었기 때문이다. 이런 식으로 우리는 중독 조직의 껍질을 한 겹 한 겹 꾸준히벗겨 냈다. 그러다 보니 마침내 예산이나 재무 상황, 조직의 사명과목표, 조직 구조, 그리고 외부 규제 기관들, 심지어 광고 및 홍보물까지도 면밀히 점검하게 되었다. 중독 조직의 건강성 회복을 돕고자한다면, 전통적인 조직 진단이나 조직 평가 방식과는 전혀 다른 식으로 접근할 준비가 되어 있어야 한다. 그렇게 해야만 시스템 내부의 중독적 패턴들을 샅샅이 찾아낼 수 있기 때문이다.

전통적으로 컨설턴트들은 자료 조사, 설문 조사, 인터뷰 등을 통해 경영 조직들로부터 정보를 얻는다. 그러나 중독 조직의 회복을돕고자 하는 경우, 개별 심층 면접이 대단히 중요하다. 이 면접은익명으로 진행될 수 있지만 결코 기밀은 아니다. 컨설턴트들은 면접내용을 시스템 차원으로 피드백을 하는 데 활용할 수 있다. 즉 면담을 통해 모아진 정보와 자료 들은 전체 회의에서 모든 직원들에게보고된다. 컨설턴트들은 사람들이 쉽게 이해할 수 있도록 발표를 해야 하며, 이때 면담 과정에서 얻었던 직원들의 표현을 그대로 사용하는 것도 좋은 방법이다. 그래야 조사 결과에 대한 신뢰가 올라가고 변화 과정에서 거부감이나 위화감이 생기는 것을 막을 수 있다.

조직 진단을 위한 면담이란 그 자체가 컨설턴트들의 개입 과정이다. 이는 소집단이 중독 행위자의 회복을 위해 개입해 들어가는 것과 같다. 여기서는 컨설턴트들이 해당 조직의 구성원이나 집단에게 그들의 중독적 행위나 태도, 구조 등에 대해 아무런 편견이나 도덕적 비난 없이 정직하게 알려주는 것이 중요하다.

　이런 식의 분석이나 접근 방법은 기존 컨설팅과는 상당히 다르다. 기존의 컨설팅은 구조나 사람, 둘 중 하나에만 초점을 맞추었다. 하지만 우리의 새로운 접근은 두 측면을 동시에 보는 것이다. 구조에만 초점을 맞추면 사람이 다른 사람들이나 구조에 미치는 영향을 놓칠 수 있다. 역으로 사람에만 초점을 맞추면 구조가 사람에 미치는 영향의 문제를 간과하게 된다. 사실 사람과 구조의 양 측면은 상호 영향을 줄 수밖에 없고 실제로도 그렇게 작동한다. 중독 조직에서는 바로 이 양 방향의 상호 작용이야말로 서로에게 파괴적으로 작용하기에 더욱 큰 문제가 된다.

　앞서 언급했듯, 조직 진단이나 회복을 위한 개입 과정은 일종의 '이름 붙이기' 기능을 수행한다. 다시 말해 여태껏 조직이나 구성원들이 익히 알고 있거나 속으로 느끼고 있었지만 딱히 뭐라고 표현하지는 못하고 있던 바를 명확한 개념으로 규정해 전체 조직의 문제 상황마다 정확한 이름표를 붙여 주는 것이다. 이름 붙이기만으로도 당사자들은 카타르시스를 느낀다. 그들은 "이제 속이 시원하다"고 말한다. 이처럼 컨설턴트들은 모두가 알고 있었지만 누구도 감히 입 밖으로 꺼내지 못했던 문제들에 대해 말한다.

　조직 진단 및 평가의 다음 단계는 가장 중요할지도 모른다. 초기에는 그간의 병적인 과정에 대한 모든 정보를 명확하게 제출한 뒤 안도감을 얻지만 그 뒤로 보통은 정체 시기가 도래한다. 만일 조직의 중독 상태가 심각하다면 사람들은 슬슬 현실을 부정하거나 과거로 퇴행하거나 낡은 패턴을 그리워한다. "잘 모르는 것보다는 우리가 잘 알고 있는 일을 열심히 하는 게 더 낫다"라는 말이 흘러나오기 시작한다. 바로 이런 식의 반응들이 나오는 시기야말로, 조직에 예전의 질병이 재발할 가능성이 높아지는 결정적 시기이다.

중독 조직들이 흔히 쓰는 또 다른 기법은, 스스로 제3자적인 입장을 취하면서 컨설턴트들에게 모든 문제를 풀어달라고 요청하는 것이다. 사람들은 이런 식으로 컨설턴트들이 가진 지식이나 전문 역량에 은근히 의존하려고 한다. (물론 이런 요청은, 전문가적 권위를 드러내고 싶어하는 컨설턴트들에게는 대단히 유혹적일 수 있다.) 이렇게 요청하는 사람들은 컨설턴트들을 일종의 구원자로 본다. 그들이 컨설턴트들에게 바라는 것은 즉각적인 해답인데, 그것은 그런 해답이 그들을 당장 구제해 줄 것이며 또 그들이 갖고 있는 두려움도 줄여 줄 것이라 보기 때문이다.

하지만 컨설턴트가 이러한 요청에 유혹을 느껴 그들이 원하는 방식대로 응하기 시작하면, 그들은 중독 시스템의 일부로 편입되고 만다. 그렇게 되면 더 이상 그 집단의 회복에 도움을 줄 수 없다. 이런 식으로 컨설턴트조차 중독 메커니즘 속으로 얽혀 들어 가버리는 경우, 중독 조직은 등대 잃은 배처럼 명확성과 중립성을 가진 역할 모델을 잃게 된다.

회복 과정의 첫 걸음을 내딛는 것은 조직의 판단에 달린 문제이다. 재차 강조하지만, 그 첫 걸음이란 조직 진단에서 얻어진 자료들이 진실이며, 조직의 건강 회복을 위해 개인적으로나 조직적으로 모든 수준에서 변화가 일어나야 한다는 것을 진지하게 인정하는 것이다. 그 다음 컨설턴트들은 중독 조직의 변화 과정으로부터 약간의 거리를 취해야 하는데, 그렇지 않고 그 과정에 같이 빠져 들어간다면 컨설턴트 자신이나 조직 내부 사람들이나 모두 길을 잃고 헤맬 수 있다. 즉, 변화의 대상과 주체는 엄연히 조직 그 자신이어야 한다. 그렇지 않고 컨설턴트들이 상당한 주도권을 쥐게 되면 조직이 진정 변화를 위해 노력하고 있는지 여부를 알 수 없게 되어 버린다.

물론 나중에 컨설턴트들이 좀 더 가시적으로 개입해 들어갈 수는 있다. 그러나 첫 걸음은 분명히 조직이 스스로 떼어야 한다. 이 첫 단계가 매우 중요한 이유는 조직이 진심으로 변화의 필요성을 느끼고 있으며 의미 있는 변화를 만들어 낼 수 있다고 스스로 말하는 단계이기 때문이다. 이는 조직 내부에 회복을 위한 내적인 자원이 존재한다는 뜻이기도 하다.

조직이 자신의 중독 시스템을 제대로 직시하겠노라고 맹세하고 제대로 바꾸겠다는 결심을 굳혔다면, 그 다음 단계로 할 수 있는 일은 일단 조직 내부의 주요 담당자나 컨설턴트 들이 여러 가지 새로운 과정을 시작하는 것이다. 거듭 강조하거니와, 전체 시스템의 회복에 중요한 것은 모든 직원들이 이 과정의 초기 단계에서부터 정확하고도 포괄적인 정보들을 공유하는 것이다.

일례로 우리는 파산 직전에 몰린 중소기업을 자문한 적이 있는데, 그 당시 우리는 몇몇 핵심 인물들에 즉각 개입해 들어갔다. 그들은 심각한 상태에 있었고 당연히도 회사 전체에 치명적인 영향을 미치고 있었기 때문이다. 우리는 개별 인사들에게 직접 개입을 하면서 동시에 모든 직원들을 만나 정보를 공유했다. 즉, 전체 직원들이 중독 조직이 가진 질병의 특성이나 과정을 잘 알 수 있도록 상세히 설명을 해 주었다. 이것은 꽤 효과가 컸는데, 그로 인해 직원들은 치유와 회복이 필요한 직원들을 격려하고 지지하는 태도를 보였으며 조직적인 혼란도 줄었던 것이다.

나아가 그러한 정보 공유 덕분에 직원들은 새로운 언어를 사용할 수 있게 되었다. 그 언어는 직원들이 조직적 시스템 전환에 참여하기 위해서라도 배울 필요가 있는 것이었다. 모든 직원들이 중독 조직, 중독 행위자, 동반 중독자, 그리고 중독 가정에서 자란 성인 아이 등의 개념에 익숙해졌다. 그들은 정보 공유의 시간이 중요하다고 생각해 그 내용을 비디오로 담아 미처 그 시간에 참여하지 못한 직원들에게 제공했으면 좋겠다고 말하기도 했다. 결국, 모든 직원들이 중독 시스템의 구조와 기능에 대해 비교적 잘 알게 되었다. 우리는 직원들에게 가장 중요한 기본 정보와 자료를 친절히 제공했고, 동시에 또 하나 중요한 점을 강조했다. 그것은 조직이 참된 변화를 이루려면 전체 시스템 전환이 필요하다는 것, 그렇지 않으면 그들이 진정 원하는 것을 하나도 이루지 못할 것이라는 점이었다.

사실 컨설턴트들이 조직 변화 과정의 초기에 해당 조직에 대량의 정보를 주는 것은 통상적인 일이 아니다. 그러나 중독 조직의 건강성 회복을 위해서는 어쩔 수 없이 예외적으로 그렇게 해야 한다. 중독 조직들은 대체로 자신의 객관적 실체를 강하게 부정하는 데다가 조직 스스로 중독적인 과정에 상당히 얽혀 있으면서도 그것이 정상이라 생각하기 때문이다. 조직은 자신이 확실한 질병의 과정에 놓여 있다는 생각조차 못한다.

따라서 초기에 많은 정보를 제공함으로써 조직에 충격을 가해 스스로 깨닫게 할 필요가 있다. 또한 그들은 이러한 정보를 통해 역기능적 경험의 정체가 무엇인지 정확한 개념으로 포착할 수도 있다. 즉 개별적 행동과 조직적 과정이 중독에 빠져 있다는 사실을 명확히 함으로써 중독 사실을 인지하고 그로부터 회복할 수 있는 개념적 자원을 얻게 되는 것이다. 여태껏 이러한 중독 조직의 특성은 개별적으로만 파악되었을 뿐, 그것들을 종합해 중독 조직의 지표로 연결시킨 적은 한 번도 없었다.

회복에 관한 마지막 노트

너무나 명백한 일이지만, 중독 조직에서 회복으로 나아가는 과정은 결코 표준화시켜 정리될 수 없다. 전반적으로 시스템을 회복하는 과정에서 경영자들, 직원들, "직원 상담 프로그램"의 상담사들, 그리고 회사 안팎의 컨설턴트들에게는 저마다 다른 역할과 요구가 주어진다.

중독 조직의 회복에 관한 긴 이야기를 마무리하는 시점에서, 우리는 회복 과정과 관련해 몇 가지 전반적인 소회를 밝히고자 한다.

가장 중요한 것은 중독 조직의 **회복이란 반드시 기본적인 패러다임 전환**의 모습을 띠어야 한다는 점이다. 물론, 여기서 해당 조직이 다가가야 하는 새로운 패러다임의 본질적 특성에는 정해진 내용이 없다. 그것은 일종의 **과정적 패러다임**이기 때문이다. 조직의 입장에서 회복 과정은 실로 여러 가지 요소들을 내포한다.

첫째, **회복은 꽤 오랜 시간에 걸쳐 일어난다.** 직원이나 경영자가 어느 날 갑자기 중독 시스템을 있는 그대로 직시하게 되었다 할지라도, 현실을 이해하는 것만으로 회복이라 하기 어렵다. 설사 회복 과정을 시작했다고 하더라도 표면적인 결과에만 신경을 쓴다면 그 조직은 실패를 경험할 것이다. 회복의 즉각적인 결과는 눈에 잘 띄지 않기 때문이다. 회복과 관련해 이 측면은 무엇이 진정으로 생산적인 변화인가와 관련된 조직의 신념에 배치될 수도 있다.

둘째, 회복은 모든 수준에서 조직의 기능을 효율화하는 것이다. 중독 조직에서는 개인이건 조직이건 모두 중독 시스템에 깊이 연루되어 있다. 개인들은 자신이 맡은 역할 때문에 개별적으로 연루되어 있으며, 조직은 그 자체가 중독의 상황적 맥락일 뿐만 아니라 중독물이기도 한다. 물론 그렇다고 해서 조직이 모든 수준의 문제를 한꺼번에 고치려고 나설 필요는 없다. 하지만 **조직 전반의 시스템 회복**이 변화의 목적이라는 점만큼은 확실히 인식하고 있어야 한다.

셋째, **회복 과정에서 시스템을 종합적으로 파악해야 한다.** 이는 조직이 어떤 식으로 돌아가고 있는지를 파악하는 일과도 관련이 있다. 시간이 흐르면서 우리는 중독 조직의 특성들에 관해 해당 조직의 경영자들이나 조직 컨설턴트들과 정보를 공유했다. 그러나 그들은 개인적으로는 그 특성들을 인지하면서도 그 원인을 서로 분리된 요소들에서 찾았다. 자신이 발견한 문제가 시스템 차원의 문제가 아니라 소통의 부재, 부실한 경영, 시장 변동과 같은 개별적 요인이

빚은 문제라고 파악한 것이다.

넷째, 이런 요소들을 서로 **분리해 봐서도 안 되고 개별적으로 대응해서도 안 된다.** 다시 말해 이런 요소들은 해당 조직이 가진 **중독 과정이 낳은 결과**로 파악해야 한다. 지금까지 대부분의 조직 개발 관련 컨설턴트들은 조직이 드러내는 개별적 증상에만 신경을 썼지 그 기저에 깔린 중독 과정에는 주목을 하지 못했다. 이것이 우리가 보기에 가장 흔한 오류 중의 하나였다. 그 결과 그들은 전체 틀을 제대로 파악하지 못하고 고집스레 겉으로 드러난 증상들만 치유하려는 경향이 있었다. 물론 이들의 접근 방식은 당장에 드러나는 문제들을 어느 정도 경감시키는 데는 유용했다. 하지만 그 증상들 배후에서 그 증상을 추동하는 근본적인 힘을 제대로 해결하지는 못했다.

지금까지의 우리 경험에 따르면, 회복은 가능하다. 회복은 개인적 차원에서만이 아니라 조직적 차원에서도 얼마든지 가능하다. 그러나 또 확실한 점은, 만일 조직의 중독적 과정들에 정확한 이름을 붙이지 못하거나 조직의 모든 수준에서 확실한 변화들이 일어나지 못한다면, 회복은 진실로 가능하지 않다는 것이다.

조직이 건강해지려면 개인과 조직에 동시에 초점을 맞춰야 한다. 나아가 과정, 구조, 제품, 그리고 절차 등과 같은 문제들에도 동시에 집중해야 한다. 그렇게 하면 개인 중독자들이 제대로 된 회복 과정을 거쳐 자신이 진정 원하던 방식으로 살아갈 수 있는 것처럼, 현실의 경영 조직들도 그들이 열망하는 건강한 모습으로 얼마든지 재탄생할 수 있다.

앞에서도 말했지만 "어떤 책을 쓰고 있나요?"라는 질문에 답을 할 때마다 사람들은 대체로 "당신이 말하는 게 뭔지 잘 알겠네요. 당신이 말하고 있는 조직이 바로 내가 일하는 조직인 걸요" 하고 반응했다. 지금까지 우리가 길게 설명해 온 내용들은 매우 중요하고 진실하며 보편적으로 적용될 수 있다고 믿는다. 이제 끝으로 이러한 우리의 아이디어가 우리 각자의 역할과 관련해 어떤 시사점을 갖고 있는지 정리하고 마무리하기로 하겠다.

닫는 글
회복과 전환으로 나아가기

『여성의 현실*Women's Reality*』이란 책에서 섀프는 이론이나 고양된 의식의 목적은, 우리가 그 이전에 비해 덜 무지해지는 것, 그리하여 우리가 대체로 놓쳐 왔던 것을 더 이상 간과하지 않는 것이라고 말한다. 어떤 이론도 우리의 인식을 위축시켜선 안 된다. 또 사람들의 행동이나 객관적 상황을 선입견이 강한 범주 안으로 억지로 끼워 맞추는 것도 곤란하다. 개인이나 조직에 실제로 작동하는 중독 과정이 그 물리적인 공간을 넘어 우리 삶의 전면에 스며들어 있다는 사실을 사람들이 완강하게 부정하고 있는 현실을 감안할 때, 이러한 섀프의 지적은 매우 시의적절하다.

누군가 어떤 회사의 직원으로서 조직의 중독 과정에 깊이 매몰되어 있건, 아니면 외부의 컨설턴트로서 조식 진단을 위해 그 조직에 다가가건, 조직적 현실을 있는 그대로 파악할 수 있는 정확한 프레임을 갖는 것은 대단히 중요한 일이다. 그 프레임이 중요한 까닭은 그것이 우리로 하여금 우리 코앞에서 일어나고 있는 현실에 대해 더 이상 무지한 상태로 머물지 않도록 만들어 주기 때문이다.

보통 사람들은 우리가 중독 조직에 대해 설명할 때마다 대단히 흥미진진해했다. 그들은 대체로 자신들이 오랫동안 어떤 패턴을 경험했는지 잘 알고 있으면서도 그것에 이름을 붙이지 못하고 있던 터였다. 그러나 불행히도 그들은 우리 얘기를 듣고 자기 사무실로 달려가 자신이 들은 새로운 정보를 마치 전도사라도 된 듯 다른 사람들에게 그대로 전달하고 나서는 그것으로 끝인 경우가 많았다. 사실 지금까지 우리가 정보를 공유해 온 목적은 조직을 개조하는 것이 아니었다. 우리는 이러한 정보로 사람들에게 경고를 보내면서 중독 조직에 만연한 비밀이나 혼란을 설명할 수 있는 언어와 개념을 제공하길 바랄 뿐이었다.

앞에서도 말했지만, 중독자나 중독 조직을 변화시키는 데는 하나의 길만 있는 것도 아니고 올바른 정답이 있는 것도 아니다. 한 가지 우리가 확실히 알고 있는 것은 중독의 패턴과 과정을 제대로 파악하는 것이 문제 해결의 핵심이라는 점이다.

깨어 있는 사람들은 순진하지 않기 때문에 중독 행위에 휘말릴 가능성이 훨씬 낮은 편이다. 그들은 개인적으로나 조직적으로 얼마든지 다르게 갈 수 있는 다양한 길을 볼 줄 안다. 요컨대 깨어 있음으로부터 여러 가지 선택의 가능성들이 샘솟는다.

이제 우리는 이 책에 제시된 여러 정보들로부터 우리가 얻을 수 있는 시사점을 마지막으로 정리하고자 한다. 우리가 말하는 것은 정답이라기보다 제안에 가깝고, 완벽한 해결책을 제시하는 것이 아니라 대표적인 아이디어를 제시하는 것이다. 우리가 이 책에서 말한 내용들이 온 사회에 상식처럼 널리 퍼지게 되면, 이를 기반으로 훨씬 더 풍성한 논의가 이뤄질 거라 믿는다.

중독 조직들이 변화와 회복을 시작하면 조직 내 역할들이 여러 차원에서 중요한 변화를 맞이할 수 있을 것이다. 이제부터 그 역할 변화를 하나씩 살펴보기로 한다.

"직원 상담 프로그램"의 역할 변화

비교적 큰 규모의 기업에서 "직원 상담 프로그램"의 역할은 문제가 있는 직원이나 알코올중독에 빠진 직원들을 상담하고 복지 서비스 비슷한 것을 제공하는 것이었다. 우리는 이러한 역할이 앞으로는 일대일 상담을 하는 것에서 시스템 지향적 관점으로 이동할 것이라 내다본다.

"직원 상담 프로그램"의 상담사들은 체계적인 개입을 위한 훈련을 받을 필요가 있다. 그래야 중독 조직을 시스템 수준에서 효과적으로 변화시킬 수 있다. 이들이 개입과 관련해 전문 지식을 더 많이 획득하게 되면, 이제는 그들이 역으로 다른 개입 소집단들을 훈련시켜 그 팀과 함께 일을 할 수도 있을 것이다.

상담사들 스스로가 회복 중인 사람이고 회복에 대한 경험적 지식을 갖고 있다면 가장 이상적이다. 그렇지 않다고 하더라도 최소한 그들은 되도록 모든 유형의 중독 행위에 관한 기본 정보를 갖고 있는 것이 좋다. 그리고 우리가 이 책에서 서술한 중독의 다양한 수준들도 잘 이해하고 있어야 한다.

우리의 시각에서 보면, "직원 상담 프로그램"이 인적 자원 부서나 인사 부서에 완전히 통합되어 있는 것이 좋다. 인적 자원 부서나 인사 관련 부서가 사내 컨설팅 팀이 할 수 없는 추가적인 역할도 할 수 있기 때문이다. 잘 훈련된 "직원 상담 프로그램" 상담사들은 일반적으로 구조 지향적이거나 시스템 지향적인 성격을 띠는 내부 컨설턴트들에게 중독의 관점을 제공할 수 있을 것이다.

우리는 대기업에서 인적 자원 관련 부서가 이른바 '약골' 부서로 통한다는 것을 잘 알고 있다. 그들은 기업을 '지휘하는' 부서가 아니다. 그래서 우리는 만일 기업들이 진정으로 중독 시스템에서 벗어나고자 한다면 인적 자원의 문제가 조직 내부에서 가장 우선적인 자리를 차지하도록 바뀌어야 한다고 더욱 의식적으로 제안한다.

우리가 지금까지 이야기하고 있는 패러다임 전환은 개별 구성원 속에서부터 확실히 일어나야 한다. 그렇지 않으면 패러다임 전환은 불가능하다. 어떤 면에서는 전체 조직이 그 자체로 일종의 인적 자원 부서가 될 필요가 있다.

조직 구성원들의 역할 변화

직원이나 조직 구성원, 노동자 들은 중독 조직의 회복을 지지하고 지속하는 데 있어 잠재적으로 가장 풍부한 원천이 된다. 회복 과정은 사실상 개인적, 조직적 노력 여하에 달려 있다고 해도 과언이 아니다. 조직 구성원의 입장에서 회복의 첫 번째 유형은 그들 자신의 과정을 존중받으면서 동시에 다른 사람들의 과정도 존중해 주는 것이다. 구성원들이 자신과 타자 사이에 경계선을 긋지 못할 때, 그들 자신의 필요나 욕구를 어떻게 충족시킬지 모를 때, 그로 인해 타인의 삶을 침해하게 될 때 동반 중독증이 창궐하기 때문이다. 우리의 관찰에 따르면, 조직 구성원들이 서서히 회복 과정을 밟아 나갈수록 다른 사람의 느낌이나 행위 과정을 존중하는 등 나름의 내면적인 능력을 발달시키고 자신과 타인에 대해 단정적으로 판단하는 자세를 덜 보이게 된다.

개인적 차원에서의 치유와 회복은 대체로 개방성, 유연성, 창의성을 동반한다. 조금 다른 각도에서 말하자면 회복에 돌입한 사람들은 내적인 자원을 자기 자신은 물론 타인들을 위해 더 많이 사용할 수 있다. 즉 사람들이 중독이라는 질병에서 벗어나면 자신의 에너지나 집중력을 고유의 일을 위해 더 많이 쓸 수 있다. 이는 당연히 동료들이나 조직에 중대한 영향을 미칠 것이다.

나아가 조직 구성원들은 중독에 대해 열린 태도를 가지고 회복이 조직의 규범이 되도록 분위기를 조성하는 데 중요한 역할을 할 수 있다. 그들은 자신들의 회복 경험을 공유함으로써 개방적 태도를 상호 촉진할 수 있다. 그리고 때로는 자신이 가진 전문적 지식을 개입소집단에게 알려줄 수도 있다. 우리가 컨설팅을 수행한 일부 기업에서는 회복 과정에 있는 몇몇 사람들이 업무 중간 쉬는 시간에 자신의 경험이나 새로운 깨달음을 동료들과 부단히 공유하는 모습을 보여 주었다. 또 이들은 이미 훌륭한 회복 프로그램을 거친 선배 동료들에게 자신과 같은 다른 동료들이 잘 회복할 수 있도록 지지를 부탁하기도 했다.

회사들은 점점 스스로의 회복을 책임지고 다른 이의 회복도 돕는 직원들에게 의존한다. 그리고 이는 새로운 분야에 직업의 기회를 열어 주기도 한다. 이런 식의 접근은 또한 회사 내 인적 자원을 새롭게 정의할 수 있는 시각을 제시한다. 예를 들어 제대로 된 회복 프로그램을 경험한 직원들은 인적 자원 부서에서 강연자나 동료 상담가로 일할 수 있을 것이다. 이들은 시스템 전환을 추진 중인 혁신적 기업들에게는 참으로 소중한 보물이다.

회복 패러다임 안에서는 명료하고 집중력 있는 내적 자원들이 작업 집단이나 팀 안에서 효과적인 상호 작용의 기초로 작용한다. 조직 구성원들은 이를 조직에 가르쳐 줄 것이다. 사람들은 건강해질수록 자신들의 개인적 자원을 동원하여 불필요한 에너지 낭비 없이 생산적으로 일을 할 수 있다.

회복 과정에 있는 직원들은 언제나 기업 조직의 척도 역할을 한다. 이들은 중독 행위가 어떤 것인지를 잘 알고 있으며 이들의 회복 또한 중독 행위에 다시 연루되지 않고 개인이나 조직의 중독 행위를 적극적으로 찾아내는 작업에 달려 있기 때문이다. 이러한 방식으로 조직의 자기 치유란 시스템 차원만이 아니라 개별적인 차원에서도 이뤄진다는 것을 알 수 있다.

조직 컨설턴트의 역할 변화

회복 과정에서 컨설턴트의 통상적인 역할에도 큰 변화가 생긴다. 앞서 우리는 조직 안팎의 컨설턴트가 결코 회사 조직의 중독 시스템에 휘말려서는 안 된다고 여러 차례 강조했다. 물론 이런 경고에도 불구하고 컨설턴트들이 중독 시스템에 휘말려 드는 일은 아주 흔한 편인데, 그것은 중독이란 질병이 워낙 곳곳에 스며들어 있어 휘말리지 않기가 어렵기 때문이다. 스스로를 '조력자'로 인식하는 일과 중독 기제에 휘말려 드는 일 사이에는 직접적인 상관관계가 있다. 스스로를 조력자, 또는 처방전을 주는 자로 인식하는 경우, 자기도 모르는 사이에 동반 중독자로 움직일 가능성이 매우 높아지기 때문이다. 그렇게 될 경우 불행히도 그들은 더 이상 컨설턴트로서 유효한 역할을 수행할 수 없다.

많은 컨설턴트들이 고객들에게 자신들은 지시하거나 명령하러 온 것이 아니라 고객의 회복 과정을 옆에서 도와주러 왔다고 말한다. 그러나 말만 그렇게 할 뿐, 실제로는 컨설팅 대상 조직이나 구성원들, 상호작용 과정 등을 통제하고 조작하려 드는 경우가 많다.

특히 컨설턴트들이 조직의 문제 해결사 역할을 떠맡는 경우, 해당 조직은 그들에게 의존하게 되어 답을 구하기 위해 늘 컨설턴트의 눈치만 본다. 그렇게 되면 컨설턴트들은 조직 안에서 더 많은 문제를 찾아 심한 경우 별 것도 아닌 것을 문제인 것처럼 만들어 내기도 한다. 이것은 첫째로, 그들이 해당 조직으로 하여금 자신들에게 의존하게 만듦으로써 스스로 힘 있는 존재임을 계속 느끼고 싶어하기 때문이며, 둘째로, 그렇게 해서 그들이 해당 조직에 필수 불가결한 존재임을 각인시키고 이를 통해 지속적인 수입을 보장받으려 하기 때문이다.

예를 들어 우리는 무려 18개월에 걸쳐 한 조직을 컨설팅한 컨설턴트를 알고 있다. 그 회사 사람들은 자신들이 그 컨설턴트에게 지나치게 의존하고 있다는 사실을 알아차렸다. 그들은 그들 스스로 계획하고 실행할 수 있는 능력을 발전시키지 못하고 있었다. 표면상으로 그 컨설턴트는 회사 사람들의 이러한 평가에 동의하면서 컨설팅을 종료하기로 했다. 그러나 컨설팅을 종료하기 직전에 가진 마지막 회의에서 그는 그 회사가 앞으로 제2의 프로젝트를 실시해야 한다고 말했다. 그가 제기한 새로운 문제들은 결코 그의 컨설팅 없이는 풀 수 없는 것들이었다. 회사 사람들은 거의 패닉 상태에 빠졌고, 그에게 계속 남아 달라고 요청할 뻔했다.

바로 그 시점에서 다행히도 한 용감한 간부가 애초의 결정대로 컨설팅을 종결하겠다고 했고, 결국 그들은 다른 컨설턴트에게 자문을 구해 예전과 전혀 다른 관계를 맺게 되었다. 컨설턴트에게만 의존하는 과정이 아니라 그들 스스로 문제를 해결해 나가는 과정에서 컨설턴트에게 도움을 받는 형태로 조직을 혁신한 것이다.

이 사례에서도 알 수 있듯이, 중독 조직을 자문하는 컨설턴트들은 자기 자신에게 닥칠지도 모르는 문제들, 즉 동반 중독증, 휘말리기, 필요 불가결한 존재가 되고 싶은 욕망 등을 경계해야 한다. 중독 정도가 높은 조직을 자문하는 컨설턴트들은 특별히 더 조심해야 하는데, 이런 경우에는 컨설턴트 스스로가 제대로 구축된 개인 회복 프로그램을 갖고 있어야 한다. 즉 컨설턴트들은 건강성 회복의 과정과 방법에 관해 충분히 알고 있어야 하며, 당연히도 12단계 프로그램을 숙지해야 한다. 나아가 그들은 개입하는 과정이나 개입 팀을 훈련시키는 과정, 그리고 개입 이후의 조치 과정들에서 (중독 시스템이 아닌) 나름의 대안적인 시스템을 갖고 있어야 한다.

이런 맥락에서, 중독 조직을 컨설팅하려는 컨설턴트는 그 조직과 일정한 계약을 맺을 필요가 있다. 그 계약에는 해당 컨설턴트가 자기 자신의 내면적 과업을 계속 수행한다는 의무 조항이 담겨 있어야 한다. 컨설턴트들이 자기 회복 문제에 엄격하게 정직하지 않은 경우 너무나 쉽사리 중독 시스템의 일부로 변해버릴 수 있기 때문이다. 자신의 회복에 관한 명확한 책임 의식이 없는 컨설턴트들은 불가피하게 자신의 혼란이나 욕망을 자문 대상 조직에 투사해 버린다.

자기 자신의 내면적 과업을 제대로 수행하지 않는 컨설턴트들은 대체로 객관성의 신화를 유별나게 강조한다. 이들은 객관적이어야 한다고 주장한다. 그리고 조직은 객관성이라는 것이 가능하며 조직의 효율성도 객관적일 수 있는 능력 여하에 달린 것이라고 믿는다.

우리의 경험에 따르면 이것은 사실이 아니다. 중독 조직을 오래 관찰하면서, 그리고 그런 조직들을 컨설팅하면서 우리는 거의 종교적 믿음처럼 되어버린 이 객관성의 신화에 심각한 의문을 품기 시작했다. 우리가 이 개념을 문제 삼는 까닭은, 그것이 그 핵심에 특별한 신념을 갖고 있기 때문이다. 일반적으로 사람들이 자기 자신으로부터 분리될 수 있다는 믿음, 나아가 자신의 느낌이나 감정들로부터 분리될 수 있다는 믿음, 그리고 다른 사람의 느낌이나 감정들로부터 분리될 수 있다는 믿음이다.

이러한 믿음의 뿌리에는 비참여주의적 의식이 자리를 잡고 있다. 누군가가 '객관적'이기 위해서는 스스로를 아무런 감정도 없는 물건이나 대상처럼 봐야 하며, 다른 사람에 대해서도 그런 눈으로 보아야 한다. 이런 잘못된 아이디어가 진화해 느낌이나 감정을 갖는 사람은 조직에 도움이 되지 않는다는 생각이 자리 잡는다.

우리는 이분법적 사고에 빠진 많은 컨설턴트들이 자신의 고객에 대해 무언가 감정을 느낄 경우 그 감정으로부터 완전히 무감각해지던가, 아니면 그 감정에 완전히 매몰되어 버리는 걸 목격해 왔다. 물론 이 두 가지 모두는 우리가 여태 묘사해 온 중독이라는 질병의 특성들이다.

회복 중에 있는 사람들이 경험한 바에 따르면, 중독 시스템에 휘말리지 않고도 참여적으로 몰입하는 일이 얼마든지 가능하다. 즉, 객관성이란 착각에 불과하며 사람들의 자기 인식을 방해하는 요구일 뿐이다. 따라서 컨설턴트들은 중독 조직을 컨설팅하는 과정에서 자기 자신을 잃지 않은 채 참여적인 자세로 조직에 관여할 수 있는 새로운 길을 배워야 한다. 자신의 느낌이나 감정을 자각하면서도 중립적인 자세(휘말리지 않는 자세)를 취하는 일은 충분히 가능하다.

실제로 컨설턴트들이 구체적 상황에 직면해 자신의 반응을 건강하게 표현하거나 해당 조직과 솔직하게 그 상황을 공유할 경우 잠재적으로 가장 많은 공헌을 할 수 있다. 중독 조직에 들어가 그 조직이 갖고 있는 문제에 대한 '한 방의 해결책'이 되어 중독 시스템에 휘말리기보다는 오히려 그 문제들에 정직하게 '이름 붙이는 자'가

되는 것은 어떤 면에서 대단히 흥미진진하기도 하다.

중년 정도의 나이에 제2의 경력으로 경영자가 된 사람들을 위한 연수 과정이 있었다. 거기서 한 컨설턴트는 자신이 책을 한 권 쓰려고 했던 경험을 이야기해 주었다. 그는 책의 도입에 해당하는 부분을 쓰느라 며칠을 보내고 나서 원고를 동료 두 명에게 보여 주었다. 그런데 그들의 반응이 영 시원찮았다. 아마도 도입부만 봐서는 책이 별로 재미있을 것 같지 않았던 모양이다. 동료들은 자기 친구가 걱정이 되어 자신의 느낌들을 솔직하게 말해 주었다.

연수가 진행되는 동안 그 컨설턴트는 자신의 동료가 말해 준 내용들에 대해, 그리고 그런 피드백을 받았을 때 자신이 느꼈던 바에 대해 소상하게 이야기해 주었다. 그리고 연수가 끝날 무렵엔 평가 시간이 있었다. 그 시간에 모든 사람들은 이구동성으로 이번 연수에서 컨설턴트에게 배운 것 중 가장 가치 있었던 것은 그가 자기 책에 대한 동료들의 반응에 대처하는 과정을 함께 경험할 수 있었다는 점이었다고 말했다.

그 컨설턴트가 자신의 난감했던 경험을 자기 자랑을 위해 사용했거나 개인적 문제를 푸는 데만 사용했더라면 부적절했을 것이다. 그 대신 그는 전체 참여자들이 효과적으로 배울 수 있고, 나름의 의미를 얻어갈 수 있도록 자신의 개인적 경험을 교육적으로 활용했다. 그의 사례는 이런 면에서 개방성, 정직성, 현재성, 그리고 취약성 등의 문제에 대처하는 새로운 모델을 보여 주었다.

컨설턴트들은 그들 자신의 조직 생활에서 객관성의 신화를 떨쳐 버리고 '중립적인 참여자'가 될 필요가 있다. 이러한 아이디어들이 이론과 실천에 반영되고 통합된다면 컨설팅이라는 전문 분야나 그를 위한 훈련 과정은 앞으로 상당한 변화를 겪을 것이다. 특히 중독 조직에 효과적인 컨설팅을 제공하고자 한다면 컨설턴트들은 예전보다 훨씬 더 용감해져야 할 것이다.

조직 자체의 변화

중독 조직이 고질적인 중독 시스템을 벗어나게 되면 예전과 전혀 다른 모습으로 변한다. 하지만 여기서 굳이 그 새로운 모습의 청사진을 제시하고 싶지는 않다. 다만 현실의 조직들이 우리가 이 책에서 말한 정보를 진지하게 받아들인다면 다음과 같은 상당히 중요한 가능성이나 시사점을 얻게 될 것임에는 틀림없다.

첫째, 조직의 사명이 조직의 구조에 의해 일관성 있게 지지될 것이다. 다시 말해, 해당 기업이 공식적으로 공표한 목표와 비공식적 목표 사이에 일관성과 조화가 지켜질 것이다. 그렇게 되면 직원들은 더 이상 자기 보직의 존재 이유를 좀먹는 잘못된 활동에 매몰될 필요가 없다. 또, 조직의 건강성 회복을 위해 아무런 변화도 이끌어 내지 못한 채, 의미 없는 활동에 시간을 소모하면서까지 굳이 중독 조직을 지탱하느라 심신이 소진될 필요도 없을 것이다.

둘째, 조직의 구조나 시스템, 즉 조직이 제반 활동을 조직하는 방식이 그 기업의 사명과 잘 통합되어 조직의 활동을 효과적으로 지지하고 측면 지원하게 될 것이다. 삶의 질을 향상시키는 제품을 생산하는 기업들은 조직 내부에서의 삶의 질도 중요하다는 점을 인식해야 하고 실제로도 그것을 지지해야 한다. 같은 맥락에서, 병원처럼 사람들을 치유하는 게 목적인 조직은 그 직원들의 건강에도 그만큼 책임을 져야 한다는 점을 깨달아야 한다. 영성이나 종교성을 고유의 사명으로 삼는 조직들은 다른 사람들에게 종교적 영성을 불어넣기 위해서는 자기 자신의 영적인 삶이 전제되어야 한다는 점을 명심해야 한다. 나아가 범지구적으로 유통될 제품을 생산하는 초국적 기업들은 다양성의 문제를 제대로 이해해야 한다. 그들은 낯선 문화가 지구만큼 넓고, 사람만큼 깊을 수 있다는 사실을 존중해야 한다.

셋째, 조직은 도덕적이고 윤리적으로 변할 것이다. 구체적으로 조직이 생산하는 제품이나 서비스는 더 이상 세상에 해를 끼치지 않을 것이고 그 사용자들의 능력을 저하시키지 않을 것이다. 또 직원들을 착취하는 일도 없을 것이다. 마찬가지로, 조직의 여러 정책이나 절차 들은 직원들이 가진 그 어떤 윤리성도 손상시키지 않을 것이다. 그리하여 조직 운영의 어느 구석에도 부정직함을 조장하는 조직적 상황이나 압박 같은 것이 더 이상 존재하지 않게 될 것이다.

넷째, 조직은 침투성을 띤 경계선을 갖게 될 것이다. 조직의 경계는, 회사가 스스로 무엇을 위해 존재하는지를 잘 알아 외부에서 유입되는 정보에 적절하게 반응할 수 있을 때 유연해진다. 침투 가능한 경계선을 가진 조직들은 자신이 열렬히 옹호하는 신념에 도전하는 자료들이 나타났을 때 억지 주장을 펼치거나 변명을 하면서 회피하려 들지 않는다. 그들은 주변과의 관계망 속에서 부단히 학습하는 자세를 견지하려고 한다. 동시에 그들의 자신감이나 사명감은 너무나 확고하여 설사 새로운 정보들이 쏟아져 들어온다 해도 별로 흔들리지 않는다. 그들은 모든 것에 열려 있되, 필요한 정보는 잘 활용하고 무의미한 자료들은 그저 흘려보낸다.

다섯째, 회복 중인 조직에서의 의사소통은 다방면으로 이뤄진다. 소통은 조직 내 모든 수준에서 물 흐르듯이 원만하게 이뤄지며, 조직 바깥에 있는 사람들과도 마찬가지이다. 가장 먼저, 사람들은 그들 자신의 느낌에 주의 깊게 귀를 기울이고 그들 자신이 알고 있는 것을 명확히 함으로써 나 자신과의 소통을 촉진할 것이다. 이처럼 내면이 깔끔하게 규명되어야 다른 사람들과의 소통도 물 흐르듯 이뤄진다. 의사소통이란 상호 이해로 다가가는 다리라 할 수 있다. 그래서 소통을 통해 조직 내 구성원들과 외부 사람들은 서로의 지식을 고양하고 심화할 수 있다. 회복 도중에 있는 조직에서 소통은 더 이상 조작적이지도 위협적이지도 않을 것이다.

의사소통의 내용도 중요하고 의미 있는 것으로 변해 갈 것이고, 그 내용을 전달하는 목적 역시 조직 내 모든 이들의 역량과 성취를 고양하는 데 자리하게 될 것이다. 이는 소통이 수다하게 이루어지지만 중요하지 않은 이야기만 오고가는 중독 조직의 경우와 대조적이다. 중독 조직에서 소통은 이기적 자아의 권력 기반을 구축하고 유지하는 데 남용되기 일쑤이다.

여섯째, 조직의 리더십은 분산적이고 상황적으로 변해 갈 것이다. 물론 경영자에겐 경영자로서의 역할이 있겠지만, 모든 사람이 각자 나름의 리더십과 책임감으로 움직인다는 새로운 개념이 조직의 구조와 과정에 스며들 것이다. 이는 주변 환경이나 타자의 신호에 적절히 반응해야 할 필요성이나 그렇게 할 수 있는 역량이 그만큼 중요해진다는 뜻이다.

특히 최고경영자나 경영 관리에 책임이 있는 사람들은 여러 방식을 통해서 효과적인 리더십의 모범을 보여야 한다. 이는 늘 배우는 자세로 임함으로써, 자신의 불확실성이나 실수를 공유함으로써, 새로운 아이디어를 추구하는 타인들을 격려함으로써, 모두가 (자신을 속이지 않고) 진정한 자아를 찾으며 살아갈 수 있는 환경과 분위기를 창조함으로써 가능해질 것이다. 건강성을 회복해 가는 조직에서 리더의 힘은, 자신의 정직함에서 나올 것이며 자신의 내면(느낌과 생각)에 충실히 부응하면서 살아가려는 데서 나올 것이고, 또한 다른 사람들의 내면적 과정을 존중하는 데서도 나올 것이다.

일곱째, 조직의 변화에 대한 관점도 바뀌게 될 것이다. 우선은 변화에 대한 거부감이나 저항이 사라지고 변화를 위한 변화를 만들어 내려고 하지도 않을 것이다. 우리의 경험에 따르면 건강성 회복과 더불어 조직은 좀 더 생동하는 조직이 될 것이며, 바로 이 생동감이야말로 조직의 변화와 혁신을 위한 원천으로 발전할 것이다. 그리하여 활기찬 변화가 조직 내 일상적 과정으로 자리 잡게 될 것이다. 이 변화 과정은 유연성이나 개방성, 그리고 모든 수준에서의 참여를 요구할 것이다. 이러한 변화는 예외가 아니라 정상이 될 것이며, 그것은 조직의 건강성 회복을 지원하는 방향으로 나아가되 결코 통제나 조작을 통해 특정 이해관계를 대변하지 않을 것이다.

혁신과 변화는 오늘날 모든 조직이 붙들고 씨름해야 하는 두 가지 주요 문제이다. 중독 조직에 대한 사람들의 인식이 변하면 변화에 대한 관점도 바뀐다. 대부분의 조직들은 자신들이 진정 혁신과 변화를 원한다고 입에 거품을 물며 이야기를 한다. 그런데 우리가 보기에 그들은 '변화를 만들어 내려고' 할 뿐 몸소 변화하려고 하지는 않는다. 이 '변화를 만든다'고 하는, 통제 및 조작을 내포하는 행위는 결국 '한 방의 해결책'으로 끝나기 일쑤이다. 이런 관점은 그래도 뭔가가 일어나고 있지 않느냐 하는 착각만 부를 뿐, 실제로는 진짜 의미 있는 활동을 회피하거나 가로막는 역할을 한다.

변화가 진정한 변화를 불러오지 않는 한, 조직 내 기본적인 중독 행위는 지속된다. 이는 마치 '드라이 알코올중독자'가 아직 맑은 정신을 찾지 못한 상태와 비슷하다. 중독 조직에서 변화는 반드시 패러다임의 전환, 혹은 시스템 전환을 포함해야 한다. 여기서 말하는 시스템 전환은 명징성과 창의성의 증진을 의미한다. 어중간한 해법들은 조직을 중독이라는 질병에 계속 머무르게 한다.

참된 변화와 가짜 변화를 제대로 구분하는 능력은 오늘날 조직 컨설턴트들에게는 아주 특별한 도전이자 난제다. 컨설턴트의 역할은 조직적 변화를 만들어 내는 것이다. 컨설턴트들에게 참된 변화와 가짜 변화를 분별하는 능력이 없다면, 이들은 별 의미 없는 변화만 만들어 내는 일에 도움을 주고는 온갖 칭찬과 존경을 한 몸에 받으면서 그것으로 자기 일을 다 했다고 생각하기 쉽다. 이들은 시스템 전환이라는 참된 변화의 필요성을 제시하지 못한다.

참된 변화와 가짜 변화는 전혀 다르다. 컨설턴트들은 이 두 가지 내용들이 현실적 경영 조직들에 무엇을 의미하는지 세밀하게 파악해야 한다. 거듭 말하지만, 참된 변화를 적시하고, 또 이것을 측면

지원하는 일은 오늘날의 컨설턴트들에게 상당한 용기를 요구한다.

여덟째, 변화에 관한 이런 논의들은 우리로 하여금 구성원들의 역량을 증진시키는 훈련에 관한 고민으로 나아가게 한다. 도대체 의사소통, 갈등, 시간 관리, 장기 계획, 그 밖에 수많은 주제들에 관한 그 숱한 워크숍이나 세미나들은 어떤 함의를 갖는가?

중독 조직은 회복을 위한 일상적 노력을 구성원들의 자질 향상 훈련으로 쉽게 대체하는데, 이는 진정한 회복을 위한 길이 아니다. 역량 훈련이 또 다른 '한 방의 해결책'이 되어서는 안 된다. 물론 구성원들에겐 기술도 필요하고 성장을 위한 기회도 계속 주어져야 한다. 따라서 컨설턴트나 조직은 다양한 기술 훈련이 언제 필요하고, 그것이 언제 이루어져야 할지에 대해 알기 위해서라도 조직의 회복이 뜻하는 바와 그 과정들을 충분히 숙지하고 있어야 한다.

만일 어떤 기업이 회복의 초기 단계에서 중독 시스템으로부터 조금씩 치유되고 있는 상황이라면, 역량 강화를 위한 워크숍은 별 도움이 되지 않거나 아직 바람직한 단계가 아니다. 이 경우 조직은 중독 행위의 전반에 관한 새로운 관점을 배우는 데 심혈을 기울이는 편이 더 낫다. 그러나 그 이후 단계, 즉 개인적으로나 조직적으로 회복이 어느 정도 진전되고 있는 경우에는 워크숍이나 세미나를 도입할 수도 있다. 그리고 이런 워크숍이나 세미나는 당연히 회복의 관점과 맥락에 적절히 잘 배치되어야 한다. 역량 훈련은 회복 과정에 매우 중요한 연결 고리 역할을 할 수 있다. 재차 강조하지만, 이런 것이 조직이 여전히 중독적으로 기능하는 곳에서 조직의 문제를 대체할 수단이나 즉각적인 해결책으로 다루어져서는 안 된다.

좋은 예로 어떤 기업들은 소통 역량 강화 훈련을 적절히 활용함으로써, 조직 운영에 있어 중독적 방식에 관해 열린 토론의 기초를 구축하는 데 성공하기도 했다. 이런 경우에는 역량 훈련이 회복의 초기에도 매우 유용할 수 있음을 보여 준다. 오히려 회복을 위한 첫걸음으로 시도하는 게 좋을 수도 있다. 이런 종류의 소통 훈련이 진행되는 동안에는 중독 문제에 정통하고 그 문제를 잘 지적할 수 있는 컨설턴트가 꼭 있어야 한다.

이에 더하여 우리가 강조하고 싶은 것은, 조직의 중독 정도가 대단히 심한 경우엔 중독 과정 전반이 사람들의 기억이나 판단에 심각한 영향을 미친다는 점이다. 이 경우 우리는 아무리 좋은 역량 훈련을 실시한다 하더라도 배움을 실천할 수 있는 능력이 없다면 그것이 조직에 무슨 도움이 될 것인지 질문을 던져야 한다. 중독 시스템을 널리 뒤덮고 있는 중독의 안개가 말끔히 걷히기 전이라면 사람들은 그저 역량 훈련을 하는 시늉만 하고 말 것이다.

아홉째, 건강성 회복을 시도하는 조직에서 일어나게 될 또 다른 변화가 있다면 그것은 시간 배치와 관련된 것이다. 조직은 구성원들이 중독 관련 미팅에 참여할 수 있도록 시간을 허용하거나 조직 구조 차원에서 아예 12단계 프로그램을 밟을 시간을 정해둘 수도 있다. 그 밖에 조직 내 중독 과정의 문제들에 대해 다양한 방식으로 논의할 수 있는 시간을 마련할 수도 있다. 물론 이것은 개인적 수준이나 조직적 수준 모두에서 이루어지는 것이 바람직하다. 이처럼 조직이 회복을 위해 천천히 나아가는 과정에서 시도해 볼 수 있고 해야 할 일들은 실로 다양하다.

소결

중독 시스템은 결코 현실이 아니다. 중독 시스템에서 회복되어야 한다는 관점은 우리를 혼란에서 벗어나게 해 준다. 그리고 중독 조직이 처한 혼란 가운데 가장 핵심적인 것은 중독 시스템이 일종의 착각 내지 환상에 빠진 시스템이라는 사실을 인지하지 못하고 그것을 현실로 착각하는 것이다. 그만큼 오늘날 우리의 삶에서 중독 시스템과 중독 과정은 사회생활 전반에 너무나 자연스럽게 깃들어 있다. 우리는 중독적으로 행동하거나 작동하는 것이 실제 현실이고 그게 원래의 모습이라는 착각 속에 살아간다.

우리가 지금까지 묘사해 온 중독 조직의 특성이나 과정 들은 사실 이미 많은 조직들, 그리고 조직 컨설턴트들도 잘 알고 있는 내용일 것이다. 그러나 설사 그 내용을 잘 알더라도 "사람들이 원래 그렇지", "조직이란 원래 그렇지", "직장에서 그런 일이야 흔하지" 하고 묵살하는 경우가 많다. 우리가 보기에 이런 말들이야말로, 현실이 아닌 착각의 시스템을 있는 그대로 보지 않으려는 시도이다.

우리가 조직에서 볼 수 있는 여러 개별적 문제들 모두가 사실은 우리가 중독 과정이라 일컫는 오래 되고 널리 퍼진 질병의 일부임을 알아차리는 일은 대단히 중요하다. 이 점을 놓치지 않고 이들이 중독의 지표들임을 잘 알게 된다면, 그리하여 중독 과정을 있는 그대로 인지할 필요가 있다고 자각한다면, 회복이나 변화 역시 가능할 것이다. 중독 시스템이 실제 현실을 반영하지 않는 일종의 착각 시스템이란 것을 인정하는 일이야말로 회복에 있어 결정적인 첫 걸음이다. 일단 그렇게 시각의 전환이 이뤄지면 그때부터는 현실이 좀 더 명확하게 보이고 그 현실에 좀 더 충만하게 참여하는 일도 가능하다. 중독 시스템이 착각이라는 것을 제대로 인식하는 일은 사실상 패러다임 전환의 첫 걸음이기도 하다.

끝으로 우리는 조직 이론, 즉 조직을 보는 관점과 관련된 몇 가지 문제를 짚고 마무리하고자 한다. 일반적으로 조직이 가지고 있어야 한다고 생각하는 근본 가정이나 기본 토대들에 대한 이야기이다.

사실 우리가 이 책에서 이야기한 대부분의 내용들은 전혀 새로운 것이 아니다. 조직에 동기를 부여하는 데 있어 경제적 고려 외의 다른 것들도 중요하다는 점을 제안한 사람들은 우리 이전에도 얼마든지 있었다. 실제로 우리는 오래 전에 나온 조직 전환론자들의 시각을 공유하는 편이다. 이들의 관점에 따르면 관료주의적 합리성 모델은 이미 낡았기 때문에 이제는 폭넓은 윤리적, 영성적 가치들로 조직을 채우고 지탱해야 한다.

물론 우리는 경영 조직 운영에 경제 내지 경제학이 대단히 중요하다는 점도 잘 안다. 그러나 조직의 경제적 측면이 핵심적 고려 사항이 되는 경우, 조직들은 너무도 쉽게 도덕적 퇴행의 길을 걷게 된다. 그리고 바로 이 도덕적 퇴행이야말로 우리가 전체로서의 중독 시스템 안에서 흔히 볼 수 있었던 현상이다.

건강한 조직에서는 '모두 다 갖기have it all'가 가능하다. 여기서 '모두 다 갖기'란 조직의 내적 통합성이 높아질 뿐만 아니라 고객이나 지역 공동체에 최선을 다해 정직할 수 있다는 의미이다. 그렇게 할 수 있는 조직은 당연히도 놀라운 보상을 얻게 될 것이다.

다시 말해 조직들은 얼마든지 영적이고 인간주의적인 가치 위에 재구축될 수 있고 또 그렇게 될 필요가 있다. 이런 조직들은 사회에 전망을 제시할 것이다. 구체적으로는 조직이 사람들의 인간적 필요나 건전한 욕구를 충족시키고, 좋은 일자리를 제공하며, 사회에 기여하는 '일'을 수행하면서도, 일정한 수익 역시 창출할 수 있다. 그렇게 되면 조직은 사회에 바람직한 변화에 대한 전망을 제시하고, 온 사회에 참된 건강성을 고양하며, 직원이나 노동자를 비롯한 모든 사람들에게 좋은 삶을 제공할 수 있을 것이다.

우리는 이 책의 앞부분에서 현대 조직에서 나타나고 있는 세 가지 주요 흐름을 이야기한 바 있다. 그것은 참여, 혁신, 그리고 리더십이었다. 우리가 제시한 중독 이론적 관점에서 보더라도 이 세 문제는 여전히 조직이나 노동자 모두에게 핵심적으로 중요하다. 특히 그것은 중독 조직이 건강 조직으로 회복되는 과정에서 더욱 절실하게 부각된다. 이를 좀 더 구체적으로 살펴보자.

참여의 방식

건강을 회복하려는 조직들에서는 참여의 방식이 세 수준에서 동시에 구현된다. ① 자기 자신 및 자신의 회복 과정에의 참여, ② 타인의 삶의 과정에의 참여(물론 여기서는 동반 중독을 예방하기 위해 상호 관계를 좀 더 명확하게 정의해야 한다.) ③ 조직적 과정에의 참여(예컨대 회복을 촉진할 수 있는 정책이나 구조 및 시스템을 새롭게 디자인 하는 과정에 적극적으로 참여하는 것이다.)

혁신의 방식

혁신이란 얼굴 화장 하는 정도의 변화를 훨씬 넘는 것이다. 혁신은 어떤 면에서 현재의 중독 패러다임으로부터 이제 막 떠오르기 시작한 회복 패러다임으로 '믿음의 도약'을 이루어 내는 것이다. 기존의 중독 패러다임은 조직이나 그 구성원들을 서서히 죽인다. 나아가 막 떠오르는 회복 패러다임까지 서서히, 그러나 확실히 짓뭉개는 역할을 하기도 한다. 그러나 새롭게 등장하는 회복의 패러다임, 건강성 패러다임은 조직에 생동감과 활기를 자유롭게 불어넣고, 그것을 촉진하며 나아가 모든 구성원들끼리, 그리고 구성원과 조직이 서로 충실히 상호작용할 수 있도록 돕는다.

리더십의 방식

리더십은 통제가 아니다. 참된 리더십이란 무엇보다 자기 책임성의 모델이라 할 수 있다. 우리가 말하는 회복 단계의 조직에서 리더십은, 마치 모든 건강 조직의 특성이 그러하듯이, 대단히 홀로그램적이다. 다시 말해, 한 개인에게 일어나는 변화는 거의 그대로 시스템의 변화에 반영되며, 그 역 또한 마찬가지이다.

이런 시선으로 보면 리더십은 개인에게서 나와서 소집단으로, 그리고 전체 시스템으로 발휘되고 반영된다. 또 역으로 전체 시스템에서 나와서 소집단을 거쳐 다시 개인에게로 발휘되고 반영된다. 더 크게 보면, 전체 조직은 해당 산업의 다른 경영 조직들에게 하나의 신호나 지표가 되며 나아가 전체 사회에도 마찬가지의 신호가 된다. 동시에 해당 경영 조직은 자신이 속한 전체 사회의 요구나 변화에도 적절히 반응하는 존재로 거듭나게 된다.

　이런 식으로 모든 경영 조직들은 얼마든지 건전하고 건강한 일터로 거듭날 수 있다. 이것은 우리가 세계 곳곳에서 수행한 컨설팅 경험을 통해 체험하는 바이기도 하다. 우리는 이런 일이 실제로 가능하다는 점을 이미 잘 알고 있다. 그래서 우리는 경영 조직들이 한편으로는 사람들의 삶 속에, 그리고 다른 한편으로는 전체 사회적 과정 속에 홀로그램 방식으로 잘 통합될 수 있다고 믿는다.

　나아가 우리는 경영 조직들 그 자신이 세계 곳곳에서 일어나는 패러다임 전환에서 적극적인 행위자 역할을 할 수 있다고 확신한다. 달리 말하면, 현실의 경영 조직들이 본연의 윤리적이고 영성적인 기반을 회복할 수 있고, 또 그렇게 하리라 믿는다. 그럼으로써 경영 조직들은 우리 모두에게 일종의 영감을 불어넣어 줄 수 있을 것이다. 그간의 삶의 과정에서 잃어버린, 경영 조직이나 우리 자신에 대한 믿음을 다시금 회복할 가능성이 아직도 있다고 믿는 우리 모든 사람들에게 말이다.

부록

〈익명의 알코올중독자 모임〉의 12단계 프로그램

1) 우리는 알코올을 더 이상 통제할 힘이 없으며 우리 삶을 더 이상 관리할 수 없다는 현실을 솔직히 인정합니다.

2) 우리는 우리보다 훨씬 더 큰 힘의 도움을 받아 원래의 모습을 회복할 수 있을 것이라 믿습니다.

3) 우리는 우리 자신의 의지는 물론 우리의 삶 전반에 대해, **우리가 이해한 바** 신적인 존재에게 모두 믿고 맡기겠다는 결심을 했습니다.

4) 우리는 아무런 두려움이 없이, 그리고 차분히 탐색하는 자세로, 우리 자신이 현재 갖고 있는 모든 도덕적 특성들의 목록을 작성했습니다.

5) 우리는 우리가 저지른 잘못의 정확한 본질에 대해, 신적인 존재, 우리 자신, 그리고 다른 사람들에게 모두 고백했습니다.

6) 우리는 우리의 모든 성격적 결함을 말끔히 씻겨 줄 신적인 존재를 맞이할 준비가 되었습니다.

7) 우리는 신적인 존재가 우리의 단점이나 잘못을 제거해 주기를 겸손하게 요청합니다.

8) 우리는 우리가 그동안 해를 끼친 모든 사람들의 명단을 작성했으며, 그들에게 모두 기꺼이 배상을 해 줄 자세가 되어 있습니다.

9) 우리는 우리의 배상이 다시금 그들에게 상처를 줄 수 있는 경

우를 제외하고는, 되도록 해를 입은 모든 사람들에게 실제로
배상을 해 주었습니다.

10) 우리는 개인적 잘못의 목록을 계속해서 작성해 나가고 있으
며, 우리의 잘못이 발견될 때마다 즉시 그것을 인정했습니다.

11) 우리는 기도와 명상을 통해 **우리가 이해한 바** 신적인 존재
와의 의식적 접촉을 더 잘 할 수 있도록 노력해 왔습니다. 우
리는 기도 속에서 우리가 신의 의지를 더 잘 알 수 있기를, 그
리고 그가 우리에게 그 의지를 실천할 수 있는 힘을 주기를
빌었습니다.

12) 이러한 단계를 밟은 결과 우리는 영성적인 깨달음을 얻게 되
었습니다. 그리고 이 메시지를 다른 중독자들에게도 알려주
려 노력함과 동시에 우리 삶의 모든 영역에서 이 원리를 실천
하려고 노력했습니다.

옮긴이의 글

벌거벗은 임금에게 벌거벗었다고 말할 용기

안데르센의 『벌거벗은 임금님』이라는 동화를 모르는 사람은 없을 것이다. 옛날 어느 나라에 욕심 많은 임금이 있었다. 하루는 거짓말쟁이 재봉사가 찾아와 세상에서 가장 멋진 옷을 만들어 주겠다고, 그 옷은 입을 자격이 없고 어리석은 사람에게는 보이지 않는 특별한 옷이라고 말했다. 임금은 기뻐하며 신하에게 그가 일하는 모습을 잘 지켜보라고 했다. 재봉사의 작업장에 간 신하는 아무것도 볼 수 없었지만 사실대로 고했다가는 자신이 어리석다는 것을 드러내는 꼴이 될까 봐 멋진 옷이 만들어지고 있다고 거짓말을 했다. 마침내 재봉사는 완성된 옷을 가지고 임금 앞에 섰다. 임금 역시 옷이 전혀 보이지 않았지만 자신의 어리석음을 숨기기 위해 옷을 멋있게 입는 척한다. 그리고 새 옷을 입고 거리 행진을 한다. 길거리에서 그 모습을 보던 한 아이가 "임금님이 벌거벗었다!"고 소리치자, 그때야 비로소 모두가 재봉사에게 속았음을 알아차리게 된다. 이 이야기에는 탐욕과 같은 어리석음이 거짓을 부르고, 그 거짓은 타인을 포함한 온 세상은 물론 자기 자신에게마저 해악을 끼친다는 통찰이 담겨 있다. 그런 면에서 재봉사는 단순한 거짓말쟁이가 아니라 임금과 신하로 상징되는 세상 대부분의 사람들이 가진 어리석음을 폭로하는 순교자인지도 모른다.

오늘날 세상의 수많은 경영 조직들은 '인간 존중', '고객 만족', '지역 발전', '사회 혁신', '행복 증진', '인류 평화' 등에 기여한다는 숭고한 사명과 목표를 내세운다. 하지만 조직 생활을 하는 대부분의 직원들(노동자와 관리자)은 경영 현실이 그런 멋진 구호와 전혀 딴판임을 너무도 잘 안다. 이들 조직 구성원들이 직면한 현실은 생존 경쟁, 눈치 보기, 아래로 갈구고 위로 비비기, 당장 급한 일을 처리 하느라 심신을 소진하기, 이른바 '갑질'이라 불리는, 성과를 위해 소비자나 협력업체에 압박 가하기 등으로 요약할 수 있다. 우리의 노동 과정은 결코 평화롭지 않다.

우리가 조직에서 살아남기 위해서는 『벌거벗은 임금님』의 신하들처럼 계속 거짓말을 해야 한다. 우리는 그렇게 눈과 귀를 닫고 자신이 느끼는 바를 솔직히 표현하기보다는 차라리 침묵을 택한다. 그리고 신하들이 거짓말을 한 덕분에 임금이나 임금이 통치하는 시스템이 오래갈 수 있었던 것처럼, 문제 많은 경영 조직이나 전체 사회 시스템은 무너지지 않는다. 바로 이런 거짓에 토대한 시스템이야말로 병든 시스템이다. 앤 윌슨 섀프와 다이앤 패실은 이를 '중독 시스템'이라 부른다. 중독 조직은 중독 시스템을 구현하고 있는 현실의 다양한 경영 조직들을 일컫는다.

그러나 동화 속에서 "임금님이 벌거벗었다!"고 외친 어린아이의 목소리가 사람들을 미몽에서 깨어나게 했듯, 이 중독 시스템 또한 작은 변화로도 급격히 허물어질 수 있다. 물론 조직 현실이나 사회 현실은 대단히 복잡하고 다양한 장치들이 내장되어 있기에 동화처럼 쉽게 바뀌진 않을 것이다. 하지만 나는 우리 사회 어느 구석에는 동화 속 어린아이처럼 오염되지 않은 맑은 마음이 살아 있다고 본다. 백지 상태와 같은 그 마음은 그만큼 주변의 중독 시스템에 물들기도 쉽지만 동시에 스스로 거짓을 허용하지 않겠다는 자각을 한다면 사회에 만연한 중독 시스템을 치유하는 추동력이 될 것이다. 또 이미 중독 시스템의 일부가 되어버린 이들이라 할지라도 더 이상 거짓된 삶을 살지 않기로 결단을 하고 몸부림을 친다면, 그것이 다른 사람들에게도 긍정적인 울림을 주면서 더불어 변화를 이끌어 낼 수 있을 것이다. 이것이 희망의 에너지다.

오늘날 우리 사회는 하나의 거대한 중독 시스템처럼 보인다. 기업은 이윤과 경쟁에 중독되어 전 구성원을 일중독이나 돈 중독으로 몰아간다. 조직 구성원들은 조직 자체에 중독되기도 한다. 약물중독자들이 마약을 좇듯, 조직 구성원들은 조직이 제공하는 그럴듯한 이미지는 물론 승진 기회나 물질적 혜택 등에 점점 더 절박하게 매달린다. 이렇게 조직에 중독된 사람들이 움직여 나가는 조직은 그 자체가 중독 행위자처럼 행동한다.

그리하여 온 사회가 중독 분위기에 물든다. 소비 중독이 단적인 예이다. "피부는 권력이다"라는 모 화장품 회사의 광고 문구가 적나라하게 보여 주듯, 길거리에서 쉽게 마주치는 광고들은 우리에게 소비를 통해 누추하고 비참한 현실을 '극복'할 수 있다고 말한다. 이런 식의 광고는 소비 중독뿐 아니라 소비를 통해 얻어지는 권력 중독까지 정당화한다. 정치권은 어떠한가? 스스로 권력 중독은 물론 경제성장 중독에 빠져 있으면서 온 사회에 이를 퍼뜨려 나간다. 이런 식으로 우리 모두는 중독 바이러스에 감염된다. 가장 무서운 것은 두 저자가 말하듯이, 우리가 중독이라는 질병을 앓고 있다는 사실 자체를 인정하지 않는 일이다. 이를 인정하고 진지하게 대면하기만 해도 희망의 싹이 보인다. 아픈 사람은 아플 따름일 뿐, 결코 나쁜 사람이 아니란 말은 위로가 된다. 아프기 때문에 치유를 통해 다시금 건강성을 회복하면 된다.

조직 중독은 시스템 차원에서 발생하는 것이기에 고치기 힘든 면도 있지만, 다른 편으로는 개인 탓이 아니라 시스템 문제이기 때문에 오히려 희소식이 될 수도 있다. 즉 개인적, 조직적 질병을 직면하기 시작한 사람들이 스스로 정직해지고, 또 더불어 소통을 하기 시작하면 생각 이상의 큰 힘을 만들어 낼 수 있다. 이것이 병든 조직을 건강 조직으로 바꾸는 에너지의 원천이다. 그렇게 해서 조직이 스스로를 치유해 나갈 수 있을 때 조직 안에는 생동하는 기운이 서서히 퍼지게 될 것이다. 그 과정에서 이 책의 저자들처럼 중독과 회복에 대한 통찰과 지혜가 풍부한 전문가들의 지원은 필수적이다.

궁극적으로는 사회 전체가 이런 식으로 건강성을 회복해야 한다. 지금 우리 삶을 돌아보면 생산 방식, 분배 빙식, 소비 방시, 생활 방식이 모두 중독 시스템 속에 병들어 있다. 우리 자신의 느낌이나 필요에 기초한 생산, 분배, 소비, 생활이 아니라 코앞의 계산에 따라 움직이기 때문이다. 나라 전체는 '닥치고 국익'만 외치고, 정치권은 '닥치고 인기'만 외치며, 기업 전체는 '닥치고 이윤'만 외친다. 초·중·고교에서는 '닥치고 점수'만 외치고, 진리 탐구와 사회정의에 관심을 가져야 할 대학은 '닥치고 취업'만 외치며, 종교조차 '닥치고 구원'만 외친다. 심지어 아름답고 멋진 꿈을 키워야 할 어린이마저도 '닥치고 돈'을 외치는 지경이다. 병이 들어도 깊게 든 셈이다.

원래 이 책은 1988년에 미국에서 발간되었다. 나는 감히 이 책을 '새로운 고전'이라 부르고 싶다. 책이 출간되던 당시 한국은 이른바 '3저 호황' 덕에 높은 경제성장을 기록하고 있었다. 노동운동조차 고조된 투쟁력을 기초로 그 성장의 과실을 비교적 많이, 그리고 빠르게 획득할 수 있던 시기였다. 요컨대 노동과 자본이 모두 성장 중독증에 빠지기 쉬운 조건이었다. 그리고 이러한 경향성은 1997년 IMF 사태도, 2008년 세계 금융위기도 깰 수 없었다. 그런 면에서 이 책이 지금까지 국내에 소개되지 못한 것은 결코 우연이 아니다.

그러나 이제는 말할 때가 되었다. 내가 이 책을 본격적으로 번역해야겠다고 결심한 것은 2014년 4월 16일 세월호 참사 이후이다. 세월호 사건의 발생 원인과 그 이후의 대응 과정을 보면서 우리 사회가 얼마나 총체적으로 병들어 있는지 절감했기 때문이다. 세월호 참사는 대한민국이라는 배가 성장과 부에 중독되어 침몰하고 있음을 알려 주는 끔찍한 신호였다. 대한민국 전체가 일종의 중독 조직이요, 중독 사회였다. 우리 자신을 들여다볼 시기라는 생각이 절박하게 들었다. 그리고 이 책이야말로 그 과정에서 중요한 디딤돌이 될 것이라 보았다.

물론, 이 책 하나가 중독 조직과 중독자 개인, 나아가 중독 사회를 치유해 주지는 못한다. 이 책은 다만 입문서일 뿐이다. 그러나 이 책이 우리에게 선사하는 개념과 통찰을 가지고 우리 자신과 조직 현실을 정직하게 들여다볼 수 있는 눈을 갖게 된다면, 이 책은 단순한 길잡이를 넘어, 아주 미세한 것도 보게 하는 현미경의 역할과 아주 먼 곳에 있는 것까지 보게 하는 망원경의 역할을 동시에 수행할 것이다. 그러나 이 책이 정작 주목하는 것은 아주 미세한 것도, 아주 먼 것도 아닌, 바로 코앞의 우리 자신이자 우리 내면이다. 그래서 이 책은 우리 삶의 사각지대, 조직 생활의 사각지대를 구석구석 비춰 주는 손전등이 될 것이다.

이 책은 특히 전통적인 경영학의 언어에서 해답을 찾지 못한 경영학도들에게 등대 역할을 해 줄 것이며, '월급 노예'라는 말로 스스로를 비하하며 산 것도 죽은 것도 아닌 '좀비'처럼 살아가는 직장인들에게는 새로운 삶의 전망을 제시해 줄 것이다. 또, 해마다 수천만 원 내지 수억 원의 돈을 써 가며 온갖 경영 혁신이나 컨설팅을 요란하게 진행하고서도 매번 원점으로 돌아가고 마는 현실에 좌절하는 수많은 경영 조직들에게 소중한 지침서가 될 것이다. 나아가, 이 책은 노동조합이나 시민단체, 봉사 기관, 교육 기관, 정당 조직 등에서 활동하다가 '이상하게노' 원래 생각한 모습과 다른 현실 앞에서 실망하고 좌절하며 진퇴양난에 빠진 모든 사람들에게 시원한 출구를 보여 줄 것이다. 이런 문제의식으로 내가 이 책의 번역 출간을 제안했을 때, 기본 취지를 금세 이해하고 필요한 절차들을 흔쾌히 밟아 준 도서출판 이후에 깊은 감사 인사를 전한다.

모쪼록 이 책의 우리말 출간을 계기로, 개인뿐 아니라 가정, 기업, 학교, 공공기관, 비영리조직, 종교 단체, 노동조합, 시민사회 단체 등 모든 조직들이 그 병든 모습을 근원적으로 극복하고 제대로 건강한 모습을 되찾기를 바랄 뿐이다. 이 책을 들고 직장 휴게실마다, 캠퍼스마다, 마을 카페마다, 도서관마다, 집집마다 곳곳에서 삼삼오오 모여 '개방적 대화'를 나누며 더불어 회복의 길을 걷는다면, 그 길은 분명 개인이나 조직이 행복한 삶의 대로로 나갈 수 있는 아름답고 즐거운 오솔길이 될 것이다.

안데르센의 동화 덕분인지는 모르지만 덴마크는 오늘날 가장 행복한 선진국으로 손꼽히고 있다. 우리는 개인적, 조직적, 사회적으로 거짓 없이 살아가기를 실천해 온 덴마크의 과정을 찬찬히 생각해 볼 필요가 있다. 과연 우리에겐 '국익'이나 '체면'과 같은 껍데기를 벗어나, 벌거벗은 임금을 향해 "벌거벗었다!"며 자신이 느낀 바를 정직하게 표현할 용기가 남아 있기나 한가?

2015년 5월
베를린에서
강수돌

감사의 글

　지금까지 이 책의 내용을 발전시키는 데 격려를 아끼지 않은 수 많은 사람들에게 감사드린다. 우리의 가족과 몬태나 주 보울더 지역의 마을 공동체는 언제나처럼 좋은 기운을 불어넣고 지원해 주었다. 그웬 데시노, 캐럴 유어, 존 리드, 그리고 베스 윌슨은 우리가 이 책에만 집중할 수 있도록 모든 장애물을 없애 주었다. 우리의 고객이었던 조직들은 기꺼이 우리의 사례 연구 원천이 되어 주었으며 지대한 관심을 가져 주었다. 우리의 교육생들, 혹은 과거 우리에게 교육을 받았던 이들은 세미나에서 초고에 대해 코멘트를 해 주었을 뿐 아니라 소중한 조언도 아끼지 않았다. 〈하퍼 앤 로우Harper & Row〉 출판사의 편집자인 잰 존슨은 우리 책에 대한 이야기를 들은 첫날부터 그에 대한 확신을 가지고 출간까지 모든 국면에서 능숙하게 우리를 이끌어 주었다. 마지막으로 우리는 우리의 아버지들이 우리에게 미친 영향에 감사드린다. 로버트 패설과 버질 윌리는 오랫동안 회사생활을 했음에도 우리에게 다른 길이 있다는 것을 가르쳐 주었다. 그들에게, 그리고 책이 나오기까지 우리에게 힘을 불어넣어 준 모든 사람들에게 진심으로 감사드린다.

참고 문헌

여는 글 잃어버린 조각을 찾아서

1. M. D. Molinari, "The Productive, Integrated Organization" (내부용 문서, 〈커민스 엔진Cummins Engine Corporation〉, 1986), p. 1

2. Anne Wilson Schaef, *When Society Becomes an Addict* (San Francisco: Harper & Row, 1987)

1부 새로운 아이디어의 네 가지 뿌리

1. William S. Ouchi, *Theory Z* (Reading, MA: Addison-Wesley, 1981)

2. Marshall Sashkin, "Participative Management Remains an Ethical Imperative", *Organizational Dynamics*, Spring 1986, pp. 62~75

3. Morris Berman, *The Reenchantment of the World* (New York: Bantam, 1984)

4. Everett Rogers, *Diffusion of Innovation* (Glencoe, IL: Free Press, 1962); Gerald Zaltman et al., *Innovations in Organizations* (New York: John Wiley and Sons, 1973)

5. Rosabeth Moss Kanter, *The Change Masters* (New York: Simon & Schuster, 1983)

6. 같은 책, p.34

7. C. S. Lewis, *Perelandra* (New York: Macmillan, 1944)

8. Thomas Peters and Robert Waterman, *In Search of Excellence* (New York: Warner Books, 1982); Thomas Peters and Nancy Austin, *A Passion for Excellence* (New York: Warner Books, 1985)

9. Peters and Austin, pp. 495, 496

10. William Bridges, *Transition: Making Sense of Life's Changes* (Reading, MA: Addison-Wesley, 1980)

11. William Bridges, "Managing Organizational Transition", *Organizational Dynamics*, Spring 1986, p.25

12. Alan Sheldon, "Organizational Paradigms: A Theory of Organizational Change", *Organizational Dynamic*, Winter 1980, pp. 61~79

13. Mangred F. R. Kets de Vries and Danny Miller, *The Neurotic Organization* (San Francisco: Jossey-Boss, 1984)

14. Paul Hersey and Kenneth Blanchard, *Management of Organizational Behavior: Utilizing Human Resources* (San Diego, University Associates, 1986)

15. Michael Maccoby, *The Leader* (New York: Simon & Schuster, 1981); Warren Bennis and Bert Nanus, *Leaders: The Strategies for Taking Charge* (New York: Harper & Row, 1985)

16. John D. Adams, ed., *Transforming Work* (Alexandria, VA: Miles River Press, 1984), p. vii

17. Peter Vaill, "Process Wisdom for a New Age", in *Transforming Work*, ed. John D. Adams, p. 33

18. Thomas Kuhn, *The Structure of Scientific Revolution* (Chicago: University of Chicago Press, 1970)

19. Sheldon, "Organizational Paradigms", p. 65

20. Marilyn Ferguson, *The Aquarian Conspiracy* (Los Angeles: Tarcher, 1980), p. 18

21. Renee Weber, "The Enfolding-Unfolding Universe: A Conversation with David Bohm", in Ken Wilber, *The Holographic Paradigm* (Boulder: Shambala Press, 1982)

22. Charles Hampden-Turner, "Is There a New Paradigm? A Tale of Two Concepts" (〈쉘 인터내셔널Shell International〉 관리자들에게 제출된 문서, January, 1985)

23. 같은 문서, p. 21

24. Berman, *Reenchantment of the World*

25. Marion Zimmer Bradley, *Thendara House* (New York: Daw, 1983); Ann J. Lane, ed., *The Charlotte Perkins Gilman Reader: The Yellow Wallpaper*

and Other Fiction (New York: Pantheon Books, 1980); Charlotte Perkins Gilman, *Herland* (New York: Pantheon Books, 1979); Carol Hill, *The Eleven Million Mile High Dancer* (New York: Holt, Rinehart & Winston, 1985); Ursula LeGuin, *The Wizard of Earthsea* (New York: Bantam, 1974); Anne McCaffrey, *Dragonsinger* (New York: Bantam, 1977); Ursula LeGuin, *A Very Warm Mountain* (New York: Bantam, 1976)

26. Margaret Atwood, *The Edible Woman* (New York: Warner Books, 1982); Mary Gordon, *Men and Angels* (New York: Random House, 1985); Keri Hume, *The Bone People* (New Zealand: Spiral/Hodder & Stoughton, 1984); Gloria Naylor, *The Women of Brewster Place* (New York: Viking Press, 1982); Toni Morrison, *The Bluest Eye: A Novel* (New York: Holt, Rinehart & Winston, 1970); May Sarton, *Kind of Love* (New York: Norton, 1970)

27. Betty Lehan Harragan, *Games Mother Never Taught You* (New York: Warner, 1977); Rosabeth Moss Kanter, *Men and Women of the Corporation* (New York: Basic Books, 1977); Nehama Jacobs and Sarah Hardesty, *Success an Betrayal: The Crisis of Women in Corporate America* (Danbury: Franklin Watts, 1986)

28. Mary Daly, *Beyond God the Father* (Boston: Beacon Press, 1973); Carol Gilligan, *In a Different Voice: Psychological Theory and Women's Development* (Cambridge, MA: Harvard University Press, 1979); Elizabeth Dodson-Grey, *Patriarchy as a Conceptual Trap* (Wellesley, MA: Roundtable Press, 1977); Adrienne Rich, *On Lies, Secrets, and Silences: Selected Prose: 1966~1978* (New York: Norton, 1979); Anne Wilson Schaef, *Women's Reality: An Emerging Female System in the White Male Society* (Minneapolis: Winston Press, 1981)

29. Jed Diamond, *Inside Out: Becoming My Own Man* (San Raphael, CA: Fifth Wave Press, 1983); Ken Druck, *The Secrets Men Keep* (Garden City, NY: Doubleday, 1979); Herb Goldberg, *The Hazards of Being Male* (New York: Signet, 1976), Herb Goldberg, *The New Male* (New York: Signet, 1979)

30. *Alcoholics Anonymous*, 3d ed. (New York: Alcoholics Anonymous World

Services, Inc., 1976)

31. Vernon Johnson, *I'll Quit Tomorrow* (New York: Harper & Row, 1980)
32. Sharon Wegscheider-Cruse, *Another Chance: Hope and Health for the Alcoholic Family* (Palo Alto, CA: Science and Behavior Books, 1980); Robert Subby, "Inside the Chemically Dependent Marriage: Denial and Manipulation", in *Co-Dependence: An Emerging Issue* (Hollywood Beach, FL: Health Communications, 1984)
33. Janet Woititz, *Adult Children of Alcoholics* (Hollywood, FL: Health Communications, 1983)
34. Claudia Black, *It Will Never Happen to Me* (Denver, M. A. C. Co., 1981)
35. Charles Whitfield, "Co-Dependency: An Emerging Problem Among Professionals", in *Co-Dependency: An Emerging Issue*, p. 50
36. Anne Wilson Schaef, *Co-Dependence: Misunderstood, Mistreated* (San Francisco: Harper & Row, 1986); *When Society Becomes an Addict*

2부 중독 시스템이란?: 용어와 특성들

1. Schaef, *When Society Becomes an Addict*, p. 23
2. 같은 책, pp. 86~93

3부 조직 내 중독의 네 가지 형태
2장 중독을 조직 안으로 끌고 들어가기: 반복 행위의 현실

1. Robert N. Goldberg, "Under the Influence", *Savoy*, July 1986, pp. 51~60
2. 같은 책, p. 60

4장 중독자로서의 조직

1. Chris Argyris, "Skilled Incompetence", *Harvard Business Review*,

September-October 1986, p. 74

2. 같은 책, p.76

3. C. P. Alexander, "Crime in the Suites", *Time*, July 10, 1985, pp. 56, 57

4. "Lorenza Starts His Attack", *Newsweek*, February 2, 1987

4부 중독 조직에서 벗어나기

1장 조직이 중독에서 벗어나지 못한다면?

1. Steven Prokesch, "Remaking the American CEO", *New York Times*, January 15, 1987